"十四五"职业教育国家规划教材

大学生创业导航

(第四版)

主　编　龚永坚　吴芳珍
副主编　戴　艳　程立珂　叶容晖　张　晨
参　编　刘鲁平　卜晓斌　汪铭铠　王　升　陈晓威
　　　　蔡晨笑　陈　丹　张　磊　费　锋　姜伟仁

DAXUESHENG CHUANGYE DAOHANG

中国教育出版传媒集团
高等教育出版社·北京

内容提要

本书是"十四五"职业教育国家规划教材,是在第三版的基础上修订而成的。

本书共八个项目,包括树立创业理想、培养创新思维、把握创业机会、获取创业资源、生成创业团队、拓展目标市场、构想商业模式、呈现创业计划,并相应设计了项目实训。本书有利于帮助大学生树立正确的创业观,便捷而全面地了解创业要素,从而全面提升创业能力。本书是中国大学MOOC配套教材,可实现线上、线下学习的贯通。

本书可作为高等职业院校创业教育课程的教材,也可作为其他读者了解创业知识的入门读物。

图书在版编目(CIP)数据

大学生创业导航 / 龚永坚,吴芳珍主编. -- 4 版. -- 北京:高等教育出版社,2025.3(2025.6重印). -- ISBN 978 - 7 - 04 - 064323 - 7

Ⅰ. G717.38

中国国家版本馆 CIP 数据核字第 20254UR691 号

策划编辑	周静研	责任编辑	周静研	封面设计	张文豪	责任印制	高忠富

出版发行	高等教育出版社	网　　址	http://www.hep.edu.cn
社　　址	北京市西城区德外大街4号		http://www.hep.com.cn
邮政编码	100120	网上订购	http://www.hepmall.com.cn
印　　刷	上海叶大印务发展有限公司		http://www.hepmall.com
开　　本	787mm×1092mm　1/16		http://www.hepmall.cn
印　　张	15	版　　次	2025 年 3 月第 4 版
字　　数	333 千字		2017 年 2 月第 1 版
购书热线	010-58581118	印　　次	2025 年 6 月第 2 次印刷
咨询电话	400-810-0598	定　　价	38.00 元

本书如有缺页、倒页、脱页等质量问题,请到所购图书销售部门联系调换

版权所有　侵权必究
物　料　号　64323 - 00

前 言

党的二十大报告指出,必须坚持科技是第一生产力、人才是第一资源、创新是第一动力,深入实施科教兴国战略、人才强国战略、创新驱动发展战略,开辟发展新领域新赛道,不断塑造发展新动能新优势。本书作为创业类基础教材,旨在激发大学生的创新创业热情,引导其积极投身创业实践。本书的编写秉持社会主义核心价值观,以中华优秀传统文化为思想引领,根据创业实践所需的关键素养编排理论知识、典型案例、拓展阅读,并精心设计实训项目,内容兼具"可读、可用、可教"的特性,自第一版出版以来被众多高校选用,广受师生认可。当下,我国的商业格局日新月异,创业教育理论与实践成果丰硕,教材形式也不断创新,我们的教材必须与时俱进。历经三年研讨与打磨,《大学生创业导航》(第四版)应运而生。

新版教材特色显著:其一,以"全面发展、共同富裕"作为创业青年的价值导向,激励大学生将实现个人价值与党和人民的伟大事业紧密相连;其二,内容深度融入马克思主义思想精髓与中华优秀传统文化精华,积极构建有中国特色的创新创业理论体系;其三,设计精美的"视觉笔记"插画,以生动形象的方式呈现项目要点,提升可读性与趣味性,助力大学生精准把握知识与思想精华;其四,全面更新案例与拓展阅读素材,紧跟时代步伐,更具实用性,与之配套的教案、教学课件、教学视频等数字资源也同步更新,全力为教学服务。

本书的内容编排仍以32个课时为基准,分为8个项目,每个项目4个课时。项目设计经重新优化,方便教师根据教材与学生实际构建个性化的教学方案,为课堂教学增添活力。本书是中国大学MOOC配套教材,可与课程"大学生创业导航"配套应用。

高校创业教育内涵丰富且实践性强,尽管我们不懈探索、深刻反思,但本书中难免仍存在不足,诚望广大读者批评指正,与我们携手推动创业教育发展。如有意见、建议,请通过邮箱516129777@qq.com与我们联系。

编　者

目 录

项目一　树立创业理想 / 001
　任务一　理解创业的内涵 / 002
　任务二　把握创业条件和优势 / 004
　任务三　养成创业核心能力 / 010

项目二　培养创新思维 / 023
　任务一　认识创新思维和创新引擎模式 / 025
　任务二　掌握创新思维方法 / 029
　任务三　应用创新技法 / 034
　任务四　筛选创新想法 / 041

项目三　把握创业机会 / 049
　任务一　认识创业想法与创业机会 / 051
　任务二　寻找创业机会 / 055
　任务三　评估创业机会 / 062
　任务四　构思创业项目 / 067

项目四　获取创业资源 / 075
　任务一　认识创业资源 / 076
　任务二　了解融资渠道 / 081
　任务三　用好支持政策 / 085

项目五　生成创业团队 / 090
　任务一　了解创业团队 / 092

任务二　组建创业团队 / 096
　　任务三　管理创业团队 / 110

项目六　拓展目标市场 / 120
　　任务一　选择目标市场 / 121
　　任务二　制定营销策略 / 130
　　任务三　了解互联网营销 / 142

项目七　构想商业模式 / 151
　　任务一　认识商业模式 / 152
　　任务二　掌握商业模式的类型与要素 / 158
　　任务三　设计商业模式 / 166

项目八　呈现创业计划 / 171
　　任务一　认识创业计划书 / 174
　　任务二　编写创业计划书 / 179
　　任务三　推介创业计划书 / 187

项目实训 / 197
　　项目实训一　校友创业案例分析 / 199
　　项目实训二　最有魅力的团队创意 / 201
　　项目实训三　选择我的创业项目 / 207
　　项目实训四　获取创业资源"三部曲" / 209
　　项目实训五　组建创业团队 / 211
　　项目实训六　掌握创业项目的市场定位和营销策略 / 213
　　项目实训七　构想你的商业模式 / 215
　　项目实训八　撰写创业计划书 / 217

主要参考文献 / 228

资源导航

010	微课：创业者是如何思考的
012	咨询案例：我适合创业吗
016	视频：创业维艰的鲍剑锋
025	微课：创新引擎模式
026	测试：创新能力测试一
029	测试：创新能力测试二
034	测试：创新能力测试三
055	微课：创业项目的来源
060	微课：识别创业机会
063	咨询案例：我这个创业想法可行吗
078	微课：如何整合利益相关者的资源
087	测试：交际能力测试
092	微课：了解创业团队
096	咨询案例：如何寻找合伙人
097	微课：创业团队的组建
110	微课：创业团队的管理
122	微课：市场细分
155	微课：到底什么是商业模式
185	微课：商业计划书撰写技巧
189	微课：商业计划书陈述实用技巧
192	微课：创新样品的制作
202	咨询案例：我想开一家不一样的花店

项目一　树立创业理想

树立创业理想

一、理解创业内涵 → 顺天时，聚地利，促人和，成为领导者，就是创业

天时　人和　地利

二、把握创业条件和优势

1. 国家战略政策 —— 引导创业　中国梦
2. 新模式　降低风险　眼球经济　网红经济　流量经济
3. 互联网 —— 提供创业便利
4. 专业知识与技能辅助创业：技术支撑、专业学习、专业研发、创新产品、专业实践、了解行业和市场

三、养成创业核心能力

1. 认识创业者的核心素养
   - 知者不惑：知识、能力、智慧
   - 仁者不忧：人民至上、遵纪守法、互利共赢
   - 勇者不惧：不畏艰难、开拓创新、敢于承担
   - 齐头并进，相辅相成

2. 培养创新思维和创新能力
   - 人的主体性、针对性、灵活性、有效性
   - 即创新

3. 树立正确的创业财富观
   - 致富光荣、推动事业发展
   - 避免成为欲望牢笼

项目描述

树立创业理想,即回答"为什么要创业"的问题。创业最表面的目标是获取利润,但是仅仅以获取利润作为创业理想而忽视创业的社会价值,往往会为创业埋下隐患。正确的创业理想是保障创业成功的智慧核心。在创业项目设计阶段,正确的创业理想有助于创业者突破自我的局限性,创新资源整合的模式;在创业初始阶段,正确的创业理想有助于得到各方助力,推动创业成功;在创业成长阶段,正确的创业理想有助于为创业项目开辟发展的空间;在创业取得阶段性成功后,正确的创业理想有助于防范创业失败的风险。

本项目将从理解创业的深刻内涵开始,结合现实案例进行分析,帮助同学们逐步明晰自己的创业理想。

预期目标

1. 理解西方创业理论和中国传统文化视角下的创业内涵。
2. 能把握大学生创业具备的条件与优势,养成创业核心能力。
3. 具备创业者的核心素养,强化创新思维,树立正确的财富观。

项目准备

收集和分析创业案例

1. 活动目标

(1) 收集大量创业案例,对创业形成感性认识。

(2) 掌握创业案例的分析方法,能透过现象看本质,深刻分析创业案例成败的根源。

2. 活动步骤

(1) 通过创业者访谈等方式收集创业案例,并和同学交流、共享。

(2) 学习本项目内容及案例分析示范。

(3) 通过小组讨论的方式对收集到的案例进行分析。

任务一 理解创业的内涵

理解什么是创业与树立创业理想之间有本质上的联系。只有明确创业的定义,深刻理解创业的内涵,才能树立正确的创业理想。因此,理解创业的内涵是明确创业理想的基础。

一、西方创业理论中的创业内涵

创业是一个跨越多个学科领域的复杂现象,在西方创业理论中,"创业"也是一个边界十分模糊的概念。不同学科,包括经济学、心理学、社会学、人类学、管理学、金融学、法学等都从其自身特有的研究视角,运用本领域的概念和相关术语对创业现象进行了观察和研究。各个学科领域又衍生出了不同的创业研究方向,形成了风险学派、领导学派、创新学派、认知学派、社会学派、管理学派、战略学派、机会学派等学派,每个学派的理论对创业都有自己的定义。例如,风险管理说的创业定义是"一种高风险的创新活动,要进行合理的风险防范和管理,从而规避和化解风险";财富目的说的创业定义是"以进行有偿经营、开展商业活动实现盈利目的的经济活动";机会价值说的创业定义是"识别并捕捉商业机会,从而实现潜在价值及创造价值的过程";核心要素说的创业定义是"利用人力、资本、机会、资源等要素来进行经营管理的活动";组织创新说的创业定义是"创建新企业、新团队,并通过组织创新而开设新业务的过程";资源整合说的创业定义是"个人或组织不拘泥于当前资源条件的限制,将不同的资源整合起来,以利用和开发机会并创造价值的过程"。

西方创业理论中的创业定义复杂多样,都有一定的实践价值,也都有其适用的条件。在实际应用中,常用的是两种简化而具体的创业概念,第一种是把创业理解成"创办企业",第二种是把创业理解成"开创事业"。开创事业的范围很广,在各行各业成为佼佼者都可以称为开创事业,创办企业也是开创事业的途径之一。所以我们一般把前者称为狭义的创业,后者称为广义的创业。

二、中国传统文化视角下的创业内涵

西方创业理论中的创业定义在实践中有一定的价值,但是由于从各自视角出发,难以深入创业的本质。中国传统文化善于从纷繁复杂的表象中归纳出事物的本质属性,为体会创业的深刻内涵提供了新的视角。

"心以启智,智以启财,财以启众,众以启贤。贤之有启,以王天下"出自《六韬·武韬·三疑》,阐述的是如何成为天下的领导者。"王"为动词,意为"成为领导者"。以"王"字对照当代的创业案例,有助于认识创业的基本属性,深刻理解创业的内涵。

"王"字的上横代表天时,下横代表地利,中横代表人和,贯通天时、地利、人和,才能成为"王"。创业成功其实就是成为某个团队、企业的领导者,也需要贯通天时、地利、人和。在创业领域,得"天时"就是顺应时势的发展,顺应消费者的需求变化,从而开发出具有成长性的创业项目。"利"字的本义是"镰刀割禾苗",得"地利"就是创业者通过发现、挖掘、整合资源,尽快实现创业项目的发展,如"镰刀割禾苗"一样顺利。"人和"就是对人的积极性的调动,在创业过程中包括对团队成员积极性的调动,也包括对消费者积极性的调动,还包括对资源拥有者积极性的调动。

基于对"王"字内涵的理解,我们可以把创业定义为顺应时代发展和消费者的需要的变化,整合、变现资源,调动和领导团队,创造价值,实现共同发展的社会实践活动。这一定义有助于我们结合中国传统文化,从正确价值观和方法论的角度深入理解创业的内涵。

任务二　把握创业条件和优势

大学生创业时常面临创业资金、创业经验、人脉资源不足,抗风险能力弱等问题,但是大学生创业也具有特殊优势。我们在开始创业前,要分析自身具备的创业条件和优势,正确判断形势,做出创业选择。

一、大学生创业符合国家战略和政策导向

青年最具创新热情、创新动力,是创新创业的生力军。近年来,越来越多的大学生积极投身创新创业实践。而在实现中华民族伟大复兴的历史进程中,我国持续保持和平发展的态势,也为当代大学生追求自己的创业梦想提供了坚实而华丽的舞台。

党的二十大报告指出,必须坚持科技是第一生产力、人才是第一资源、创新是第一动力,深入实施科教兴国战略、人才强国战略、创新驱动发展战略,开辟发展新领域新赛道,不断塑造发展新动能新优势。进入新时代,党中央、国务院高度重视青年创业工作,各地、各有关部门连续出台促进青年就业创业的政策、措施,各高校掀起了创新创业教育的热潮,为大学生创业提供了更多的培训和扶持。

2022年4月发布的《新时代的中国青年》白皮书指出,2014年以来,新登记注册的市场主体中,大学生创业者已超过500万人。在信息技术服务业、文化体育娱乐业、科技应用服务业等以创新创意为关键竞争力的行业中,青年占比均超过50%。一大批由青年领衔的"独角兽企业"竞相涌现。

这样的时代背景不仅为当代大学生赋予了重大使命,而且为当代大学生提供了创业的历史机遇。我们应该努力提升理论水平,锻炼实践能力,抓住机遇,积极投身创新创业大潮,在实现中国梦的整体进程中实现个人的人生价值。

二、新商业模式降低大学生创业风险

在市场经济发展的初期,产品总体处于供不应求的态势,产品生产者主导局面,对于企业生产出来的产品,消费者没有太大的选择空间。这种情况下,企业销售产品的利润率较高,也不需要花太多的精力去营销。这个阶段的商业模式比较简单,但往往需要前期大量的资金投入。例如,生产某种产品,需要资金建设工厂、购买设备和原材料、支付工人工资等;从事贸易赚取差价,需要资金采购产品、支付店面租金和装修;等等。这种供给方主导的市场中,资金往往是最重要也最有效的创业资源。大学生创业没有资金优势,风险承受能力也较弱,所以这个阶段不利于大学生创业。

随着市场逐渐繁荣,产品丰富多样,竞争加剧,供给方地位急剧下降,内部开始出现分化,开始各显神通,营销成为企业的重要工作。也就是说,在供过于求的情况下,需求方崛起,供给方要想尽一切办法来满足需求方的要求。当前国内市场的很多领域中,需求方已逐步占据主导地位,掌握了发言权。在这种需求方主导的市场中,继续投入资金搞生产或者做商贸,等于投身于原本已经十分激烈的竞争,风险巨大。

但是,这并不意味着这个时代不适合大学生创业。需求方崛起的市场环境催生了新的商业模式,即通过汇聚消费者实现创业的商业模式。这些新的商业模式表现为"眼球经济""网红经济""流量经济"等。虽然这些商业模式很多时候表面上同样是在销售产品,但其真正的服务对象是产品的生产者,即创业者通过帮助产品供给方销售产品来获取收益。这些新的商业模式需要的初始资金投入少,创业风险低,特别适合当代大学生创业。利用微博、微信公众号、视频号、直播平台等,很多创业者实现了白手起家,甚至有不少人取得了巨大成功,创造了商业奇迹,这都是因为顺应了需求方崛起的市场特征。

三、互联网为大学生创业提供更多平台

交通是社会经济发展的重要基础,也是企业发展的基本条件之一。《周易》中说"天地交而万物通也",天地交合,万物才能通达,无论在哪个时代、生产力水平如何,这一点都不可忽视。当下,我国更加注重交通基础设施建设,这对我国的经济发展具有重要的推动作用。

互联网本质上就是一个信息交通网络,所以被称作"信息高速公路"。在现代创业中,"互联网+"之所以重要,是因为这种信息交通方式具有颠覆性,它让时间、空间都虚拟化了,彻底打破了时空的限制。个人通过电脑或者手机,随时随地都可以看遍全国乃至全世界各个卖场、超市、商店里的所有商品;个人文字或者视频方式的表达也可以让成千上万的人随时随地看到、听到。这种对时空限制的突破完全颠覆了传统的商业环境。随着科技的不断发展,未来基于"万物互联",商业环境还会不断颠覆,产生一个个新的创业"风口"。

当代大学生从小接触互联网,见证了互联网创造的一个个创业奇迹,具备互联网思维。他们思维活跃,更容易接受新鲜事物,面对不断更新迭代的创业"风口",能与时俱进,紧跟潮流。因此,互联网时代的背景也特别适合当代大学生创业。

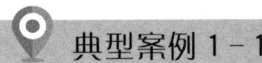
典型案例 1-1

从卖水果起步的微信创业

2022年3月,一向对新兴事物比较敏感的郭玉静面对微信平台开放的契机,萌生了在微信上卖水果的想法。经过一个月的筹备,"幸福鲜果坊"网上商城上线了,短短一个月之内,就靠着口碑和便捷的服务赢得了学生的热烈追捧,平台粉丝量激增到上万人。不到三个月的时间,郭玉静的团队便掘到了第一桶金,也发现了校园市场中隐藏的巨大商机。

2022年6月,郭玉静的公司正式成立了。靠着前几个月的经验积累和团队的不断扩大,她瞄准了校园市场中的其他商家,从线上的校内点对点售卖商品到构建网络平台,全面推广线上移动购物,他们的公司一炮而红。现在学校内80%的商户都与他们建立了稳固的合作关系,他们的校外市场也在不断拓展。

四、AI(人工智能)为创业提供更多便利

AI技术的发展为大学生创业者提供了许多便利和支持,具体表现在以下几个方面:AI的数据分析能力可以帮助大学生创业者更好地理解市场趋势、消费者行为及竞争对手的情况;AI技术能够加速产品原型的设计与测试过程,通过机器学习算法快速迭代产品;聊天机器人和虚拟助手可以提供全天候、不间断的客户支持服务,提高响应

速度和服务质量;AI可以根据用户的行为和偏好定制个性化的营销策略,提高广告投放的效果;AI可以根据用户需求生成高品质的文案、视频等,为自媒体领域的创业减少大量的人力投入;AI自动化工具可以处理日常事务,如形成财务报告、进行库存管理,从而节省时间和成本。

总之,AI技术不仅简化了许多复杂的商业流程,而且为大学生创业者提供了强大的工具来实现他们的创意和梦想。随着AI技术的不断进步,它将在未来为大学生创业者提供更多支持。

凭借 AI 技术创业的大学生团队

浙江工业大学的喻林枫等大学生怀揣创业的激情与梦想,共同创立了杭州智聊思远科技有限公司。他们凭借对 AI 领域的浓厚兴趣与独特见解,致力于将 AI 技术应用于实际生活中。目前,智聊思远科技成功推出了两款明星产品:一款拥有数十万用户的 C 端(个人用户端)办公产品,以及一款吸引了上百万用户的小游戏。这两款产品都充分利用了 AI 技术的优势,为用户带来了全新的体验。这款 C 端办公产品通过智能化的设计提高了用户的工作效率,小游戏则通过 AI 算法的优化,为用户带来了更加刺激和有趣的游戏体验。

智聊思远科技的产品在市场上取得了显著的成功,不仅赢得了大量用户的喜爱,还为公司带来了可观的收益。他们的创业经历充分显示了我国大学生在 AI 创业领域的实力与潜力。展望未来,智聊思远科技将继续深耕 AI 领域,不断推出更多创新性产品,为社会发展贡献更多力量。

五、专业知识与技能辅助创业

专业教育和创业教育并不是矛盾的,而是可以相互融合、相辅相成的。大学生创业时可以从专业入手,发挥专业优势。专业学习对于创业的价值主要包括以下三方面。

第一,专业学习能为创业提供技术支撑。对于大学生来说,专业知识和技能是我们创业成功的最大保障之一。特别是一些技术含量较高的专业,如兽医、园艺、汽修、无人机等专业的大学生具备了专业的技术、特长,能够解决实际问题,也就具备了创业的基础和保障。

第二,专业研发能为创业提供创新产品。大学生可以通过专业学习开发出市场上没有的新产品,然后创办企业去销售产品。这种研发可以是立足于本专业的,也可以是跨专业的,例如,在自己所学专业的基础上引入互联网技术。

第三,专业实践能帮助大学生了解行业和市场。大学生在专业学习的过程中,必然会更深入地了解行业、市场和相关企业。基于专业的调研、见习、实习等实践有助于大学生深入市场一线,了解消费者的真实需求,利用行业内的人脉资源,开发出有前景的创业项目。

典型案例 1-3

智能农场管理系统

只需要在家轻点一下鼠标,就可以结合作物生长所需的水肥技术参数、气象实况参数等对灌溉进行实时调整,完成对农作物的精准灌溉,这一高科技产品是广西大学园艺系的毕业生温标堂带领他的技术团队,结合中国农业实际,在以色列先进灌溉技术的基础上改进而成的。仅一年时间,其创造的销售额就达到了两千万元。此外,温标堂还利用手机与远在浙江的一家大型农场内安装的视频系统建立链接,不仅能看到农场实景,而且能通过手指在屏幕上的滑动,放大18倍观看农作物的细节。这个智能农场管理系统主要依托一个软件,将其安装到任何一个能够上网的终端上,都可以实现靠一人管理上千亩的农场。算上所有的设备,这一套系统大约价值40万元。对千亩以上的大型农场来说,这40万元的开支一年左右就可以抵回人工及水肥浪费的成本。

温标堂以自己学习的园艺专业技术为基础,整合智能化和移动互联网技术,推动农业生产向精准化、智能化方向发展,实现了成功创业。专业技术是重要的创业资源,有专业技术作为保障,我们的创业项目就具备了一定的技术门槛、技术壁垒。学好专业知识与技术,我们可以在专业技术领域实现一定的创新,依靠这些技术创新实现创业,正是大学生创业的重要途径之一。

小组活动 1-1

辩　　论

辩题:当代大学生是应该积极创业,还是应该学好专业知识?
目标:通过辩论,明确大学生创业与学习专业知识的关系。

典型案例 1-4

李子柒创业成功的天时、地利、人和

1990年出生的李子柒从小学五年级开始就由奶奶独自抚养,生活困难。2004年起,李子柒在城市中漂泊打工谋生。2012年,因为奶奶生病,需要人照顾,她回到家乡,以开淘宝店勉强度日。其间,她开始学习短视频制作。2015年,李子柒开始自导自拍古风美食短视频。2016年,新浪微博推出了扶持内容原创者计划,李子柒成为受益者之一。找到平台后,李子柒开始拜师学习视频剪辑,购买拍摄设备。同年4月,她拍摄的短视频《樱桃酒》被推送到首页热门。11月,为了拍摄短视频《兰州牛肉面》,李子柒特意前往兰州拜师学习了一个月的拉面手艺,而该视频的全网播放量最终突破了5 000万人次,点赞数超过60万个。之后,李子柒与他人成立了合资公司。2017年7月,为了给用户带来更多、更好的短视频,李子柒引入投资方,联合成立了四川子柒文

化传播有限公司。

2018年1月,李子柒的原创短视频在海外运营3个月后获得了视频平台YouTube颁发的白银创作者奖牌,粉丝数突破100万人,她的作品也被国外网友称为具有"来自东方的神秘力量"。10月,她的短视频作品在YouTube上的订阅数达到100万次,并获得了烁金创作者奖牌。2019年8月,李子柒成为成都首位非遗推广大使,并在超级红人节上获得了"最具人气博主奖""年度最具商业价值红人奖"。

李子柒的经历受到了包括《人民日报》、新华社、共青团中央、中央电视台等媒体的肯定。2019年12月14日,她获得了《中国新闻周刊》主办的"年度影响力人物"荣誉盛典颁发的"年度文化传播人物奖"。2020年1月1日,李子柒入选《中国妇女报》评选的"2019十大女性人物";4月29日,其在YouTube平台上的粉丝数突破1 000万人,并成为首个粉丝破千万人的中文创作者;7月16日,李子柒因1 140万次的YouTube订阅量被列入《吉尼斯世界纪录大全2021》,成为"订阅量最多的YouTube中文频道"的纪录保持者。2023年秋分,以"庆丰收 促和美 兴乡村"为主题的中国农民丰收节四川庆丰收活动在眉山市东坡区太和镇永丰村开幕,李子柒以中国农民丰收节推广大使的身份出席。2024年10月,"学习强国"平台发布视频,李子柒以"熊猫姐姐"的身份现身,邀请大家参与"强国熊猫周"活动。

成功的创业兼具天时、地利、人和,而快速成长的创业项目往往在天时、地利、人和三方面都抓住了关键,李子柒的创业成功就属于此类典型案例。

2008年前后,美国爆发次贷危机,对中国市场也形成了巨大冲击,民众的消费能力和消费意愿急剧下降,造成商品供过于求的局面。这时候采取通过平台汇聚消费者,进而收取广告费或者带货等方式容易实现创业成功,而短视频在吸引眼球方面比文字更有优势。李子柒在2015年前后开始介入短视频领域创业,可谓顺应"天时",这是李子柒获得成功的关键基础。

2015年,政府工作报告中正式提出"大众创业、万众创新"的号召,此后中央和地方政府都出台了很多激励和扶持创业的举措,媒体也组织了各种创业类的竞赛、评选等活动,新浪微博的扶持内容原创者计划就是这些举措和活动中的一个典型代表。李子柒抓住机遇,积极利用这些平台,主动学习短视频拍摄、制作技术,后期引入资本成立公司,这些主动挖掘、整合创业资源的行为,都属于汇聚"地利"的范畴。

创业中的"人和"指的是能对人进行成功调动。李子柒通过短视频获奖和粉丝数量的增长受到投资方的关注,这就实现了投资方方面的"人和";李子柒的短视频积极宣传中国文化,让更多的外国人了解中国文化、喜欢中国文化,自然容易得到官方媒体的"点赞"和推广,这就实现了政府部门和官方媒体方面的"人和"。而在市场方面,李子柒用好了互联网,发挥了互联网自主传播的作用,在短短几个月内就受到了几千万人的关注。

李子柒创业成功的天时、地利、人和属于较长时期内的时代共性,今天依然存在。因此,对于李子柒这样的创业案例进行深入分析和学习,对于当代大学生实现创业理想具有很好的借鉴和启发意义。

任务三　养成创业核心能力

一、认识创业者的核心素养

明确了创业者的核心素养,有志创业的同学就能以此为标准锻炼和提升自我,从而成长为合格的创业者。"知者不惑,仁者不忧,勇者不惧"出自《论语·子罕》,是君子的培养目标,也非常好地体现了创业者的核心素养。

微课:创业者是如何思考的

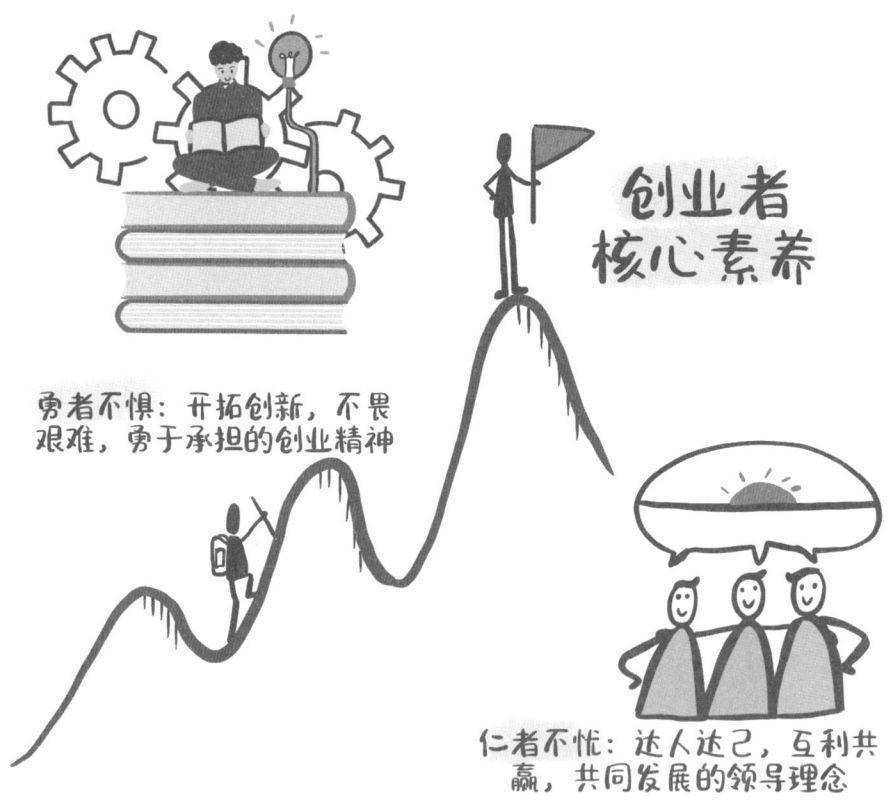

(一)"知者不惑":知识、能力、智慧

"知"是"智"的古字,"知者"就是"智者"。"智者"不仅仅是有知识的人,更是有智慧的人。这里所说的智慧包含了各种知识、技能,但核心是正确的世界观和方法论。具体来说,创业者的"智"包括以下内容。

第一,正确的世界观和方法论。创业是一种综合性的社会实践活动,因此特别需要正确观念的指导。同学们应及早树立正确的世界观和方法论,增强效率观念和风险意识;提高"财商",养成合理的消费观和理财观;形成正确的义利观;领悟社会现实生活的真谛,树立务实求真的处世态度;等等。

第二,对整体商业环境和大势所趋的准确判断。创业者需要对社会经济发展水平、行业现状、科学技术发展水平、民众消费水平和消费习惯等所处的阶段及其特征进行准确判断,从而选择顺应时势、有较大发展空间的创业项目。

第三,发现创业资源和整合创业资源的能力。创业资源是创业项目发展的动力。创业者能够发现、挖掘更多的创业资源,整合各种创业资源,创业项目就能得到快速的发展,反之就会举步维艰。发现潜在的创业资源,要求创业者拓展知识面,拓宽信息渠道,丰富人脉。整合创业资源需要创业者基于互利共赢的理念,培养换位思考和共情的能力,具备在谈判、融资、市场推广中说服他人的能力。

第四,与创业项目相关的各种知识与技能。从零起步的创业者往往没有能力聘请各种专业技术人才,各种具体工作都需要个人或者小团队亲力亲为,这就需要创业者加强学习,掌握与创业项目相关的各种知识与技能,以及关于企业开办与运营的各种知识。

第五,制定制度和构建企业文化的能力。随着创业项目的发展,队伍逐渐壮大,组织架构越来越复杂。在这个过程中,创业者需要处理好人与人之间的关系,一方面要致力于调动和激发所有人的能力,另一方面要避免队伍内部产生矛盾。人与人之间关系的界定,最终要通过企业文化的引导和各种规章制度,例如企业的价值愿景、股权设置、分配制度、奖惩制度等的制约来实现。创业者需要具备制定制度和构建企业文化的能力。

第六,教育和引导团队成员的能力。在组织建设和管理过程中,文化建设和制度建设只是发挥基础性的作用,最终要落实到对具体个人的教育和引导上。创业者需要具备教育和引导团队成员的能力,这种能力的内在根基是上述的各种"智",外在表现是个人的人格魅力和语言表达能力。

(二)"仁者不忧":人民至上、遵纪守法、互利共赢

"仁者不忧"体现了中国传统文化在组织治理方面的智慧。对于创业者而言,"仁"主要体现在三个方面。

第一,创业项目的选择要符合国家和人民的利益。要将自己的创业项目融入国家和人民的事业,不能为了一己私利损害国家和人民的利益。要做到人民至上,不能"资本为王"。

第二,要合法竞争,保障消费者权益。商业行为总是以营利为目的的,部分创业者为了获取商业利益,不惜侵害消费者的权益,或者欺行霸

市,采取不正当的竞争手段打压竞争对手,这些"不仁不义"的商业行为可能带来短期的获益,却后患无穷。违法乱纪,会受到法律的严惩;违反商业道德,会被市场和消费者抛弃。商业行为需要应变,也需要谋略,但是创业者务必树立"仁"的理念,在商业行为中坚守法律和道德的底线。

第三,创业团队内部要树立共同发展的理念。"仁"要实现"达人达己,共同发展",从整体的角度考虑问题。创业者要以自身的智慧谋求创业项目的发展,通过项目的发展让团队成员获得福利,进而引导和帮助团队成员增强能力。团队成员则要帮助解决问题,进一步推动项目的发展。在创业团队的建设中,创业者应该基于"仁"的理念,成为团队的优秀组织者和领导者。

(三)"勇者不惧":不畏艰难、开拓创新、勇于承担

"勇者不惧"体现了创业者所需具备的创业精神。创业精神内涵丰富,具体地说,其包含以下几方面。

咨询案例:
我适合创业吗

第一,挑战自我。"天行健,君子以自强不息。"创业者要有自强不息的精神,对自己的不足有清醒的认识,勇敢地挑战自我,坚持不懈地通过学习和实践自我提升,从而具备领导团队创业的见识与能力。

第二,承担责任。创业者在具备领导能力的前提下,要能勇敢地承担责任,要敢于开拓,敢于决断,敢于承担决策的后果,不能畏首畏尾、推卸责任。

第三,积极实践。创业者不能贪图安逸、闭门造车,而是要积极地投身实践。在实践的过程中,要能吃苦耐劳,能直面困难,在实践中成长,在实践中发展。

第四,务实创新。创业者一方面要有务实的精神,敢于通过调查、实践来寻求真理,在尊重知识和他人经验的同时敢于质疑,警惕教条主义、经验主义,不迷信,不盲从;另一方面要有创新精神,敢于解放思想,不受固有思维的禁锢、束缚,具体问题具体分析,根据具体情况决策。

"智""仁""勇"三方面的素养不是孤立存在的,三者的培养需要齐头并进。当代大学生应该树立文化自信,在马克思主义、社会主义核心价值观、中华优秀传统文化的指导下,深刻认识创业的内涵,积极强化创业核心素养,保持个人利益与社会、国家、人民利益的高度一致,积极投身创业实践,并最终实现自己的创业理想。

 典型案例 1-5

茅侃侃失败的创业经历

在同龄人还在玩积木的时候,茅侃侃就学会了操作电脑,展现出惊人的天赋。14岁的时候,茅侃侃成为"瀛海威时空"平台上最年轻的程序论坛版主,撰写的多篇文章发表在《大众软件》等杂志上,还通过自编程序赚到了不少佣金。

2000年,茅侃侃进入高中就读,但他把心思全都放在电脑技术上,无暇顾及学业,最后不得不退学。从此以后,茅侃侃夜以继日地学习电脑知识,最终成功通过了微软三项认证。当年在亚洲,仅有包括茅侃侃在内的两个人通过了微软三项认证。他成功

在一家网站谋取到职位,月薪超过当时大部分人。

不过,茅侃侃并不满足于此,他认为只有创业才能实现自己的人生价值。为了做好创业前的积累,茅侃侃开始不断跳槽,从小网站、电视台、游戏公司到政府单位,他在各种岗位上磨炼自己,疯狂汲取各行各业的经验。2005年,茅侃侃认为时机已到,便创办了一家公关网络公司。经过一段时间的打拼后,茅侃侃的事业发展顺利。2006年,他已身为Majoy公司的首席技术官和首席执行官,在管理与技术上都是一把手,风光无限。

在重重光环之下,茅侃侃的自信愈发膨胀,越来越以自我为中心,与他人意见相左时就随便发火。一次,他竟对客户破口大骂,导致公司丢失了一个大订单。2006年底,Majoy公司的第一款产品《真人CS》上线,茅侃侃与员工在定价问题上产生分歧,坚持要将价格往高定。此后两年间,由于大量同质化产品出现,Majoy公司的产品迅速边缘化,业绩一落千丈,员工纷纷离职。茅侃侃受不了打击,患上了严重的抑郁症。到2009年,茅侃侃坚持不住,选择辞去了Majoy公司的职务,第一次创业以失败告终。

在接下来几年里,茅侃侃又进行过两次创业,一次为私人医疗方案,一次为"哪儿堵"交通App(应用程序),但都以失败落幕。连续经历挫折后,茅侃侃的心境产生了巨大变化。他忍痛卖掉了自己的App"哪儿堵",并选择进入朋友的公司任职,开始沉下心来,踏实做事。

然而,没过多久,他就按捺不住自己那颗躁动的心,决定东山再起,在2015年筹资创立了万家电竞。然而,万家电竞自创立便一直处于亏损中,茅侃侃想尽办法也无济于事,只能将希望寄托在龙薇传媒的收购上。收购以失败告终,万家电竞遭受了巨大打击。在2017年,万家电竞的运转彻底崩溃,就连员工的工资都无法发放,只能等待破产清算,让茅侃侃万念俱灰。

作为创业者,茅侃侃在"智""仁""勇"三个方面都有所欠缺,终于导致他的创业走向失败。

二、培养创新思维和创新能力

(一)创新的定义与理解误区

创新的英文单词innovation由词根nov发展而来,这个词根来自拉丁语的novus,即"新"。经济学家约瑟夫·熊彼特在《经济发展理论》一书中首次定义了"创新",认为创新是"建立一种新的生产函数",即把从来没有过的生产要素和生产条件的新组合引入生产体系。这种新组合包括采用新产品、引用新技术、开辟新市场、控制原材料的新供应来源、实现新组织形式等。这样的定义强调"新"。

从中国传统哲学的视角审视创新,我们认为"新"并不是创新的本质属性,创新的本质是"应变"。创新是人们针对客观条件和背景的当下变化,采取相应的方法和手段解决实际问题的过程。在遇到困境后主动求变,这就是创新。成功的创新会带来突破困境后良性的发展。创新是创业的生命线,是创业实践的灵魂。只有不断创新,才能不断突破困境,推动组织乃至社会健康、可持续地发展。

在实践中,人们对创新的理解往往存在四个误区。一是将创新简单地理解为科技创新,认为它是普通人高不可攀的事情,从而不敢谈创新、不敢谈创业。二是只重视科技创新,而忽视了其他创新,如模式创新、制度创新。三是在设计产品或者创业项目的时候,认为"从来没有人做过"就是创新,结果投入大量人力、物力、财力后,市场并不认可,导致创业失败。四是认为"曾经有人做过"就不是创新,不屑于模仿或者再做尝试,从而错过了很好的创业机会。增进对创新的理解,务必破除以上四个认识误区。

典型案例 1-6

"老干妈"陶华碧的创业之路

"老干妈"麻辣酱的创始人陶华碧于1947年出生于贵州。她小时候没读过书,20多岁时丈夫因病去世,留下她和两个年幼的孩子。为了维持生计,陶华碧摆过摊,拉过车,四处打工。她熬制麻辣酱,最初是因为南下打工时不习惯当地的饭菜口味,熬着熬着,便形成了自己独特的配方。

回到家乡后,陶华碧开始做凉粉生意,每天背着背篓到龙洞堡一带叫卖。1989年,靠着省吃俭用积攒的零钱,她在龙洞堡街边用捡来的砖头、塑料布搭建起了一个简陋的小吃摊,出售凉粉和冷面,由于价格便宜,分量又足,深受周边学生的欢迎。陶华碧还会帮助有困难的学生,被学生们亲切地称为"老干妈"。

经营几年后,陶华碧把小吃摊改造成了一家小饭店,起名"实惠饭店",饭店的一大特色就是她用自制的麻辣酱拌成的凉粉。她做的麻辣酱开始供不应求,这让她发现了麻辣酱里的商机。1994年,贵阳修建了环城公路,饭店的主要客源变成了途经此处的货车司机。陶华碧敏锐地抓住这个推广机会,拜托货车司机把她制作的麻辣酱带到全国各地,陶华碧制作的麻辣酱的名气传遍了大江南北,很多人慕名前来品尝、购买。

1994年11月,陶华碧把实惠饭店更名为贵阳南明陶氏风味食品店,主营产品便是她制作的麻辣酱。由于生意红火,大家纷纷劝她关闭商店去开工厂,陶华碧却回答,她放不下附近无处吃饭的穷学生。听闻这一消息,受她照顾的学生们也纷纷加入游说的队伍,支持陶华碧办厂的呼声越来越高。1996年,陶华碧借用村委会的两间房子,办起了麻辣酱加工厂,名字就叫"老干妈"。从小作坊起家,"老干妈"如今已成长为我国产销量最大的辣椒制品企业,日均生产麻辣酱300万瓶,远销160个国家和地区,以独特的风味征服了无数人的味蕾,成为千家万户餐桌上的常备品。

创新不只包括高端的科技创新,陶华碧自制麻辣酱的行为、通过货车司机打开市场的方式也都是创新。陶华碧从小吃摊起步,打造了一个驰名中外的著名品牌,形成了一家市值达到200亿元的企业,这个成长的过程中,她应变创新的能力功不可没。很多成功的创业者和陶华碧类似,他们从身边最普通的创新应变开始,不断探索,最终实现了成功的创业。

(二)创新的本质特征和评估

作为"应变"的创新具有四个本质特征:人的主体性、针对性、灵活性、有效性。深入理解这四个本质特征,有助于我们正确地评估创新。

第一,创新是人的主动选择,因此创新必须体现人的主体性。人的主体性决定了创新不可能由他人来替代,就算是模仿别人的创新,也是创新者根据当下现实做出的主动选择。模仿得好,其就具有创新的成分;模仿得不好,就不是创新。人的主体性也决定了创新能力的培养必须是启发式的。创新是一种综合性很强的社会实践,因此,创新者在实践中需要有独立思维,直面当下的现实,勇于决断,不能事事都希望别人给出标准答案。创新能力只有通过在自身的实践中不断增强感悟才能有效提升。

第二,创新需要先知道具体情况,然后有针对性地展开。也就是说,创新的前提是准确分析现实,然后才能采取有针对性的举措,这就要求我们做到实事求是,在发现问题后针对具体情况,创造性地加以解决。

第三,由于具体的问题总是复杂多变的,创新往往需要灵活地应对,必须具有灵活性。我们应主动开阔思维,培养多角度思考的能力与习惯,遇到难题时,不拘泥于某一种特定的解决思路。切不可"以不变应万变"。

第四,创新必须具备有效性,能够解决问题,才算创新成功。当然,问题的解决是一个动态的过程,所以这种有效性的体现有时候可能是滞后的,可以将其理解成有效的可能性。有效性是对其他特性是否发挥作用的实践验证。

三、树立正确的财富观

大多数创业者对于创业理想的概念比较模糊,但是通过创业赚钱的目的都很明确。不过,如果单纯地将赚钱作为创业目标,往往后患无穷。因此,我们需要树立正确的财富观。

(一)创业积累财富体现了个人价值和社会价值的统一

对财富的创造是社会发展的动力。我国有崇尚创业致富的悠久历史和传统,《周易》中就有"崇高莫大乎富贵""富有之谓大业""后以财成天地之道"等非常明确的表述。改革开放初期,邓小平多次强调:"社会主义的特点不是穷,而是富,但这种富是人民共同富裕。"改革开放引发了创业热潮,涌现出了中华人民共和国的第一代企业家。如今,我国已进入实现共同富裕的历史阶段,通过创业创造和积累财富,带动更多人实现共同富裕,这在当下,是我们崇高而神圣的使命。

(二)财富是事业发展的强大动能

财富是促进社会发展的重要因素。不能将赚钱作为创业的根本目

树立正确的财富观

视频：创业维艰的鲍剑锋

标，但必须将其作为重要因素进行考虑。财富就像流动的能量，贯穿整个创业的过程。对于创业者而言，快速盈利是很重要的。切忌死守"情怀"，忽略赚钱、盈利的重要性。

（三）避免财富成为欲望牢笼

创业有失败的风险，也有成功后的风险，那就是创业成功后，财富积累，容易让人的私欲膨胀。以赚钱满足私欲为目标的创业，一旦取得阶段性成功，积累了一定的财富，就容易衍生出两种风险：一种是让个人感觉实现了预定目标，忽然迷失了人生的方向，失去了奋斗的目标；另一种是财富激发出个人更大的欲望，无休无止，使个人陷入巨大的欲望牢笼，进而冒险决策或者走入歧途。因此，创业者应该在创业之前就树立正确的财富观和创业理想。

拓展阅读1-1

"商圣"范蠡的故事

范蠡是春秋末期伟大的政治家、军事家、谋略家。由于其在商业领域的思想和伟大实践，范蠡被尊为"商圣"。

1. 注重民生，善用调控手段

范蠡在越国为官期间，通过对天文气象的观测发现了粮食丰歉与天体运行之间的"二六丰歉律"，并将"二六丰歉律"和供求关系相结合，把握住了政府调控物价的时机，让政府管理有了可靠依据。他根据"二六丰歉律"建议越王"旱则资舟，水则资车"：旱季舟船运输没有收入，就要资助船主；雨季陆地运输没有优势，就要资助车主。

范蠡还发现了一个"八三调控律"。范蠡发现，粮食的价格虽然受供求关系影响，但也需要稳定在一定区间内。比如粮食每斗五十钱为正常，那么如果降到每斗二十钱，会产生谷贱伤农的问题；如果涨到每斗九十钱，则会产生市场萧条的问题。因此，他制定了每斗最低三十钱，最高八十钱的价格区间，使农民和商人都有利可图，以促进粮食生产和贸易。

2. 不为名利所困，两次功成身退

范蠡追求财富，但是不为名利所困，曾经两次辞去高官，体现了"不义而富且贵，于我如浮云"的超然态度。

越国被灭国后，范蠡献计于越王勾践，和越王一起假意投降为奴，让吴王对越王放松了警惕，最终帮助越王复国。越国复国后，范蠡官至上将军，仅位于越王一人之下。但是范蠡并没有被名利冲昏头脑，而是看到了其中的风险，不顾越王的威胁，带着妻儿偷偷逃走。范蠡逃离越国后，进入齐国境内，化名鸱夷子皮，开始经商，很快就成为地方巨富。齐王注意到他的商业智慧，任命其为相。范蠡不好拒绝，只能赴任。过了三年，他喟然长叹："我居家则家致千金，居官则位至卿相，尊贵至极，一定会生祸患。"为了躲避政治旋涡，他封还相印，散尽家产，再次避世隐居。范蠡的急流勇退体现了难得的"知止而行"的睿智。

3. 因地制宜，大胆创新

在齐国期间，范蠡大胆开创了利用海水"耕田煮盐"的技术，很快就积累了巨额家产，成为当时齐国有名的商人。范蠡第二次辞官从齐国出走后去了定陶。在这里，范蠡又充分利用地域特色，钻研养鱼技术，大力发展渔业。就是在这里，他写出了中国第一本养鱼著作《养鱼经》。在生产力落后、物资匮乏的年代，无论是煮盐还是养鱼，都是影响千家万户的伟大技术创新。

4. 百姓爱戴、拥护的"商圣"

范蠡注重民生。他与妻儿一起下地耕作，同穿布衣、进粗食。遇到灾年减产时，他就减免地租，并开粥厂赈济灾民。在年初，他和一些农民、商人签订商品收购合约。到年底，如果商品价格上涨，他就按照市场现价收购；如果价格下跌，就按照合约价格收购。在定陶期间，范蠡多次成为当地巨富，又多次散尽家财，施济天下。

拓展阅读1-2

移动互联网背景下各领域的创业机会

2022年4月国务院新闻办公室发布的《新时代的中国青年》白皮书提出,新时代的中国青年在与互联网的相互塑造中成长,"互联网+"带动大量新产业、新业态发展,催生了众多新职业,聚集了大量灵活就业青年,充分体现了互联网时代赋予广大青年的机遇与选择。"互联网+"代表一种新的社会形态,即充分发挥互联网在社会资源配置中的优化和集成作用,将互联网的创新成果深度融入经济、社会各领域,提升全社会的创新能力和生产力,形成更广泛的以互联网为基础设施和工具的经济发展新形态。

"互联网+"中的"+"就是跨界,就是变革,就是开放,就是重塑、融合。敢于跨界,创新的基础才会更坚实;融合协同,群体智能才会实现,从研发到产业化的路径才会更垂直。融合本身也包括身份的融合,如从客户转化为投资人、伙伴参与创新。同时,信息革命、全球化、互联网发展业已打破原有的社会结构、经济结构、地缘结构、文化结构。推进"互联网+"发展,一个重要的方向就是把过去制约创新的环节化解掉,把孤岛式创新连接起来,让创业者有机会实现价值。

目前,"互联网+"已经改造和影响了多个行业,当前大众耳熟能详的电子商务、互联网金融、在线旅游、在线影视、在线房产等行业都是"互联网+"的成果。"互联网+"不但正在被全面应用到第三产业,形成了互联网金融、互联网交通、互联网医疗、互联网教育等新业态,而且正在向第一产业和第二产业渗透。"互联网+"可以促进传统产业变革。如"互联网+"令现代制造业管理更加柔性化,更能满足市场需求;互联网与商务相结合,利用互联网平台的长尾效应,在满足个性化需求的同时创造出了规模经济效益。

未来,"互联网+"将重点促进以云计算、物联网、大数据为代表的新一代信息技术与现代制造业、生产性服务业等的融合创新,发展壮大新业态,打造新的产业增长点,为产业智能化提供支撑,增强经济发展动力,促进新质生产力的形成。

1. 延伸服务领域

"互联网+"的兴起会衍生出一大批政府与普通企业之间的第三方服务企业,即"互联网+"服务商。它们不从事传统企业从事的生产、制造及运营工作,而是帮助线上及线下双方展开协作,从事的是双方的对接工作,盈利则来自双方对接成功后的服务费用及各种增值服务费用。这些增值服务包罗万象,包括培训、招聘、资源寻找、方案设计、设备引进、车间改造等。初期的"互联网+"服务商是单体经营,后期则会发展成复合体,也可能会发展成纯互联网模式的平台型企业。第三方服务涉及的领域有大数据、云系统、电商平台、软件服务商、智能设备商、机器人、3D打印等。

2. 工业领域

"互联网+工业"即传统制造业企业利用移动互联网、云计算、大数据、物联网等信息通信技术,改造原有的产品及研发、生产方式,做到与"工业互联网""工业4.0"

的内涵一致,形成"移动互联网＋工业""云计算＋工业""物联网＋工业""网络众包＋工业"等新型结合形式。具体来说,借助移动互联网技术,传统制造厂商可以在工业产品上增加网络软硬件模块,实现用户远程操控、数据自动采集分析等,极大地改善了工业产品的使用体验。基于云计算技术,一些互联网企业打造了智能产品软件服务平台,为不同厂商生产的智能硬件设备提供统一的软件服务和技术支持,优化用户的使用体验,并实现产品的互联互通,产生协同价值。物联网技术有助于加快对生产制造实时数据信息的感知、传送和分析,加快生产资源的优化配置。在互联网的帮助下,企业可以通过自建或借助现有的"众包"平台发布研发创意需求,广泛收集客户和外部人员的想法,大大扩展了创意来源。

3. 商贸领域

移动互联网对原有的商贸行业起到了很大的升级换代推动作用。面对实体零售渠道变革,"互联网＋零售业"概念被提出。2024年,中国网络零售Top 100企业网络销售总体规模为1.91万亿元,较2023年增长2.7%。本次榜单上榜企业包括电商企业8家、实体零售企业47家、消费品企业45家。排名前三的企业依次为京东、阿里巴巴和唯品会,3家企业网络销售规模均超千亿元。互联网经济成为中国经济的最大增长点。

4. 通信、交通领域

随着互联网的发展,数据流量业务的收入已经大大超过语音通信的收入。可以看到,互联网的出现并没有彻底颠覆通信行业,反而促进了运营商进行相关业务的变革升级。"互联网＋交通"也已经在交通运输领域产生了"化学反应":移动互联网催生了一批打车软件,它们通过移动互联网和传统交通出行的结合改变了人们出行的方式,提高了车辆的使用率,推动了互联网共享经济的发展。

5. 医疗领域

"互联网＋移动医疗"有望改善"看病难、看病贵"的医疗生态。具体来讲,互联网可以优化传统的诊疗模式,为患者提供一条龙的健康管理服务。在传统的医疗模式下,普遍存在事前缺乏预防、事中体验差、事后无服务的现象。而通过互联网医疗,患者有望在移动医疗数据端监测自身健康数据,做好事前防范;在诊疗服务中,实现网上挂号、问诊、购买、支付,节约时间和经济成本,提升事中体验;依靠互联网在事后与医生沟通。移动医疗未来将高速发展。

6. 教育领域

只要有一个移动终端,学校任你挑,老师由你选,这就是"互联网＋教育"。其涵盖中小学、大学、职业教育、培训等多层次的开放课程,学生可以足不出户、在家上课。"互联网＋教育"的教学活动围绕互联网进行,老师在互联网上教,学生在互联网上学,信息在互联网上流动,线下活动成为线上活动的补充与拓展。

7. 政务领域

随着信息网络技术的迅猛发展和移动智能终端的普及,全国一体化在线政务服务平台建设逐步深入,各级政府纷纷调动各方社会资源和力量,积极利用移动互联网技术,加强和规范政务服务移动应用建设与管理,积极推动覆盖范围广、应用频率高的政务服务事项向移动端延伸,推动更多政务服务事项实现"掌上办""指尖办",移动政务服务发展取得了显著成效,逐渐成为政务服务创新发展的主要形式。在"微技术"的迅猛发展下,各地区、各部门开始从民生角度切入,大力推进手机移动客户端、微信公众号、行政审批事项二维码投入审批服务应用。

8. 农业领域

农业看起来离互联网最远,"互联网+农业"的潜力却是巨大的。农业是我国最传统的基础产业,亟须利用数字技术提升农业生产效率。可以通过信息技术对地块的土壤、肥力、气候等进行大数据分析,据此形成种植、施肥的相关方案,大大提升农业生产效率。农业信息的互联网化将有助于实现需求、市场的对接。互联网时代的新农民不仅可以利用互联网获取技术信息,而且可以通过大数据掌握最新的农产品价格走势,从而决定农业生产重点。与此同时,农业电商将推动农业现代化进程,通过互联网交易平台减少农产品买卖中间环节,增加农民收益。

"互联网+"的"+"不仅是技术上的"+",还是思维、理念、模式上的"+"。"互联网+"的发展趋势则是大量"互联网+"模式的爆发及传统企业的"破与立"。从长远来看,互联网与经济社会各领域的融合发展会进一步深化,基于互联网的新业态会形成新的经济增长动力,助推形成网络经济与实体经济协调互动的发展格局。

拓展阅读 1-3

AI技术与大学生创业

1. AI技术为大学生创业者提供便利

(1)市场分析与预测。AI的数据分析能力可以帮助大学生创业者更好地理解市场趋势、消费者行为及竞争对手的情况。AI可以处理大量数据,并从中提取有价值的数据,帮助我们做出更加明智的商业决策。

(2)产品开发与创新。AI技术能够加速产品原型的设计与测试过程,通过机器学习算法快速迭代产品。在某些领域,如软件开发、游戏设计中,AI可以直接参与产品的创造过程。

(3)客户服务与支持。聊天机器人和虚拟助手可以提供全天候的客户支持服务,提高响应速度和服务质量。自然语言处理技术使得与客户的沟通变得更加自然、流畅,提高了用户体验。

(4)营销与广告。AI可以根据用户的行为和偏好定制个性化的营销策略,提高广告投放的效果。使用AI进行社交媒体管理,可以自动发布内容、跟踪互动情况,从而优化推广活动。

（5）运营效率提升。AI自动化工具可以处理日常任务，如财务报告、库存管理，从而节省时间和成本。AI还可以用于人力资源管理，比如筛选简历、安排面试，以提高招聘效率。

（6）风险评估与管理。利用AI进行信用评分和欺诈检测，可以帮助创业者在金融交易中做出更安全的选择。对于新创企业而言，这有助于建立可信度并降低潜在的风险。

（7）教育与培训。通过在线学习平台和智能导师系统，创业者及其团队成员可以获得所需的技能和知识。这种灵活的学习方式使得学习资源更加普及，降低了获取专业知识的门槛。

2. AI技术在不同领域的应用

AI的基础研究不是一般人能够参与的，利用AI进行创业却是普通人可以选择的。下面这些案例展示了AI技术在不同领域的应用，对大学生创业有一定的启发和借鉴意义。

（1）AI剧本创作。一些创业者利用AI技术进行剧本创作，为客户提供低成本、高效率的解决方案。他们通过AI技术生成剧本初稿，再进行人工润色和修改，最终将其交付给客户。这种方式不仅降低了创作成本，而且提高了创作效率，满足了市场对剧本的多样化需求。

（2）AI婚礼定制。利用AI技术，可以大幅提升婚礼布场设计的效率。有些创业者通过AI技术生成婚礼效果图，为婚礼策划师提供创意灵感和设计方案。同时，他们还通过培训婚礼策划师使用AI工具、开发行业小程序等方式盈利。

（3）AI数字人带货。一些创业者利用免费或低成本的数字人技术批量制作带货视频，并在电商平台上进行产品销售。他们通过AI技术生成数字人形象，并为其配音、制作动画，最终生成具有吸引力的带货视频。这种方式不仅降低了制作成本，而且提高了视频的趣味性和互动性。

（4）AI教育。在教育领域，有创业者利用AI技术提供个性化的学习方案。他们通过AI技术分析学生的学习行为和成绩数据，为其推荐适合的学习资源和练习题。同时，他们还开发了智能辅导系统，为学生提供实时的学习指导和反馈。

（5）AI医疗。在医疗领域，有创业者利用AI技术进行疾病诊断和治疗方案的制订。他们通过AI技术分析患者的病历数据和影像资料，辅助医生进行疾病诊断和治疗方案的制订。这种方式不仅提高了诊断的准确性和效率，还降低了医疗成本。

以上案例表明，普通人通过利用AI技术，结合自身的专业知识和市场需求，完全有可能在创业道路上取得成功。

小组活动 1-2

研 讨

国家经济的发展轨迹具有一定的规律性,在发展的不同阶段存在不同的商业机遇。请同学们研究一下发达国家的经济史,对照看看我国目前处于什么发展阶段,哪些行业的发展速度最快、创业机会最多。

项目二　培养创新思维

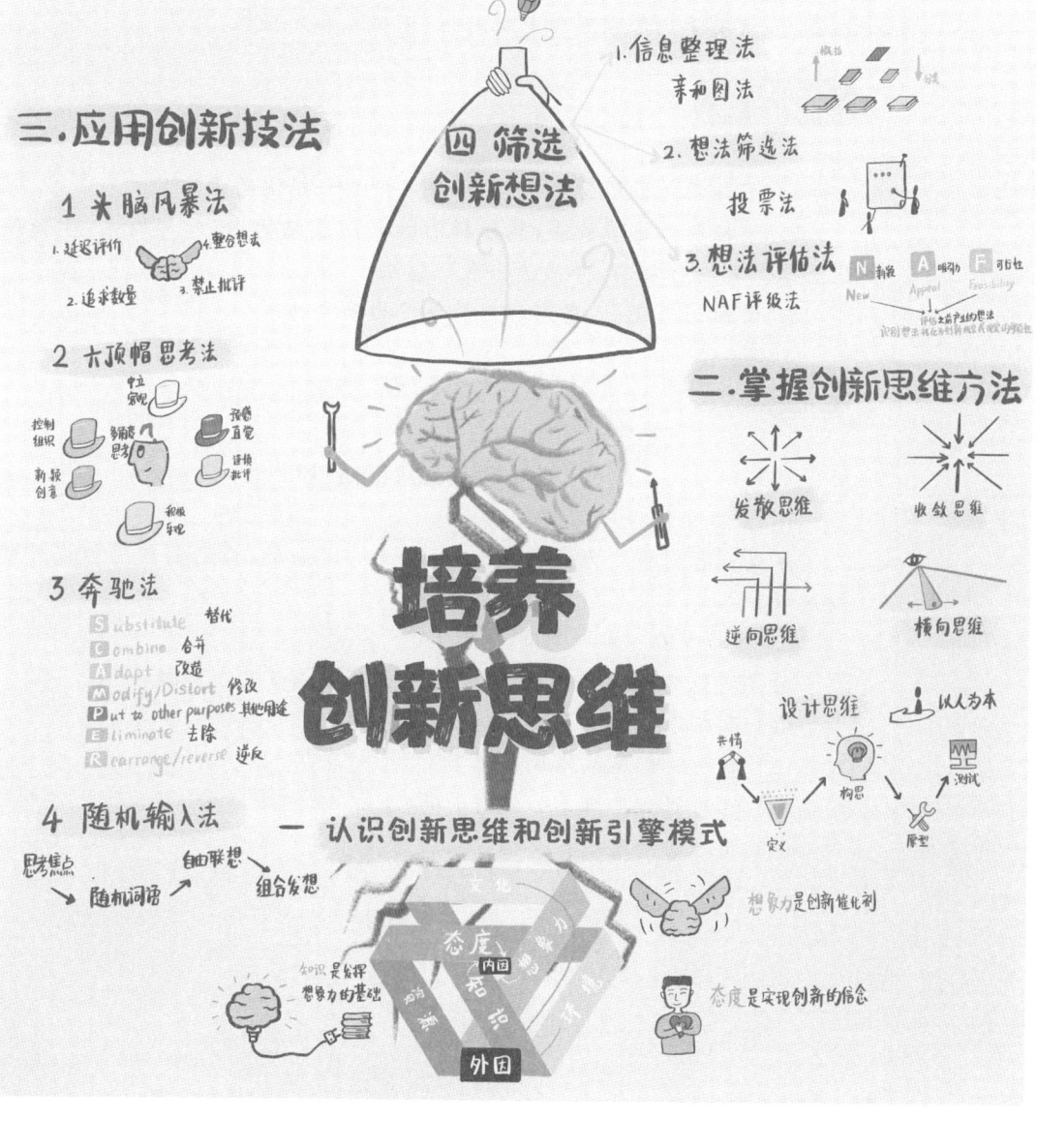

项目描述

党的二十届三中全会指出，在新发展格局下，我国要向基于"源头创新"的科技自立自强模式转型，全方位转变国家创新体系的战略目标、创新主体、系统功能、体制机制，构筑具有全球竞争力的开放创新生态。大学生作为新生代的代表，具有强大的创新力量。通过提升自身的创新思维水平，学会以新方法解决新问题、以新思路谋求新发展、以新眼光把握新机遇，我们可以通过开展创新创业，为实现中华民族伟大复兴贡献青年力量。

本项目将通过创新思维方式的学习和训练，培养同学们运用创新思维工具解决创业中遇到的问题的能力，并提升同学们的洞察力、移情力和创造力，使同学们加强思维的批判性、逻辑性和发散性。

预期目标

1. 了解创新思维引擎模式，了解评价创新想法的方法。
2. 掌握创新思维技法，能分析影响创新思维的内、外部因素，学会使用思维工具进行创新，并筛选出最优想法。
3. 增强创新观念，意识到创新思维的重要性。

项目准备

你有创新思维潜质吗？

1. 活动目标

寻找具有创新能力的榜样人物，通过对比分析，找到创新思维提升的切入口。

2. 活动步骤

对寻找到的榜样人物展开分析，重点关注以下几个问题：

（1）谁在你心目中是最具创新思维的？
（2）他的创新思维体现在哪里？
（3）他的创新思维是如何形成的？
（4）我的创新思维在哪些方面还有待开发？

任务一　认识创新思维和创新引擎模式

一、什么是创新思维

当看到"创新思维",你会想到哪些关键词?是"与众不同""标新立异",还是"产生创意"?关注"与众不同"的你看见了创新思维有别于常规思维的一面,要求我们突破日常的局限来思考问题;关注"标新立异"的你看到了创新思维有进行更新、改变、创造的意义;关注"产生创意"的你看到了创新思维的实现不是一蹴而就的,而是由一系列思考过程组成的。

创新思维是指以新颖、独到的方法解决问题的思维方式。这种思维方式能突破常规思维的界限,以超常规,甚至反常规的方法、视角去思考问题,提出与众不同的解决方案,从而产生新颖的、独到的、有社会意义的思维成果。

在对创新思维的学习中,我们很容易忽略"价值"这一关键词,导致想法看似新颖,却无用武之地。开展创新思维的目的是解决某个问题,其对问题本身而言是有价值的,对问题的对象而言是有意义的。例如,自拍杆早在20世纪初就被生产、销售过,但因为近些年智能数码产品的普及,它满足了很多人的需求,才能在移动互联网时代产生价值,受到广泛欢迎。

二、创新引擎模式

微课:创新引擎模式

很多人认为创新思维是天生的,不会因为后天的学习而改变。真的是这样吗?美国斯坦福大学的蒂娜·齐莉格提出的"创新引擎模式"(图2-1)告诉我们,创新并不神秘,它不过是思维习惯和外界环境共同作用下的产物。她在这一模式中详细说明了创新思维会受到哪些因素影响,它们之间又是如何互动的。

图2-1　创新引擎模式图

(一) 影响创新思维的内部因素

齐莉格提出的创新引擎模式的内核是影响创新思维的内部因素,包括知识、想象力和态度。

美国心理学家、教育家本杰明·布鲁姆曾深入研究过人类的学习行为。他主要研究"你知道什么""你能做什么""你的感觉怎么样"这三点对学习效果的影响,也就是通常所说的知识、能力和态度对学习效果的作用。而在创新思维培养中,"能力"一项可以被具体化为"想象力",因为创意必须以想象力作为依托。

1. 知识

无论在什么领域,知识都是开展创新思维的基础。没有丰富的知识储备,就难以发挥想象力;而我们对特定领域了解得越多,在发挥想象力、进行创新思维时就越有据可依,越有可能产生非凡的创意。例如,如果我们想设计一款别出心裁的新能源汽车,就必须从了解工程学等相关知识开始。

也有人不赞同这种说法。他们认为实现创新的最佳状态是清空大脑,让大脑像一张白纸一样,不受任何现有的知识或规定制约。的确,在现实中也有这样的例子。但是如果进一步观察这种现象,我们就会发现,在很多情况下,那些"对自己从事的行业一窍不通"的成功人士并非真的对他们的工作一无所知,相反,他们恰恰是相关行业的精英。当他们进入一个全新的领域后,能够迅速地将先前具备的知识运用到新领域中,从而有根据地开展创新。横跨不同领域的创业者往往都是这方面的专家。

典型案例 2-1

"天气保险公司"

"天气保险公司"的主要业务是鼓励农民购买农作物气象保险,降低恶劣天气造成的损失。这家新型的保险公司发展特别迅速,但有趣的是,公司里的所有员工,甚至创始人大卫·弗莱德伯格自己都从未正式学习过气象学和农学知识。大卫·弗莱德伯格本来是学习天体物理学的,做过一段时间的投资银行家,后来在谷歌负责战略开发工作。公司的其他员工也曾从事过不同工作,有的是数学家,有的是工程师,有的甚至是精神病学家。不同的专业背景和知识在一定程度上使他们能够快速适应新工作的需要,很快就掌握了相关的气象学和农学知识。

2. 想象力

知识很重要,但如果没有想象力,知识只能是一潭死水,无法产生新的东西。想象力好比创新的催化剂,没有它,就不会有新的观念、新的产品。

测试:创新能力测试一

华盛顿大学的卡尔·茨布纳和凯思琳·麦克德尔莫特认真研究过记忆与想象力的关系。通过大量的心理和神经实验,他们发现对过去的回忆与对未来的想象之间存在着密切的联系,负责这两种功能的是大脑的同一部位。实际上,正是想象力将我们已有的知识或储备的记忆转化成了新的东西。比如,我们看见了汽车和小鸟,大脑就会将这两种形象储存起来,在想象力的作用下,我们可以联想到会飞的汽车和电动的小鸟,这就是知识与想象力相互作用的过程。可以说,没有想象力,知识就发挥不出应有的作用;没有知识,想象力就成了无源之水、无本之木,终将干涸、枯败。

3. 态度

个人的态度决定了他怎样对周围的世界做出反馈。态度好比火把,如果没有必须实现创新的信念,创新思维的引擎就无法被点燃。

美国密歇根州立大学的杰森·莫瑟和他的同事做过一项研究,主题是为什么有的人会一而再,再而三地犯同样的错误,有些人却善于从错误中吸取教训。莫瑟采用了精神病专家卡罗尔·德维克提出的"二分法",将受试者区分为具有固定心态的人和具有成长心态的人,前者坚信从错误中学不到任何有用的东西,而后者深知犯错误是获得知识的重要前提,只要投入足够的时间和精力,就能够处理好任何事情。莫瑟发现,拥有不同心态的人在面对同一个错误时,大脑做出的反应是不一样的。

斯坦福大学的卡罗尔·德韦克深入研究过心理定向与成功的关系,发现我们对待周围世界的态度深受他人和自己主观意识的影响。德韦克把成绩较差的一部分学生平均分为两组,实验组的学生被告知智力好像肌肉,只要多进行练习,就一定可以得到强化,对照组的学生则不作任何处理。不久后,实验组学生的成绩与之前相比有了明显的提高,对照组学生的成绩则变化不大。这个实验生动地说明了态度的重要性。

(二)影响创新思维的外部因素

无论我们怎样增加知识、发挥想象力、保持积极的态度,终究还是会受到外部环境的制约。这些外部因素主要包括资源、环境和文化。

1. 资源

资源指周围环境里一切可利用的东西。比如,资金是一种资源,专家、大学、企业等能给我们提供帮助的个体、机构也都是资源。生活中有些资源是显而易见的,有些资源却需要通过一定的努力才可以获得,关键要看你有没有善于发现可用资源的能力。

知识与资源是相辅相成的,我们了解的知识越多,得到的资源就越多。比如,你越懂得如何钓鱼,越能钓到更多的鱼;你生活的地方如果是渔乡,就会懂得更多的捕鱼知识。资源会影响到我们的知识储备,同样,我们的知识储备也会反作用于资源的获得。这也是齐莉格在创新引擎模式中把资源这一因素放在与知识相应的位置上的原因。

2. 环境

在创新引擎模式中,环境因素与想象力相对应,因为我们创造的外部环境正是内在想象的直观反映。我们根据内心的想象来构建外部环境,反过来,外部环境也会加强或弱化我们的内在想象。在营造创新型工作氛围时要切记,奖惩制度、人员组合等因素都会影响我们创新思维的发挥,哪怕微小的变动也可能带来极大的影响。

3. 文化

文化指集体对待问题的观点和态度。每个人都深受集体文化的影响,往往会遵守集体制定的规范。我们无时无刻不在接受集体灌输给我们的观念。个体、家庭、学校和企业等共同营造了当地的集体文化,也就是说,文化是一个地区的人们对待世界的集体观念,所以齐莉格在创新引擎模型里把文化因素放在了与态度相对应的位置上。

同时,文化并不是亘古不变的,而是不断变化的。文化的变化是先从一小部分人开始的,这部分人的观念逐渐被大家接受,就形成了新的主流文化。主流文化一旦形成,集体就会以制定规范的形式将它确定下来,从而进一步巩固这种观念,如此周而复始。因此,我们每个人都可以对周围的文化产生影响。

(三)内部因素和外部因素的相互作用

创新引擎模型中的内部因素和外部因素是相互联系且相互作用的,举例如下。

(1)态度-知识:对某事的态度可能引发我们的好奇心,从而促使我们去主动了解相关的知识。

(2)知识-想象力:有了丰富的知识储备,我们就可以自由地发挥想象力,产生意想不到的创意。

(3)想象力-资源-环境:根据内心的想象,利用身边一切可利用的资源,我们可以营造适宜的环境。

(4)环境-态度-文化:环境会反作用于人的态度,共同对周围的文化产生影响。

内部因素作用于外部因素,外部因素反映内部因素,内外部因素相辅相成,构成一个完整的整体。只有充分发挥各个因素的作用,潜在的创新思维才能被完全激活,才能使个体、团队或组织拥有创新能力。

创新思维是可以通过练习强化的。我们可以主动培养观察能力,学会横向、纵向地思考问题,换一种方式提问,多问几个"为什么"。只要坚持练习,创新思维必会有所增强。此外,也可以专门构建一个鼓励创新的环境,打造一个渴望创新的团队,营造一种不怕失败、大胆尝试的氛围,这些措施可以进一步加强个人或团队的创新思维。

创新引擎需要我们亲自点燃,潜在的创新能力需要我们亲自释放。一旦启动了创新引擎,我们就拥有了克服困难的能力,全面地认识问题、分析问题,最终找到合适的解决方案,从而推动社会的进步。

任务二 掌握创新思维方法

在生活中，我们会观察到这样的现象：有的人想问题时翻来覆去，总是理不出头绪，有的人却能够快刀斩乱麻，快速、准确地抓住问题的关键；有的人只善于思考比较简单和自己熟悉的问题，碰到复杂的、新的问题时便束手无策，有的人则不但在思考常规问题时驾轻就熟、应付自如，在应对陌生的，需要有所突破、创新的问题时也游刃有余。这些差异说明人们运用思维方法的能力有高低强弱之分。

思维方法是思维活动的基本组成要素。一般认为，思维活动由两大类要素构成：一类是思维活动中相对稳定的部分，即思维活动的基础、材料和结果，这就是知识；一类是思维活动的内容，它将思维体系中各种不同的知识联系起来，引导着实践活动的方向，这就是思维方法。因此，一方面，我们需要充分了解自己的思维方式，认识到其优点和缺点；另一方面，我们需要掌握在创新思维过程中常用的思维方法，在常规思维不起作用时，及时改变思维方法，进行全方位的思考。

一、发散思维

测试：创新能力测试二

发散思维又称为辐射思维、放射思维、多向思维、扩散思维，是呈扩散状态的思维模式，其思维视野广阔，呈多维发散状，能够从多方面寻找问题的答案。发散思维最早由美国心理学家吉尔福特提出。他在《人类智力的体质》中说："从给予的信息中产生信息，其着重点是从统一的来源中产生各种各样的、为数众多的输出。"其模式是"从一到多"。有人形象地将发散思维比作夜空中绽放的礼花。

发散思维是一种综合性、高层次、全方位、立体化的思维方式，不局限于既定的理解，具有多向性、变通性、独特性、求异性等特质。

根据文森特·赖安·拉吉罗的观点，我们解决问题或针对某种活动、产品、服务产生新想法的过程可分为两个阶段——创意萌发阶段和创意判断阶段。在创意萌发阶段，我们从多角度看待问题，产生问题的各种可能答案。在这一阶段，我们经常会用到发散思维，以便生成尽可能多的创意。我们有必要延迟判断、增加数量，无拘无束地思考，捕捉和记录每一个在大脑中闪现的解决方案。

典型案例 2-2

曲别针的用途

1987年,中国创造学会第一次学术研讨会在广西南宁召开。这次会议集中了全国科学、技术、艺术等方面众多的杰出人才,为扩大与会者的视野,也邀请了一些国外的专家、学者。会议上,日本学者村上幸雄为与会者讲学。他讲得很新奇,深受大家的欢迎。其间,村上幸雄拿出一把曲别针,请大家动动脑筋,想想曲别针都有什么用途。与会者七嘴八舌,议论纷纷。有的说可以别胸卡、挂日历、别文件,有的说可以挂窗帘、钉书本,说出了二十余种。大家问村上幸雄:"您能说出多少种?"村上幸雄轻轻地伸出三个指头。有人问:"是三十种吗?"他摇摇头。"是三百种吗?"他仍然摇头,说:"是三千种。"大家都异常惊讶。

就在此时,中国魔球理论的创始人许国泰说:"幸雄先生,对于曲别针的用途,我可以说出三千种、三万种。"大家都不相信。许国泰说:"幸雄先生所说的曲别针的用途可以简单地用四个字加以概括,即钩、挂、别、连。我认为远远不止这些。"接着,他把曲别针分解为铁质、重量、长度、截面、弹性、韧性、硬度、银色等十个要素,制作成一个坐标系,将两条轴上的信息依次交合,于是,曲别针的用途就无穷无尽了。

二、收敛思维

在创意萌发阶段产生足够数量的创意后,下一步就要进入创意判断阶段。在这一阶段要对最初的问题进行评估,需要用到收敛思维。

收敛思维也称为聚合思维、求同思维、集中思维,是指在解决问题的过程中尽可能利用已有的知识和经验,把众多信息和解题的可能性逐步引导到条理化的逻辑序列中,最终得出合乎逻辑的结论的思维方式。

如果说发散思维是"由一到多"的话,收敛思维就是"由多到一"。发散思维要求我们把思路打开,囊括尽可能多的创新元素。收敛思维则要在此基础上,对这些元素进行分类和编号,判断它们与思维目标的相关程度,以便把重要的信息保留下来,把无关或者关系不大的信息淘汰掉。经过清理和选择后,还要对各种相关信息进行抽象、概括、比较、归纳,从而找出它们共同的特性和本质特征,最后从中选出最好的解决方案。

典型案例 2-3

徐光启的《除蝗疏》

明朝时,江苏北部曾经出现可怕的蝗灾。飞蝗一到,整片整片的庄稼被吃掉,颗粒无收。徐光启官至礼部尚书、文渊阁大学士,看到人民的疾苦,想到国家的危亡,毅然决定去研究治蝗之策。

他搜集了自战国以来有关蝗灾情况的资料。在浩如烟海的材料中,他注意到了蝗灾发生的时间：103次蝗灾中，发生在农历四月的有19次，五月的有12次，六月的有31次，七月的有20次，八月的有12次，其他月份总共只有9次。他从而确定，蝗灾大多在夏季炎热时发生，以农历六月为最多。另外，他还发现，蝗灾大多发生在河北南部、山东西部、河南东部、江苏北部等地区。为什么多集中于这些地区呢？经过研究，他发现蝗灾多发与这些地区湖沼分布较多有关。其后，他把自己的研究成果总结成了《除蝗疏》，就应对蝗灾提出了预防与救治相结合的方法，对应对蝗灾具有重要意义。

发散思维与收敛思维是解决问题过程中非常重要的思维方式，许多心理学家都根据对这两种思维的运用能力水平来评估个人的创新品质或潜力。

三、逆向思维

逆向思维又称为反向思维，是指从反面或对立面提出问题，以背离常规的方式来解决问题的思维方式。俗语"反其道而行之"说的就是逆向思维。

思维活动有正向和逆向两种方式。正向思维是沿着人们习惯性的、由因到果的思路思考问题。在传统观念中，正向思维一直是人们思维取向的主流，从正向的起点出发看起来理所当然，却容易局限在有限的认识范围里，难以打破惯性思维。如果转换视角，以逆向思维去探求，往往会产生超常的构思和不同凡俗的新观念。

典型案例2-4

受欢迎的"丑陋"玩具

一家玩具公司的董事长在散步时，发现几个孩子正在观察一只虫子。这只虫子满身污泥，长得十分难看，几个小孩却看得津津有味。这一情景让他联想到：市场上销售的玩具都是美观的，假如生产一些"丑陋"玩具投放市场，销路将如何？

他决定试一试。于是，他让设计人员迅速研制了一批"丑陋"玩具，有长着枯黄头发、绿色皮肤的橡皮小人，一串印着"发疯"表情的小球组成的"疯球"……没想到，这些"丑陋"玩具上市后一炮打响，市场反应热烈，给公司带来了丰厚的利润。

四、横向思维

横向思维又称为水平思维，由英国学者爱德华·德博诺提出。在其著作《新的思维》中，他用"挖井"作比喻，阐述了横向思维与纵向思维的关系。他认为，纵向思维从常规的、单一的概念出发，并沿着这个概念一直推进，直到找到最佳方案、方法或结果。但是，万一作为起点的概念选错了，就无法找到正确的结果。这正如挖井，如果最初的挖井位置选择不当，即使费了很大的劲，挖得很深，也找不到水，对于大多数人来说，放弃可惜，只好继续深挖。这就是典型的纵向思维。

横向思维是在通过纵向思维找不到正确的结果时，避直就曲、另辟蹊径的思维方式，是在解决问题时故意暂时忘却原来占据主导地位的想法,去寻找原本不会注意的侧面思路的思维方式。它能够帮助我们探索多种可能性和途径,而不是追求标准做法。它产生的大量创意可能都不是最终的答案,却为我们提供了更多的可能性。

典型案例2-5

摩天大楼的电梯改良

一家公司搬入一幢摩天大楼后,不久就遇到了一个难题:由于当初楼内安装的电梯过少,员工上下班时经常要等很长时间,抱怨声不断。于是,公司总裁把各部门负责人召集到一起,请大家出谋划策,解决电梯不足的问题。

经过一番讨论,大家提出了四种解决方案:一是提升电梯上下的速度,或者在上下班高峰时段,让电梯只在人多的楼层停;二是将各部门的上下班时间错开,降低电梯使用率;三是安装一部新电梯;四是在所有的电梯门口装上镜子。经过慎重考虑,该公司选择了第四种方案。该方案付诸实施后,抱怨声消失了。原来,等着乘电梯的人一看到镜子,就免不了开始端详自己的镜中形象,或者偷偷打量别人的打扮,等待时间就在镜前顾盼之间悄悄过去了。

五、设计思维

设计思维是一种非常有趣、有助于解决问题的思维方式。设计思维从最终用户的角度出发,通过观察、探索、头脑风暴、模型设计、讲故事等事先为产品、项目、流程、商业模式的改进确定目标或方向,然后寻求实用的、富有创造性的解决方案。其主要目标是站在客户需求或者潜在需求的角度发现问题,然后解决问题。这个理念最初是由斯坦福大学的工程师提出的,后来又被IDEO设计咨询公司改进与推广。IDEO公司的创始人大卫·凯利将设计思维贯彻落实到了IDEO公司的工作中,使之成功实现了商业化。

设计思维主要包括五个阶段:共情、定义、构思、原型、测试。这五个阶段并不是线性的。针对的主题不同、项目不同,步骤也不完全相同。

共情阶段的核心是"以人为本",代表了思维过程中的调研部分,是环境分析和事实收集的阶段。个人通过分析第一手、第二手资料,发现产品、服务或者流程等方面的客户需求和存在的问题,站在客户的立场上,尝试去理解他们为什么这样说、为什么这样做、为什么这样想,从而更好地提出问题的解决方案。

在定义阶段,我们要在充分理解需求的基础上,详细地定义正在试图解决的问题,以获得更精确的核心设计问题。简单来说就是找"痛点"。

构思阶段的目标是生成尽可能多的创意。这一阶段会运用到发散思维,并以数量最大化为目标。在获得各种想法、点子后,对它们进行分类,根据创新活动的目标列出优先级,并加以改进。

原型阶段用来验证构思阶段产生的创意是否可行。对优先级高的想法,构建其原始意象,即进行原型设计。利用视觉艺术设计出直观方案,在提供直观感受的同时,也构成了获得反馈的极好机会。

测试阶段是设计思维应用的最后阶段。在这个阶段,设计师们需要对原型一步步进行完善,将其在不断变化的环境中加以调整,思考创意应该被如何传达给客户和利益相关者,实现方案的落地和推广。

典型案例 2-6

手推车的设计

以设计思维著称的 IDEO 公司曾经接受了美国广播公司晚间在线节目的挑战,要在短短五天之内重新设计人们日常使用的超市购物车。手推车设计项目的团队由项目经理和 12 名团队成员构成。项目经理是工程师,其他 12 名团队成员分别为具有不同专长的人才,团队中没有上下级之分,人人平等。

在共情阶段,所有成员到商场中亲自体验各种情境下手推车在使用中出现的问题,收集使用者的期望等第一手资料,同时从制造商和修理商那里了解意见,其后与专家讨论。设计团队中的所有人员都需要进行汇报,分享他们掌握的所有信息。在讨论的过程中,他们找到了一些值得关注的问题:原来的手推车并不安全,儿童座椅需要改进;手推车在大风吹动下,会以每小时 56 千米的速度在停车场里滑行;人们在购物时不希望离开手推车……

进入构思阶段后,设计团队的成员可以尽情提出自己的想法。团队鼓励提出疯狂的点子,成员们不着急批评或指责别人的观点,而是努力从别人的观点中得到灵感。他们在便利贴上写下想法的关键词,贴到墙上,然后用紫色的圆点贴纸标记出自己认为可行的点子。

当方案准备就绪后,原型设计阶段开启。大家分小组着手对各自的解决方案进行实物展示。有人设计制作了分离式手推车,可以将篮子拿出来,拿取物品比较灵活;有人设计了带扫描器的手推车,人们可以利用手推车上的扫描器扫描得知商品的价格;有人为儿童设计了安全座椅……他们从各个小组的设计方案中选出较好的想法,组合起来,形成了最后的原型设计。

在测试环节,他们邀请商场的工作人员和最终用户进行了测试,得到了较好的反馈和一些调整的建议,由此对手推车进行了最终的完善。

IDEO 公司设计的手推车在成本上几乎没有提高,但是不仅使购物变得更便捷,而且改变了客户的购物方式。

以上五种思维方式都是在创新活动中经常被使用的,适用于创造性思维过程中的不同阶段。

创新是一种技能,与其他技能一样,需要通过学习和锻炼来提高。在锻炼创新思维能力时,我们的大脑也会产生相应的阻力。为了进行创新思维,我们必须摆脱对经验进行分类的循环过程。创新技能是通过探索、尝试和实践获得的。只要坚持下去,我们就会看到源源不断的灵感迸发光芒。

任务三　应用创新技法

大多数人在解决问题时,很容易在想出一个方法之后就停止思考。但第一个想法往往并不是最好的,如果就此止步,很可能就错过了创新的机会。解决问题有三种境界:第一种境界是轻易满足于已找到的解决方法,就此止步;第二种境界是继续探索,直到找到更好,但仍欠创意的方法;第三种境界是不懈努力,直到发现新颖、高效的解决方法,这也是最高的、最难达到的境界。

测试:创新能力测试三

因此,想要找到最有效、最具创新性的解决方法,就不能满足于浅显的答案,要提出不同的想法,从中筛选出理想答案。那么,有没有什么方法能帮助我们快速地进入创新思维进程呢?这里将介绍四种创新技法供大家学习、参考。

一、头脑风暴法

头脑风暴法在需要思维发散的时候经常被采用,是一种集体运用创造性思维的方法,就是让一群人聚在一起,围绕特定话题自由地思考,大胆地提出各种想法,然后在其基础上建立新观点。如果运用得当,头脑风暴法可以帮助我们快速跳过浅显的答案,迅速找到高效、富有创造性的解决方法。

亚历克斯·奥斯本是头脑风暴法的创始人,他在《应用想象学》一书中首次正式提出了这个方法,此后这个方法便风靡全球。奥斯本列举了一系列开展头脑风暴时需要遵守的原则,其中四点尤为重要:延迟评价、追求数量、禁止批评和整合想法(图2-2)。不管团队成员提出的想法多么离奇,都不能在现场对其做出评价,更不能批评。在会场上,我们是一起探索未知的伙伴,我们关心的是有多少想法产生,而不是最终做出什么样的决策。我们最后的发言可以建立在对他人想法的补充和完善的基础上。使用头脑风暴法其实是非常讲究技巧的,需要不断地练习,才能够慢

图2-2　头脑风暴的四大原则

项目二　培养创新思维

慢地掌握它的精髓。那么，如何开展比较有效的头脑风暴呢？以下将具体介绍确保头脑风暴顺利进行的要求和原则。

（一）对会场的要求

（1）会场要相对宽敞，座位最好不是固定的，而是可以移动的，方便与会者走动、站立，一直坐着不利于发挥想象力。

（2）会场里要有用于记录想法的物品，如黑板、白板，或者在会场的四周贴上海报，将便利贴贴在纸上或墙上。

（二）对与会者的要求

（1）与会者在参加会议之前要根据议题进行相关资料的收集和研究，并提前形成一些观点和想法。

（2）与会人数一般以6～8人为宜，这个规模可以保证每个人都有一定的贡献，讨论效率最高。一旦超过这一人数，就要将与会者拆分为几个团队。

（三）议题的设置

议题要选择深度适宜的话题，不能太笼统，也不能太狭窄，且要有较强的开放性和创新性。比如，要组织一场关于某份创业计划书的讨论，把议题设置为"如何让评委觉得这是一份新颖、有前景的创业计划书"会更具开放性，更能激发与会者的挑战欲和想象力。

（四）主持人的职责

（1）主持人让与会者依次轮流发言，不能让几个人同时发言。

（2）主持人鼓励大家努力从不同角度看待问题，提出新颖的想法，引导与会者把大家都能想到的点子撇开，寻找别人不易发现的创意。

（3）主持人要多提出些具有挑战性的或出人意料的想法，帮助与会者打开思路。

（4）主持人要把握会议节奏，鼓励与会者对他人的观点进行拓展和发挥，但要阻止与会者对他人的想法进行评价。

（五）道具的利用

（1）除了黑板、白板，会场中最好还要有和议题相关的小物件，这可以激发与会者的想象力，帮助他们更好地思考。比如，要设计一款新型的钢笔，可以把与书写有关的工具、物件放在会场中，供大家参考。

（2）为每一位与会者准备纸和笔，方便打草稿和记录想法。便利贴的好处也是很多的，一方面方便移动，可对想法进行归类；另一方面很小，与会者需要对想法进行概括和浓缩，可以省去大量描述的时间。

（六）时间的控制

没有人能够持续处于精神高度集中的状态，因此把握好讨论的时间很重要。如果与会者之间非常熟悉，那么10～15分钟的讨论就能取得较好的效果；如果不是很熟悉，好的想法一般在10～15分钟后才会慢慢产生,所以建议会议持续45～60分钟。特别要提醒的是,最好能在头脑风暴高峰期时结束,让每个人都对下次会议充满期待。

最后,要用相机、手机、记事本等把会议中提出的设想保存下来。这些设想都是头脑风暴会议的成果,是与会人员想象力的结晶。决策者从中挑选出最有价值、最值得开发的设想,将其保存下来,方便日后随时查阅。因为随着时间的推移,现在看来不具实用性的设想在未来有可能很有前景。

运用得当的话,头脑风暴法完全可以打开想象力的大门,让思维自由驰骋,让创新的想法层出不穷。但要想掌握这种方法并非易事,需要不断地练习,练习得越多,操作就越熟练。

 典型案例 2-7

头脑风暴法的运用

A公司生产的电器在市场中有许多相似产品。该公司的销售负责人在参加了一次关于发挥员工创造力的会议后大受启发,在公司中成立了一个创造小组,把整个小组(约10人)安排到了一家旅馆里,避免外部的电话或其他干扰。

第一天,通过各种训练,组内人员开始相互认识,关系逐渐变得融洽。第二天,他们开始训练创造力,并学习使用头脑风暴法。他们要解决的问题有两个:第一个是发明一种拥有其他产品没有的新功能的电器;第二个是为此新产品命名。在这两个问题的解决过程中,都用到了头脑风暴法。在为新产品命名的过程中,经过两个多小时的热烈讨论后,小组成员共为它取了300多个名称,负责人则暂时将这些名称记录下来。第三天,负责人让大家根据记忆默写出昨天大家提出的名称。在300多个名称中,大家记住了20多个。负责人在这20多个名称中筛选出了3个大家认为比较可行的名称,再征求顾客意见,最终确定了一个。

结果,新产品一上市,便因为其新颖的功能和朗朗上口、让人回味的名称受到了顾客的热烈欢迎,迅速占领了大部分市场,在竞争中击败了对手。

二、六顶思考帽法

很多团队在进行创意发散的时候都会遇到一个问题——意见无法统一。在讨论的时候,成员各抒己见,也各持己见,最后只能以少数服从多数的方式来决定,有的时候甚至因为无法统一意见而无法产生结果,这样会让团队成员的态度变得非常消极,也会让团队失去动力和创新力。

大多数人习惯把决定建立在自己的经验基础上,而个人的思维方式受到内因、外因的制约,也就是说,每一个人的经验都不尽相同,所以都有自己比较习惯、比较固定的思考模式。要让创新团队的思考方式更为多角度、多元化,加快问题解决的速度,六顶思考帽法是一个很好的方法。它是一种有利于团队合作的思维方法,可以减少争执的时间,提高合作的效率。

横向思维的创始人德博诺提出了六顶思考帽法。他把人类的基本思维功能分为六类,并用六种不同颜色的帽子来表示(图 2-3)。

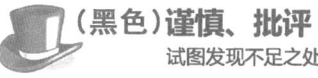

图 2-3　六顶思考帽

(1) 白色帽子中立,客观,重视信息、数据,关注思维逻辑。它代表客观的事实和数字。比如,今天的气温是 36 ℃、房地产行业最近不景气、消费指数下降了 43%,这些都属于白色帽子的思考范畴。

(2) 红色帽子代表对某件事或某种观点的预感、直觉和印象,它带有很强的感情色彩。戴上红色帽子的时候,我们可以凭借自己的直觉、经验来做出判断,如"我觉得这样可能更好""我现在有一种感受"。红色帽子的使用时间最好控制在 30 秒左右——虽然情感也是思维的一部分,但不能靠它来做决定。

(3) 黑色帽子代表谨慎、批评和评估,它总试图发现方案或计划中的不足之处。戴上黑色帽子的时候需要思考这样做会有什么问题、风险。

(4) 黄色帽子代表积极、乐观,它能够看到事物的闪光点。戴上黄色帽子的时候可以尽可能地找一找这件事有哪些正面的意义,比如这样做有哪些优点、我们有什么优势。

(5) 绿色帽子代表创意和创造力。戴上绿色帽子的时候需要提出供选择的方案和新颖的念头,可以想一想有没有什么新的想法、问题,可以用什么新的视角来分析。

(6) 蓝色帽子有着纵观全局的特质,处理问题时有条理,可以对思维过程进行控制和组织。戴上蓝色帽子时要对议程进行控制。比如,决定接下来讨论什么,总结、整理刚才的想法。

六顶思考帽代表了六种思维方式,几乎涵盖了所有思考角度。团队进行讨论的时候可以使用这种方法,鼓励成员从多角度思考问题,达到创新性地解决问题的目的。

典型案例 2-8

某公司对六顶思考帽法的运用

某公司正在考虑推出一款智能手表,可以用于监测用户的健康状况和提供运动指导。在公司内部开会讨论该产品的时候,与会人员采用了六顶思考帽法。

首先,会议的组织者请与会人员先戴上白色帽子,从信息收集者的角度各自介绍关于市场需求、竞争对手和技术可行性问题的相关信息和数据。

接下来,与会人员换上绿色帽子,从产品的竞争优势、用户需求和技术实现等方面提出创新性的观点和做法。

产生若干创意后,与会人员轮流戴上黄色帽子和黑色帽子,分别从优势、劣势角度分析、评估刚才提出的想法,会议的组织者做好记录。

其后,会议组织者请大家戴上红色帽子,从情感和直觉评估的角度,考虑产品的外观设计、用户体验和品牌形象等方面的因素,提出一些关于产品设计的建议。

最后,与会人员戴上蓝色帽子,作为综合思考者,整合之前收集到的各种信息和意见,做出了最终的决策和方案,确定产品的研发计划和市场推广策略。

三、奔驰法

奔驰法(SCAMPER)由美国心理学家罗伯特·艾波尔提出,是一种经典的逆向思维方法。它提供了一个检查列表,目的是帮助我们拓宽解决问题的思路。在解决问题的过程中,如果束手无策,我们就可以尝试朝列表中的方向思考问题。这个列表最早是为头脑风暴设计的,可以拓展参与人员的思路,起到发散思维的作用,后来常用于改进现有产品、服务或商业模式。

SCAMPER是七个英文单词及短语的缩写,同时也代表着七个解决问题的方向,分别是替代(substitute)、合并(combine)、改造(adapt)、调整(modify)、改变用途(put to other uses)、去除(eliminate)、反向(reverse)。朝这七个方向思考有助于检验是否有更好的改进现状的新想法。

(1) 替代:寻找当前选项的替代选项。可以改变某个成分或组件吗?可以替换掉某些人员吗?可以改变某个规则吗?可以采用其他流程吗?可以改变产品的形状、颜色、声音、气味吗?……

(2) 合并:现有产品能否与其他产品合并而成为一个新的整体?哪些想法可以合并?哪些目的可以合并?哪些成分可以合并?哪些人员可以合并?……

(3) 改造:有什么其他事物与这种产品类似?过去有什么类似的事物?可以从哪里借鉴、模仿?可以引入什么其他想法?有什么其他工艺可以被用到这里?有什么其他领域的创意可以借鉴?……

(4) 调整:如何改进现有的事物?有什么地方可以放大?有什么地方可以夸张?有什么地方可以更高、更长、更强、更频繁?有什么地方可以变小?……

（5）改变用途：这种产品还有什么用途？改进以后，它是否可以产生其他用途？扩展以后，它是否可以产生其他用途？是否有其他市场？……

（6）去除：产品有没有可以删减的地方？有没有可以缩小的地方？有没有可以分割的地方？有没有可以取消的规则？有没有不必要的成分？……

（7）反向：这种产品反过来会是什么样？颠倒一下呢？在时间顺序上反过来呢？有什么其他排放顺序？产品的组成部分可以互换吗？……

以上就是奔驰法的七个创新方向（图2-4）。通过不断自问自答，我们可以找到非常多的创新突破点。

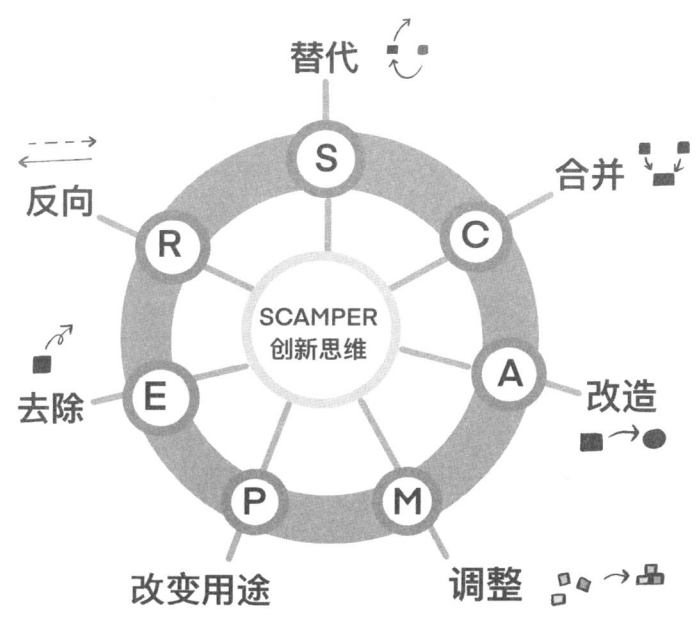

图2-4　奔驰法的七个方向

四、随机输入法

随机输入法是一种横向思维方法，在需要新创意或新观点时非常有用。一旦某个模式被建立起来，我们就会自然而然地沿着那个模式既有的轨道进行思考，要跳出这个轨道获取新的思路非常困难。随机输入法将其他思维模式与我们已有的模式、经验连接起来，可以帮助我们产生新的思路。

随机输入法的要素包括原本的思考焦点、随机输入的词语、有关词语的自由联想、与焦点的组合发想。

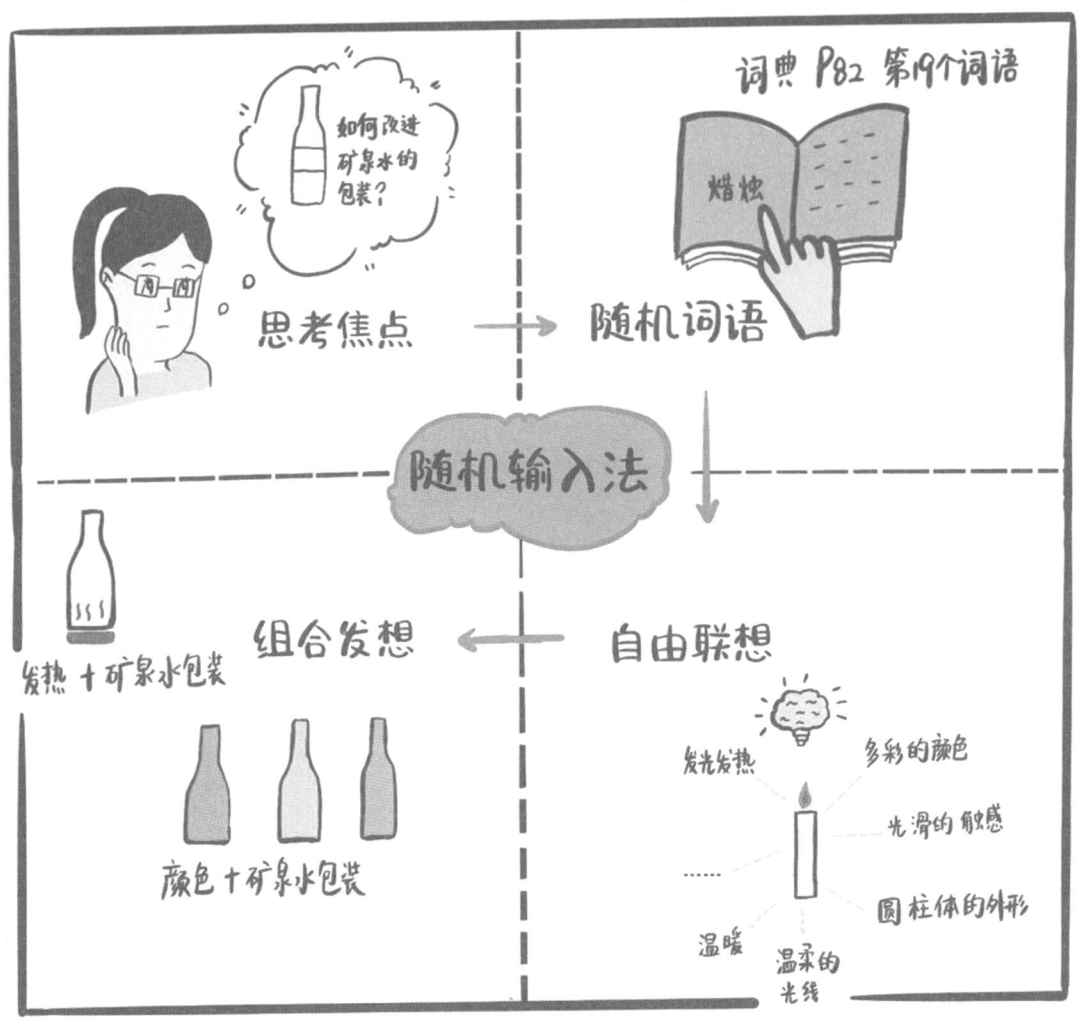

典型案例 2-9

对矿泉水的随机联想

某创业团队思考如何改进矿泉水的产品包装,一直想不到好的主意。后来他们采用了随机输入法:拿出一本词典,大家想了一个页码——82页,再想了一个位置——第19个词语。这个词语是"蜡烛"。随后大家围绕这个词语进行了联想。由蜡烛可以想到发光、发热、多彩的颜色、光滑的触感、圆柱体的外形、温柔的光线、温暖、浪漫等,然后把刚才想到的这些与矿泉水的产品包装联系起来。比如,把发热与产品包装组合,会想到设计一款有发热底座的产品包装,有了这样的包装,大家可以在寒冷的冬季随时买到温水,还可以温暖双手;把色彩与产品包装联系起来,可以想到设计代表不同心情的包装,如蓝色忧郁款、红色热情款、粉色甜美款、黑色炫酷款,大家可以根据当下的心情来购买不同颜色包装的矿泉水。这就是随机输入法立竿见影的创新效果。它使用起来非常简单,而且能够非常有效地帮助人们突破既有模式的束缚,产生令人兴奋的主意。

那么,随机输入法在操作中有哪些需要注意的呢?

第一,随机词语必须是名词,且离思考的焦点越远越好。第二,这个随机词语绝对不能是我们随便想到的一个词,因为它来自我们既有的思维模式。可以考虑采用以下几种方法:① 准备多张词汇卡放在一个口袋中,闭上眼睛从中任选一张;② 拿出字典或报纸,任意翻一页,选择其中一个词;③ 列出60个词,拿出你的手表,注意其秒针指向的时间数,找出这个时间对应的词;④ 使用手边的电脑,让电脑随机地给出一个词。以上方法可以确保产生的词语是随机的,因为越是想不到的词语,越有可能激发我们的观察和思考。

随机输入法在什么时候使用效果比较好呢?

(1) 思维停滞状态下。你感觉完全没有主意可想了,或你已经进行了很长时间的创造性思考,但总是会得出同样的主意,看起来你已经不可能获得任何新的创意了。这时,随意找一个词,就可以立刻开辟新的思考路径。

(2) 面对空白领域时。你要完成一个需要新创意的项目,却不知道从何入手,或是没有现成的东西可用。在这种情况下,随意输入法对创造性思考尤其有用,可以给你提供一个出发点。

(3) 需要额外的主意时。有时候你已经拥有了很多主意,但仍然觉得可能还有完全不同的思考路径没有出现。这时,你应该花一点时间来使用随意输入法,看看是不是还能找到其他新的思考路径。

任务四 筛选创新想法

经过发想环节之后,我们可能会产生上百个想法,而且这些想法大多是无序、凌乱的,我们需要运用收敛思维方法来处理这些信息,让结论慢慢从中显现出来。在这一任务中,我们将探讨如何有效地整理、分析产生的想法,并且筛选出有价值的、有创造性的想法来加以开发、实施。

一、信息整理:亲和图法

亲和图法是一种比较简单的信息整理法,是根据信息内在的联系或者亲和性,对其加以整理、归类,从复杂的现象中整理出思路,以便找出解决问题的思路的方法。亲和图法的实施过程类似正金字塔,从最底部的原始数据开始,不断向上归纳、整合,最后得出金字塔顶端的结论。它的操作流程如下。

第一步,设定主题。

第二步，提出想法。

第三步，卡片记录。将所有想法或收集到的数据都记录在卡片上，以每个想法一张卡片为原则，也可用便利贴。

第四步，寻找共性（亲和性）。

第五步，卡片分类。将相同属性的卡片归类在一起。

第六步，写出索引标题。为同一属性的卡片群组赋予一个标题。如果标题写得不对，将连带影响结论的正确性。

第四步到第六步可以循环往复地进行，一直归纳、整合到你觉得结论已经呼之欲出了，再开始第七步。

第七步，进行结构化的图解。界定最后一个卡片群组中的卡片之间的关系，最好将要点控制在10个以内，并以箭头等表示。

第八步，找出结论。依据结构化图解，写出一篇文章或一个故事，并引出结论。

以下就是亲和图法的操作流程，它可以帮助我们整理大量的信息，并且从中找到最具创造性、最有价值的结论。

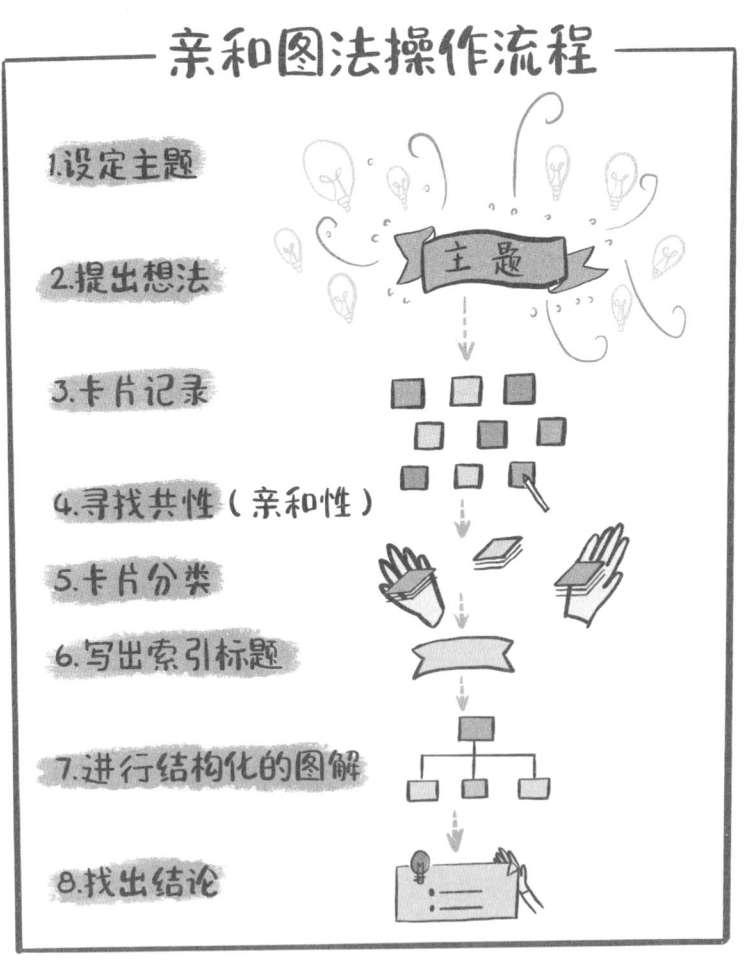

二、想法筛选：投票法

当产生了非常多的创新想法之后，我们就要考虑究竟哪些想法是可以优先转化为创新机会或者真实项目的。那么我们如何进行评估和选择呢？这时候，投票法可以帮助我们进行筛选。

投票法是大家根据自己的标准进行想法遴选，并以投票的方式推选出公认的好想法的方法。下面将介绍两种投票法：粘点法和匿名投票法。

（一）粘点法

粘点法是一种非常简单的决定想法优先顺序的方法。它的操作非常简单，步骤如下。

（1）把所有想到的创新想法整齐地贴在白纸、黑板或者白板上，如果没有，贴在墙面、餐桌、书桌上也完全可以。

（2）把团队成员分为几个小组，方便大家在做出决策之前再进行讨论和斟酌。如果本来团队成员就比较少的话，也可以以个人为单位。

（3）给每个小组分发不同颜色的、可以粘贴的小圆点，可以为每组分发 10 个圆点。

（4）给小组成员相互讨论的时间，商量一下要投票给哪些想法。

（5）一旦小组决定好了，就选派一个成员上来把小圆点贴在想要选择的想法旁边，并且做好优先顺序排列。对觉得最好的想法，可以多贴几个小圆点，以此类推，逐级递减。

（6）所有的小组都完成粘贴之后，大家再进行一次观察和讨论，看看各个小组的选择是怎样的。

（7）按照小圆点的数量筛选出较好的五个想法，供下一轮讨论。

这一方法的优点是简便易行、快速高效、省时省力，缺点是难以对想法进行深度分析。

（二）匿名投票法

匿名投票法是以个人为单位进行的，它可以让参与者感觉比较自由、有安全感，比较适合在焦虑或者压力比较大的时候使用，它能很好地保护个人观点，尤其适合在团队成员意见分歧比较大的时候使用。但是保护个人观点的弊端是会助长团队成员的偏执看法，所以主持人要注意在一开始就说明，在筛选和评估想法的过程中，大家要从大局出发进行思考。它的具体操作步骤如下。

（1）由主持人宣布要遴选的想法的数量，建议按照总数量的 10%～15% 的比例来计算。假设在发想环节已经产生了 100 个想法，那么可以遴选出 10～15 个想法。

（2）每位参与者考虑自己心中的遴选列表，并把想法分别写到卡片上。按照优先顺序，在卡片上标上序号，然后在该想法后面以 A 为最优，A、B、C 等依次递减的顺序标注好它的评价等级。

任务四　筛选创新想法　043

（3）当所有人都完成之后，将卡片背面朝上交给主持人，由他进行整理和统计，并把投票结果展示在黑板或白板上。投票过程是匿名的。

在激发了大量的创新想法之后使用这种投票法，可以帮助我们快速、简单地评估和筛选想法，有利于选出可以优先转化为创新机会或真实项目的想法。

三、想法评估：NAF 评级法

同样是在产生了大量的想法之后使用的 NAF 评级法可以帮助我们衡量哪些想法更新颖、更有吸引力，而且不用担心它执行不了。

NAF 是 new（新颖的）、appeal（有吸引力的）、feasibility（可行性）这三个英文单词的缩写。

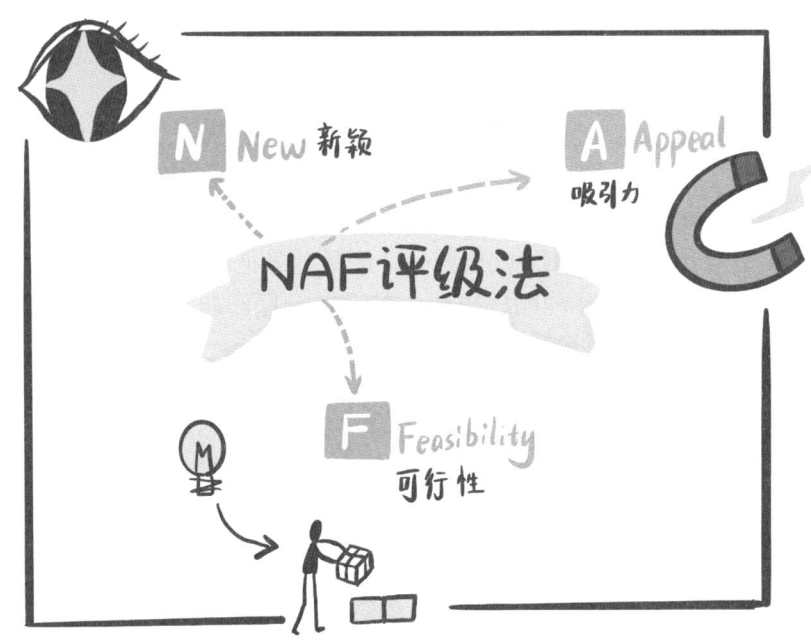

新颖是针对提出想法的一方而言的，即这个想法对于他而言是不是新颖的。可能这个想法并不是他第一个提出的，但是对于提出想法的一方来说是新颖的即可。

有吸引力指的是这个主意有多让你喜欢，是不是让你觉得很有兴趣去做。

可行性涉及两方面内容：一是这一想法是否可以解决问题；二是这一想法是否可以转化为现实，它的可操作性如何。

NAF 评级法的工作原理就是从这三个角度出发来评估之前产生的想法，简单一点说就是靠直觉为产生的想法打分。在创新领域里，直觉也是非常重要的。

这一方法的实质是识别想法转化为创新机会或现实的可能性。有一些想法不太新颖,吸引力也不强,但是可行性很强,这样的想法转化为创新机会或者现实的可能性是很大的。反之,有一些想法很新颖,也有很大的吸引力,但是可行性非常低。对这样的想法,我们可以进一步思考,做一些调整来增强其可行性。

NAF 评级法的具体操作步骤如下。

第一步,画一个表格,纵向列出所有的想法。如果你的想法很多,可以增加行数。在第一行横向写出影响决策的三个因素和总分值。

第二步,在第二行写明各因素的权重。权重指的是帮助你做决定的因素的相对重要性,用数字来表示,数字越大则表示权重越大,代表你认为这个因素是首先需要考虑的因素。权重的分配要具体情况具体分析。比如,三个因素的总分值为 10 分,可以给"新颖"4 分,"吸引力"4 分,"可行性"2 分。权重的设置具体要依项目的特点而定。

第三步,在表格中为影响决定的各种因素打分。为了方便计算,我们可以用 0~3 分的分值来打分。0 代表不好,1 代表一般,2 代表好,3 代表非常好。注意,我们并不一定要为各项因素打不同的分数,如果想法各方面都不好,可以都打 0 分。

第四步,把每个想法各项因素的得分和权重相乘,再把乘过权重的分数相加,得分最高的就是所有想法中最符合设定标准的想法。

当然,也可以让团队成员一起来给这些想法做 NAF 评级,对各自的结果进行二次讨论,可能会得出更有价值的想法。

拓展阅读2-1

压力越大,创新思维越活跃

哈佛商学院的特瑞萨·阿玛贝尔、康斯坦斯·哈德利和史蒂夫·克雷默多年来一直从事组织创意思维的研究。《哈佛商业评论》上曾刊登过他们合写的一篇文章,题目是"枪口下的创意"。在文章中,他们借助比喻,诠释了压力与创新思维之间的关系。文章将人们日常工作或生活的情景分为四种。

第一种情景是在无/轻度压力情况下有丰富的创新思维。这时,由于没有或很少有压力,人们可以进行各种各样的尝试,创新思维无限爆发,感觉就像在从事冒险活动一样。但是,能在无/轻度压力情况下抵抗安逸环境的诱惑,必须有极强的自制力,不断寻求挑战,激励自己。

第二种情景是在无/轻度压力情况下完全没有或很少有创新思维。这种情景很像坐在自动驾驶飞机的驾驶座上,不用担心一切问题。正是由于压力不足又缺乏自我控制的能力,人们很容易满足于现有的安逸,找不到明确的目标,对该做的事一拖再拖,感觉单调乏味,完全没有创新的激情。

与第二种情景刚好相反,第三种情景下虽有足够的压力,但缺乏明确的目标,仍表现得创意匮乏。这时,人们感觉好像踏在永不停歇的跑步机上,传送带不停地转动,使人们疲于应付,却不知道究竟为什么在奔跑。

第四种情景是在高压状态下激发出无穷的创意。这时,尽管人们明显感觉到背后巨大的压力，但他们深知自己在做什么、为什么要这么做，此时的任务对他们而言更像是使命，他们会发挥出所有潜在的创新思维力量。

1970年，"阿波罗13号"宇宙飞船在登月途中氧气箱发生爆炸，舱内的3名宇航员的生命受到严重威胁。为了挽救宇航员的生命，美国国家航空航天局必须在几个小时内迅速研究出解决方案，展开一场分秒必争的太空救援。

当时，舱内的二号氧气箱发生爆炸，破坏了空气过滤系统，使二氧化碳含量急剧升高。如果在极短时间内不将它修好或换掉，舱内宇航员会处于极度危险的境地。当控制中心接到飞船从遥远的太空传来的信息时，所有工程师、科学家、技术人员都立刻明白了他们肩上的担子有多重。分秒必争，他们立即把造飞船用的全部材料都拿来，甚至飞行手册也不放过，抱着一线希望，期盼着能用飞船里就有的材料设计一个新的空气过滤系统，方便宇航员模仿制作。在危急关头，工作人员充分发挥他们的想象力，设计出了一个新的过滤系统。尽管由于时间紧迫，新系统在外形上仍有待改进，但它足以挽救宇航员的生命。事实证明，新系统真的成功了，3名宇航员顺利返回了地球。

在上面的例子中，所有人都顶着巨大的压力，同时又表现出了超强的创新思维。一边是悬于一线的生命，另一边是有限的时间和有限的材料，只有充分发挥想象力，借助创新思维，才能完成这个艰巨的任务。

2001年，"9·11"恐怖袭击发生后，知名的网上拍卖商亿贝公司决定开展一项名为"美国拍卖"的慈善活动，希望在100天之内为6家不同的慈善基金会募捐1亿美元，以帮助"9·11"事件的遇难者家属。一般情况下，举办一场这样的慈善活动需要5个月的准备时间，但是在"9·11"事件的特殊情况下，亿贝公司只用了3天就完成了全部的准备工作——第一天设计网站，第二天编码，第三天测试。共有100名工程师参与了这次活动，他们夜以继日地工作，每个人都有强烈的使命感，殚精竭虑，终于在离规定时间还有1小时的时候完成了任务。

这些例子说明，在突发事件带来的巨大压力面前，人们潜在的创新思维往往会被激发出来，完成平时难以想象的任务。

拓展阅读2-2

有趣的创新技法——超级英雄法

超级英雄法，简单来说就是利用角色扮演来激发创新思维的方法。我们要扮演的是那些拥有特殊技能、无所不能的超级英雄，如孙悟空、蜘蛛侠、绿巨人、詹姆斯·邦德。当变身为某个超级英雄，拥有他的特殊技能后，我们会怎么看待眼前的问题？会怎么解决这个问题？这种方法可以让我们暂时放下已经习惯的思考逻辑和经验，让我们的思路变得很不寻常，迅速拓展思维空间。由于这一方法需要参与者扮演不同角色来激发思考，它比较适合团队使用，特别适合成员彼此熟悉、整体氛围活跃的团队。

这一方法的使用步骤如下。

第一步,按参与者人数准备一定数量的超级英雄资料卡,内容包括超级英雄的姓名、特殊能力、弱点、背景、照片等(图2-5)。如果团队非常活跃,我们甚至可以准备超级英雄的服装和道具,帮助大家快速进入角色。

大家需要关注,每个超级英雄都有自己的能力和特点:孙悟空生性聪明、活泼、忠诚,疾恶如仇,有金刚不坏之躯、如意金箍棒、筋斗云、七十二变,但害怕紧箍咒;蜘蛛侠可以射蛛丝到任何物体的表面,可以爬墙、隐身,行动力强;绿巨人是天才核物理学

图2-5 超级英雄资料卡

博士,拥有随着怒气无限增大的力量、超强的耐力和体力,可形成撞击性物理冲击波,但是很难控制自己的情绪;等等。

第二步,在活动开始前把需要讨论的问题展示出来,给大家一点时间理解。也可以组织一次小小的头脑风暴,讨论一下问题的细节,确保大家都理解问题。

第三步,让大家随意抽取超级英雄角色,作为自己接下来的身份。分好角色后,给参与者一点时间阅读资料卡,然后让他们轮流说一说作为这个超级英雄,他们是怎么度过日常的一天的,帮助大家更好地接受和进入角色。

第四步,请大家从新角色的角度思考问题,并提出解决方案。比如讨论关于新手机的创意时,扮演孙悟空的人可能会说,他会把手机变得很小,可以放在他的耳朵里;扮演蜘蛛侠的人可能会说,手机会导致他行动不便,可以让头套或眼罩拥有手机功能……每位超级英雄轮流提供创意。如果某位超级英雄的创意让其他超级英雄产生了灵感,其他人也可以参与讨论。

第五步,把大家的想法记录下来,并做好归纳、总结和引导。

这一方法可以让讨论变得很轻松、有趣,激发大家的表现欲、表达欲,大家无须害怕自己说的话太离谱或太激进,可以让思维进入平日不会接触的领域,产生不寻常的想法。

拓展阅读2-3

潜在用户反馈的收集

这些层层筛选出来的、我们认为很好的想法是不是真的可以转变为现实可行的创新方案?是不是还存在很多我们没有想到的问题?为了降低想法在转化过程中的失败率,我们可以在转化前做一些创新想法的验证。

我们可以让用户参与验证，求助于终端用户，让他们和团队成员一起对创新想法进行检测和评估，进而对想法做进一步的论证和修改。为什么要求助于终端用户呢？有时候对于创新团队来说，这个想法非常具有创新性，但对于用户来说它可能毫无价值。

通过什么途径收集用户的反馈呢？第一步，招募潜在用户来参与验证。有两种方案可供我们选择。第一种，聘请专业信息调查员，让他们通过专业技术手段获得一份较为固定的、范围较小的潜在用户名单。这种方案花费不菲，因此并不推荐。第二种，在预算资金较少的情况下，在网上发布广告以招募参与验证的目标用户。在招募广告中写明你想要的目标用户的特点，比如年龄段、性别、生活状态等。在收到足够的报名信息之后，首先要进行筛选，先排除掉明显不符合条件的人，剩下20人左右时，再通过邮件或电话与之交流，排除掉见解不多、不善言谈的人，进一步将人数缩减，最后拟定参与用户反馈的名单。理想人数是9人，分为3组。如果人数实在不够，起码要保证有3人参加。

请这些潜在用户在某一天的某一时刻来到一个固定场所，可以是你们的工作室。随后对他们进行五项调查，分别是记忆重现、单独评分、小组评分、改进改善、自由讨论。

记忆重现的内容是，简单介绍你所要调查的项目，然后要求他们在你所针对的市场范围内，凭记忆画出他们当前使用的产品或服务的相关导图，观察他们绘制的过程，了解他们对这些产品的评价。这一环节的设计是为了了解用户的思维模式，了解他们觉得产品应该是什么样子的，你的设计有没有违背他们的期望。

单独评分这一环节要求你先把创新想法的主要卖点写出来，然后向这些潜在用户介绍你的想法，给他们一张评分表，请他们在评分表上打分。要保证独立思考，避免相互讨论、相互影响。

小组评分以小组为单位，给每一个小组一张新的评分表，促进他们互相商讨，最终以小组为单位得出一个共识性的结论。

在改进改善环节中，请他们对这一创新想法提出一些修改建议，这是为了让创意更加实用、可行。在这个时候，你需要不断鼓励他们，比如说"你的建议很好，我们可以这样修改"，让他们认识到自己也是项目研发的一分子，使命感会让他们更加用心。

最后一步是自由讨论。这个时候这些被调查的潜在用户已经对你的创新想法基本了解了，你可以直接问他们一些关于想法落地的问题，比如：你喜欢这个想法吗？你最不喜欢哪个部分？如果这个想法转变成产品或服务，你会花多少钱购买？你会把它介绍给你的朋友吗？

组织你的团队对收集到的这些信息进行整理和处理，对哪些意见可以听取，哪些地方需要修改，一定要做出理性的处理，不能盲目听信。一味满足用户的愿望和要求可能会扼杀创新的灵魂。

项目三 把握创业机会

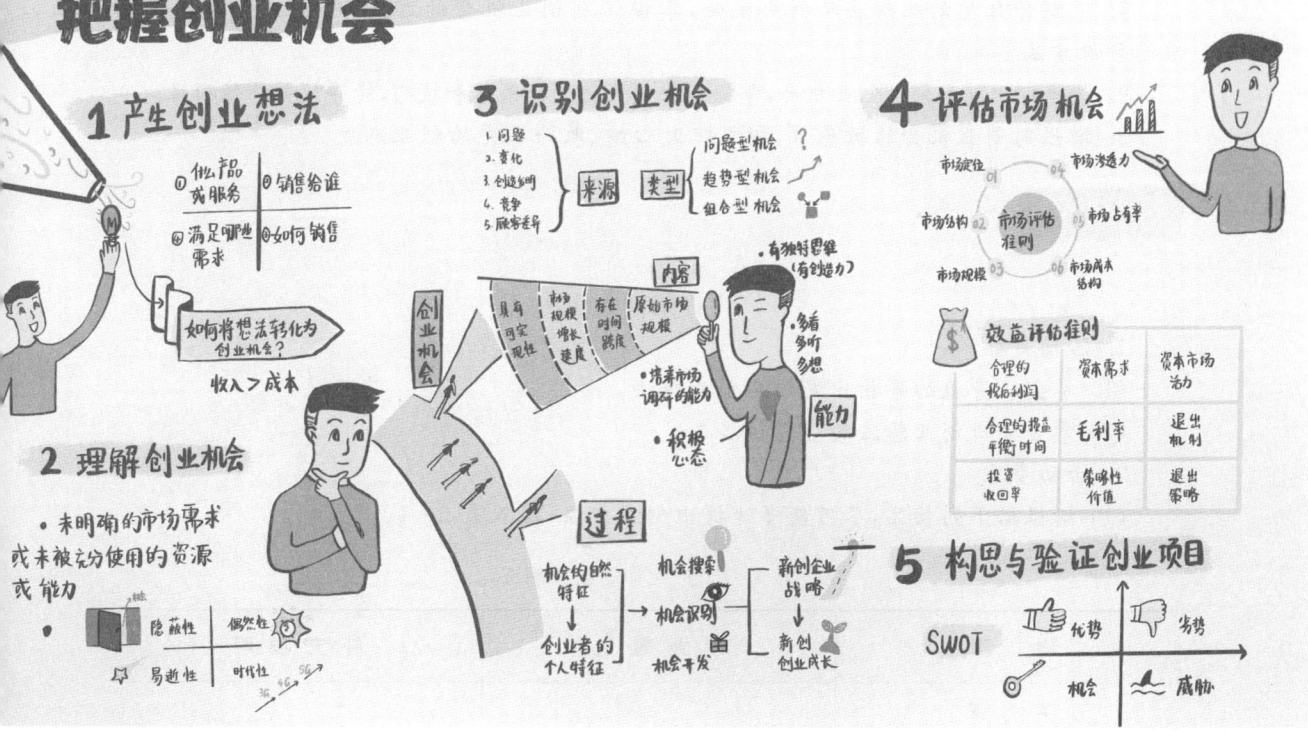

项目描述

创业是勇敢者的游戏,吸引着无数怀揣梦想的大学生投身其中。成功的创业者往往能在创业之初找到具有价值潜力的创意,这是创业旅程的起点。但仅有创意还不够,创业者还需具备清晰的视野、准确的判断及果敢的行动,深入理解行业趋势,准确评估市场潜力,制定符合实际的发展战略。看清方向、把握机遇、有效评价是创业成功必不可少的要素。大学生参与创新创业,不仅是对专业知识与实践能力的综合运用,更是一次关于勇气、智慧与坚持的历练。

通过本项目的学习,同学们可以了解如何寻找创意、定位市场、整合资源及应对挑战,照亮通往成功的前路。

预期目标

1. 了解什么是创业想法与创业机会,掌握识别创业机会的方法、创业机会的评价标准与评价方法。
2. 能合理识别和评价创业机会,掌握创业行业的选择策略和技巧,能寻找并评估项目。
3. 增强对创业机会的敏感性,树立胆大心细、敢为人先的创业态度。

项目准备

产生你的创业想法

1. 活动目标

(1) 学会从身边的事物出发产生创业想法。

(2) 学会分析创业想法的可行性。

2. 活动步骤

(1) 请根据下列物品,尽可能多地提出创业想法,填入表 3-1。

表 3-1 产生你的创业想法

物 体	创 业 想 法	补 充 说 明
苹 果		
多肉植物		
旧 书		
矿泉水瓶		
汽车轮胎		

(2) 在上述创业想法中,选择你认为最可能成功的想法,并陈述理由。

任务一 认识创业想法与创业机会

有的创业者认为自己有很好的想法和点子,因此对创业充满信心。有想法、有点子固然重要,但并不是每个大胆的想法和新颖的点子都能转化为创业机会。所以我们必须区分什么是创业想法,什么是创业机会,了解两者之间的区别与联系。

一、创业想法

创业想法是创业的开端。好的创业想法就像一颗优秀的种子,是创业成功的前提条件。创业想法并不必然等于市场机会。创业想法可以漫无边际、异想天开,但不一定有实现的可能性。

(一)创业想法的内涵

一个好的创业想法既要满足顾客的需要,又要能带来利润。创业想法包括销售什么产品或服务、向谁销售产品或服务、如何销售产品或服务、满足顾客的哪些需要等内容。

创业源于好的创业想法,但创业想法的产生是创业过程中最困难、最关键、最没有规律可循的环节。好的创业想法来之不易,需要反复揣摩、推敲,并最终接受市场的检验。

(二)产生创业想法的途径

全世界的创业者每天都会产生各种各样的创业想法。他们的创业想法是从哪里来的?下面介绍部分产生创业想法的途径。

1. 爱好和兴趣

很多人通过追求爱好和兴趣产生创业想法。如果你喜欢玩电脑、烹饪、音乐、旅行、运动或者表演,你就可以把它们发展成为创业想法。比如,如果你喜欢旅行,你就可以进入旅游行业创业。

2. 技能和经验

一半以上的成功创业想法都来源于技能和经验。比如,一个拥有车间工作经验的机械技工就可以创办汽车配修厂。潜在的创业背景在决定创办企业及选择企业类型的过程中扮演了至关重要的角色。你的技能和经验是你最重要的资源,这不仅体现在产生想法方面,还体现在如何利用这些想法方面。

3: 大众传媒

大众传媒包括报纸、杂志、电视和互联网等,是大量信息、想法和机会的来源。随着互联网的普及,社交媒体成为大众传媒的重要组成部分。在社交媒体上,人们会分享观点、交流经验、讨论问题,这些互动为创业者提供了丰富的信息来源。新闻出版物或互联网上的文章、视频中,经常会有关于流行趋势或消费者需求变化的信息。比如,你读到或听到人们对健康和减肥食品的兴趣日益增加,就可以尝试进入健康领域创业。

4. 展览会和商品交易会

另外一个产生创业想法的途径就是参加展览会和商品交易会。报纸、杂志、互联网上经常会有展览会和商品交易会的广告。通过实地参观,你不仅可以了解新产品和服务,还可以见到厂商、批发商、发行商和经销商人员。

5. 市场调查

新的创业想法的焦点就是消费者。通过调查确定消费者的需求是提供产品或服务的基础。你可以通过与人们进行正式或非正式的交谈来调查,也可以使用调查问卷、进行访问或者观察。你可以访问家庭成员或朋友,找出他们的需要,比如他们对现有的产品或服务是否满意,他们希望看到什么样的改进或改变。你可以与厂商、批发商、代理商和零售商人员交谈。预先为调查或访谈准备一系列有关的问题是非常有用的。问题要贴近消费者、渠道成员,由此可以更好地判断消费者的需求及市场状况。你应该尽可能多地与消费者(包括现有消费者和潜在消费者)交谈,从他们那里获得更多的信息。

除了和人们交谈,你还可以通过观察获得信息。假设你决定在某条街上选址开店,你就可以观察和计算在特定的天数里通过街道的人数,并且与其他地点进行比较;你注意到一个地区或某条旅游线路上没有标准稍高的饭店或旅馆,你就可以了解一下那里是否有对标准稍高的饭店或旅馆的需求,思考你是否可以提供相应的服务。创业者应该到各处走走,观察人们有没有新的需求。

6. 消费者的抱怨

消费者的抱怨导致了许多新产品或服务的诞生。当消费者抱怨一个产品或服务,或者当你听到有人说"我希望……"或"要是有一个产品或服务能……"时,其中可能就隐藏着创业机会。由此,你可以创办提供更好的产品或服务的具有竞争力的企业,或者将新的产品或服务卖给那些存在问题的企业。

 典型案例 3-1

专给娃娃做衣服,大一女生成创业"黑马"

王冰凝 2020 年进入金华职业技术学院(今金华职业技术大学)艺术学院环境艺术专业学习。从小喜欢潮流文化的她将热爱融入坚持,在大一时就开启了属于自己的"创业副本"。

2018 年,王冰凝上高一。那年,印着明星、动漫图案的扇子在网上卖得火热。她认为这是一门好生意,就用零花钱定制了 100 把印着各种潮流形象的扇子。每把扇子的成本不到 2 元,她以 10 元的价格利用微店在线出售,当月就卖完了。后来,王冰凝发现类似商品的同质化越来越严重,如果不创新,很快会被市场淘汰。

看着家里的娃娃,王冰凝突发奇想:为娃娃做衣服会不会有市场?2020 年,她设计出了首款娃衣。因为娃衣属于小众产品,一开始销量并不乐观,她托工厂代加工的 100 套娃衣只卖出去了 40 多套。没想到的是,这款娃衣却在几个月后成为"爆款"。原来,之前买了娃衣的客户晒图后,获得了大家的喜爱。这款娃衣后来卖出了 2 000 多套,设计、售卖娃衣也由此成了王冰凝的主营业务。

2020 年下半年,王冰凝刚入学便办理了营业执照,成功入驻学校创业园,并找到了好几个同学和她一起创业。如今,王冰凝已经设计了六七十套娃衣,其中主推的是节日娃衣系列,中秋节的汉服娃衣、端午节的粽子娃衣都是她的得意作品。她建立了 40 多个宣传群,这些群成员都是她的目标受众。

二、创业机会

发现、寻找和利用创业机会是成功创办和管理企业的基础。

(一)创业机会的内涵

创业机会就是未明确的市场需求或未被充分利用的资源、能力。它具有很强的时效性,甚至转瞬即逝,一旦被别人把握住也就不存在了。创业机会又总是存在的,一种需求得到满足,另一种需求又会产生;一类机会消失了,另一类机会又会产生。但大多数创业机会都不是显而易见的,需要去发现和挖掘。

如何将想法转化成一个创业机会?一个简单的回答就是让收入超过成本,从中得到利润。如果做不到这一点,再好的想法也是毫无价值的。比如,你利用新技术发明了一种非常有创意的产品,但是市场并不需要它,或者它在市场中没有竞争力,这样的想法就不适合被转化成创业机会。在实践中,我们要牢记以下两点:

(1) 创业机会是能够满足消费者的需求,并能使投资者收回投资的有吸引力的商业构想;

(2) 创业想法和创业机会是既有区别,又有联系的,好的创业想法未必是好的创业机会,好的创业机会必定来源于好的创业想法。

(二) 创业机会的特征

创业机会具有以下特征。

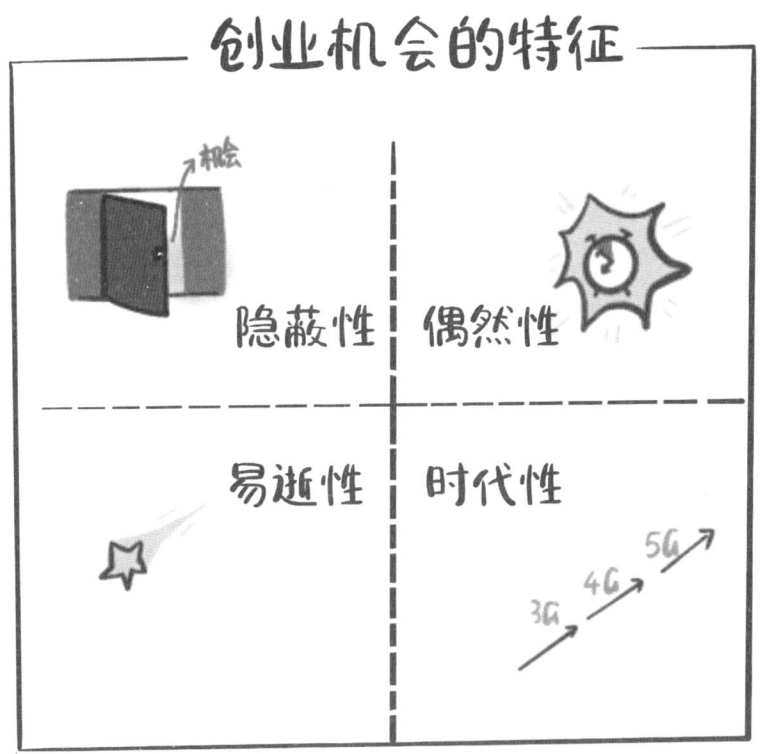

1. 隐蔽性

生活中充满了创业机会,可惜的是,大多数人都没有意识到它的存在,这就是创业机会的隐蔽性。然而,也正是创业机会的隐蔽性使它在人们心中如此神秘和可贵。如果没有了隐蔽性,人们一眼就能看到它,一伸手就能摸到它,那么,它也就不能成为创业机会了。

2. 偶然性

创业机会具备偶然性。尽管它普遍存在,但我们并不容易捕捉到它。

我们越刻意地寻找创业机会,就越难见其踪影;当你毫无准备的时候,它却突然出现在你的面前。创业机会虽然是偶然现象,却是客观事物内在的必然性的表现。如果没有平时的知识积累、勤奋坚持的探索,即使创业机会来了,我们也难以把握。

3. 易逝性

创业机会最显著的特征是易逝性。俗语"机不可失,时不再来"就是对创业机会易逝性最好的说明。机会有一种非常态的、不确定的时间表现形式。虽然每天都可能会有创业机会出现,但同样的创业机会是不可能重现的。此外,由于创业机会往往是面向全社会的,人们都在寻找,先下手为强,在激烈的竞争中,只要稍一迟疑,创业机会就会被别人抢走。

4. 时代性

创业机会的时代性是指创业机会带有一定时代的社会色彩和时期色彩。社会色彩是指有不同制度的社会对创业机会产生的影响。如一个国家的政治制度比较宽松,就能在更广阔的领域里为个人奋斗提供各种机会,否则,有许多领域是个人不能涉足的,那些领域中的创业机会就不存在了。时期色彩即不同的时期对创业机会产生的影响。如改革开放时期,整个社会都充满了对人才的渴望和呼唤,时代提供了前所未有的创业机会和条件,使英雄有了用武之地。

任务二　寻找创业机会

创业机会的识别是创业活动的逻辑起点,更是决定创业成功与否的关键前提。在现实中,我们常听到一些怀揣创业梦想的大学生发出这样的感慨:"别人发现的机遇好,我的运气却不佳,总是缺少恰到好处的机会。""如果早几年踏入这个领域,我或许就能轻松成功,现在市场饱和,做什么都举步维艰。"这些声音透露出了对创业机会的误解和无奈,仿佛机遇只青睐那些幸运儿。事实上,这种观念是极其片面的。创业机会隐藏在生活的各个角落,等待着有心人的发掘,关键在于我们是否具备敏锐的洞察力和果断的行动力,去识别并抓住这些稍纵即逝的机会。

微课:创业项目的来源

一、创业机会的来源

生活中,创业机会无处不在、无时不在,只要善于观察、发现,关注生活中的细节,我们就能在点点滴滴中寻找到适合自己的创业机会。创业机会主要源于以下五个方面。

(一)问题

创业的根本目的是满足顾客需求,而顾客需求在被满足前就是问题。

寻找创业机会的一个重要途径是发现和体会自己和他人在需求方面的问题或生活中的难处。

 典型案例3-2

"鲜达厨房"

金华职业技术学院（今金华职业技术大学）毕业生李明凭借敏锐的市场嗅觉，精准捕捉到了现代人在繁忙生活中对健康饮食的深切渴望。根据这一契机，他创立了"鲜达厨房"。这是一个集本地农场直供与即时配送服务于一体的创新平台，致力于将新鲜、健康的食材送到顾客手中，让忙碌的现代人能轻松享受到"从田间到餐桌"的体验。卓越的产品品质、高效的配送服务和贴心的售后关怀让"鲜达厨房"迅速赢得了广泛认可与好评。

李明的创业行为是建立在对顾客需求的深度理解与精准满足基础上的。他的创业实践激励着更多创业者为改善人们的生活质量贡献自己的力量。

（二）变化

许多创业机会产生于不断变化的市场环境中。环境变化了，市场需求、市场结构必然也会发生变化。这种变化可能来自产业结构的变动、消费结构升级、城镇化加速、人们思想观念的变化、政府政策的变化、人口结构的变化、居民收入水平的提高、全球化趋势强化等诸多方面。比如，随着居民收入水平提高，私人轿车的拥有量将不断增加，这就会衍生出汽车销售、修理、配件、清洁、装潢、陪驾等诸多创业机会。彼得·德鲁克将创业者定义为能寻找变化并积极做出反应，把它当作机会充分利用起来的人。

 典型案例3-3

开"老年大学"的创业

从2022年起，我国每年约有2 500万人退休，预计到2035年，中老年人口将占总人口的30%以上，我国也将进入重度老龄化社会。年轻姑娘李雨浓看到国家出台多项文件与政策、规划，鼓励发展老年大学、实现养老产教融合，便开始思考能否借此机会创业。

李雨浓一直都有创业的想法，但没有找到合适的赛道。关注到老龄化这一发展趋势后，她开始参加关于银发经济的商业论坛，参观退休俱乐部、老年大学等。做过大量相关调研后，她发现现在公立老年大学招生普遍饱和，容纳不了新的退休人员，觉得可以去尝试填补空白。她将自己的私立老年大学地址选在青岛市崂山区的北都广场，这里与早市相邻，覆盖了十多个社区，周边有很完善的小区配套设施。她的调研结果显示，崂山区的中老年人大概有18万，如果她的老年大学真正运转起来，每年大概能容纳1 800~2 500名学生。

目前，我国人口老龄化问题已引起了社会各界的关注，精明的商家也从中看到了巨大的商机：我国目前有两千多万"空巢老人"，这为设施完备、服务周到、环境好、活动空间大的老年公寓的运营开辟了市场空间；以休闲疗养为主、慢节奏的老龄游项目很受欢迎，旅游机构可以借此在激烈的旅游市场竞争中独辟蹊径……这些创业机会都值得我们关注。

（三）发明创造

发明创造提供了新产品、新服务，更好地满足了顾客的需求，同时也带来了创业机会。比如，机器人的诞生使机器人操作、机器人维修、软件开发、应用培训、企业应用开发、信息服务等创业机会随之而来。即使不发明新的东西，我们也能成为销售和推广新产品的人，从而抓住商机。

（四）竞争

弥补竞争对手的缺陷也将成为你的创业机会。看看你周围的企业，你能比它们更快、更可靠、更便宜地提供产品或服务吗？若能，你也许就找到了机会。比如，随着直播经济的兴起，电商直播变为商家销售时必备的手段，许多传统行业也开始积极开展线上业务，以在新赛道上继续参与竞争。

（五）顾客差异

顾客是产品或服务最终的消费者，因此，顾客的相关因素会在很大程度上对创业机会产生影响。如顾客的性别、年龄、所在地区、行业、购买习惯等，这些因素会促使不同的创业机会产生。

典型案例 3-4

宝洁公司的洗发水

宝洁是世界上最大的日用品公司之一，旗下的很多品牌在我国家喻户晓，如飘柔、沙宣、海飞丝、潘婷、舒肤佳、佳洁士、汰渍、欧莱雅。

宝洁在进入我国的洗发水行业时，首先将我国洗发水市场划分为高档、中档和低档市场，同时又将各个细分市场根据不同的变量继续细分，比如根据不同的发质和不同消费者的喜好将市场细分为各种专用功能市场（去屑、柔顺、滋润等），根据市场的人口密度将市场细分为都市、郊区和乡村市场，根据年龄将市场细分为青年、中年和老年市场等。

在广告策略中，每个品牌都被赋予了一个概念，也就是满足了一类人的需求，如海飞丝的去屑、潘婷的保养、飘柔的柔顺，宝洁会通过广告传播不断强化这些概念。例如，海飞丝以"头屑去无踪，秀发更出众"的广告语彰显个性；潘婷的特色在于对头发的滋养、保护，于是有了"能由发根渗透至发梢，补充养分"的广告语；"洗发、护发一次完成，令头发飘逸柔顺"的广告则强调了飘柔的个性。

任务二　寻找创业机会

创业机会往往来源于生活中的问题。发现生活中的问题后,如果能找到用创新思维、创意方法和创新技术解决问题的途径,基本上就找到了有价值的创业机会。所以,对于创业者而言,不仅要有善于发现机会的敏锐眼光,还要有抓住机会、实现创业梦想的方法与能力。

典型案例 3-5

短视频剧场中的创业梦

在数字浪潮中,怀揣电影梦的大学生张伟敏锐地捕捉到了短视频平台的巨大潜力。他意识到,随着人们生活节奏的加快,短小精悍、内容丰富的短剧正逐渐成为年轻人的新宠。大学毕业后,张伟毅然决定放弃稳定的就业机会,全身心投入到短剧创作中。他组建了一个志同道合的团队,从剧本创作、演员选拔到后期制作,每个环节都亲力亲为。他们精心打磨每一部短剧,力求在有限的时间内讲述完整、动人的故事。

起初,张伟的短剧并未引起太多关注。但他没有气馁,而是深入分析观众喜好,不断调整创作方向。终于,一部关于青春与成长的短剧在网络上爆红,吸引了大量粉丝。张伟和他的团队借此机会迅速增强影响力,与多个短视频平台建立了合作关系。

张伟深知,在创业路上,机遇与挑战并存,只有不断尝试、不断创新,才能把握住每一个可能的机会。他鼓励团队成员保持好奇心和创造力,尝试新的题材和拍摄手法,让短剧内容更加丰富多元。他认为,创业就像创作短剧一样,需要敏锐地捕捉市场需求,勇于尝试新事物,注重内容质量,用心讲述每一个故事。只有这样,才能在激烈的市场竞争中脱颖而出,实现自己的创业梦想。

典型案例 3-6

短视频时代的弄潮儿

在移动互联网的浪潮中,每个细微的变化都可能成为推动行业变革的关键。2016年,当短视频这股新兴力量开始崭露头角时,字节跳动的创始人张一鸣就敏锐地捕捉到了这一机遇。

张一鸣是一位在科技领域深耕多年的连续创业者。面对短视频这一全新领域,他没有选择观望,而是果断出击,带领一支精英团队投身于抖音(国内版)和TikTok(国际版)的研发。他们深知,在这个信息爆炸的时代,精准吸引用户的注意,满足他们的娱乐和社交需求,是赢得市场的关键。

字节跳动凭借其强大的推荐算法和人工智能技术,为用户打造了一个充满个性化魅力的内容世界。在这个世界里,每个人都可以找到属于自己的舞台,成为创作者,分享生活中的美好。抖音和TikTok的迅速崛起,不仅彰显了张一鸣团队的技术实力,更体现了他们对市场需求的精准把握和敏锐洞察。

如今,字节跳动已成为全球科技界的璀璨明星,其成功不仅在于抓住了短视频这一新兴领域的机遇,更在于始终坚守技术创新和用户体验至上的理念。张一鸣和他的团队用实际行动诠释了创业的真谛:在机遇与挑战并存的时代,唯有不断创新,才能立于不败之地,书写属于自己的辉煌篇章。

二、创业机会的类型

根据不同的标准,可以对创业机会做出不同的分类。

(一)根据创业机会的来源分类

根据创业机会的来源,创业机会可以分为问题型机会、趋势型机会和组合型机会。

1. 问题型机会

问题型机会是指现实中存在的未被解决的问题产生的机会。问题型机会在人们的日常生活和企业的经营实践中大量存在。比如,在顾客的抱怨、产品的缺陷中都存在价值或大或小的创业机会,需要用心发掘。

2. 趋势型机会

趋势型机会是指变化中体现出的未来的发展方向所产生的机会。这种机会一般产生在重要领域改革或时代变迁的时期,出现在经济变革、政治变革、人口变化、社会制度变革、文化习俗变革等多个方面,一般处于萌芽阶段。一旦能够及早地发现并把握,创业者就有可能成为未来趋势的先行者和领导者。这种机会一旦被人们所认可,产生的影响力将是持久的,带来的利益也是巨大的。

3. 组合型机会

组合型机会是指将现有的两项以上技术、产品、服务等组合起来,产生新的用途和价值而形成的创业机会。这种机会的产生好比嫁接,对已经存在的多种因素进行重新组合,往往能够事半功倍。

(二)根据目的与手段关系的明确程度分类

根据目的与手段关系的明确程度,可以将创业机会划分为识别型机会、发现型机会和创造型机会(表3-2)。

表3-2 基于目的与手段关系明确程度的创业机会分类

目 的	手 段 明 确	手 段 不 明 确
明 确	识别型机会	发现型机会
不明确	发现型机会	创造型机会

1. 识别型机会

识别型机会是指市场中的目的与手段关系十分明显时,创业者可以通过目的与手段的连接来辨别的机会。比如,当供求之间出现矛盾或冲突,需求不能有效地被满足时产生的机会就是识别型机会。

2. 发现型机会

发现型机会是指目的或手段任意一方的状况未知,等待创业者去发掘的机会。比如,一项新技术被开发出来,但尚无具体的商业化产品出现,就可以通过尝试将其商业化发掘创业机会。

3. 创造型机会

创造型机会是指在目的和手段皆不分明的情况下,创业者比他人更具先见之明而创造出的创业机会。在目的和手段都不分明的状况下,创业者创造机会的难度非常高。但这种机会通常可以创造出新的目的与手段之间的关系,为创业者带来巨大的利润。

在商业实践中,识别型、发现型和创造型三种类型的创业机会可能同时存在。一般来说,识别型机会多半处于供需尚未均衡的市场中,创新程度较低,不需要太复杂的辨别过程,拥有资源就可以较快进入市场获利;把握创造型机会非常困难,它依赖于新的目的与手段关系,而创业者拥有的专业技术、信息、资源规模往往都相当有限,需要具备创造性的资源整合能力与敏锐的洞察力,同时还必须承担巨大的风险;发现型机会最为常见,也是目前大多数创业者关注的对象。

三、创业机会的识别

创业需要机会,机会要靠发现。如何识别创业机会是创业者首先要解决的问题。好的创业机会必然具有特定的市场定位,专注于满足顾客需求,同时能为顾客带来增值效果。

微课:识别创业机会

(一)创业机会识别的内容

对创业机会的识别,需要在仔细收集和认真研究市场信息的基础上,对以下内容进行分析。

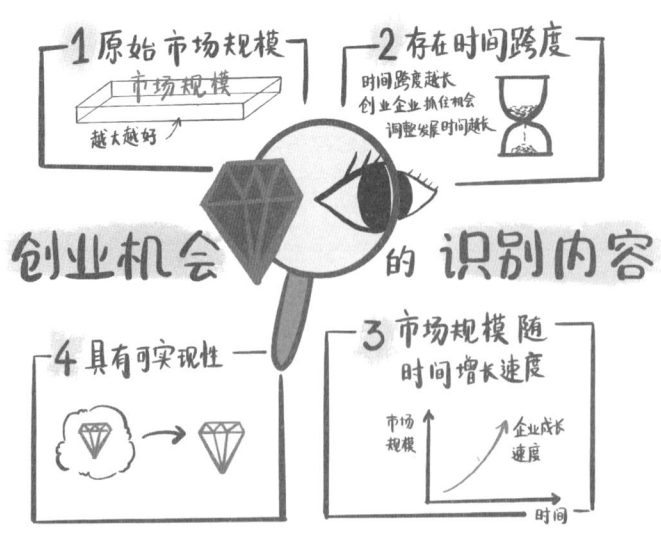

1. 创业机会的原始市场规模

创业机会的原始市场规模是指创业机会形成之初的市场规模。原始市场规模决定了创业企业在创业初期的销售规模,也决定了利润的多少。一般来说,原始市场规模越大越好。

2. 创业机会的存在时间跨度

任何创业机会都有时限性,超过这个时限,创业机会就将不复存在。创业机会存在的时间跨度越长,创业企业抓住机会以实现发展的时间就越长;创业机会存在的时间跨度越短,创业企业抓住机会的可能性就越小。

3. 创业机会的市场规模随时间增长的速度

创业机会的市场规模随时间增长的速度决定了创业企业的成长速度。在一般情况下,它们成正比。

4. 创业机会是否具有可实现性

创业机会对创业者而言应是可实现的,可望而不可即的就不是创业机会。在一般情况下,判断可实现性要看创业者是否具备以下条件:拥有利用该创业机会所需的关键资源;遇到较大的竞争力量时能与之对抗;能够创造新市场并占领大部分市场份额;能承担创业机会带来的风险。

(二)创业机会识别的一般过程

创业机会识别是创业者与外部环境(机会来源)互动的过程。在这个过程中,创业者利用各种渠道和各种方式获取有关环境变化的信息,从而在实践中发现产品、服务、原材料和组织方式等方面存在的差距或缺陷,找出改进或创造的可能性,最终识别出可能产生新产品、新服务、新原料和新组织方式的创业机会。创业机会识别的一般过程如图3-1所示。

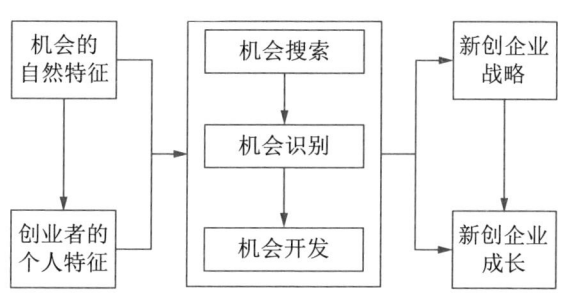

图3-1 创业机会识别的一般过程

(三)培养识别创业机会的能力

识别创业机会的能力是每个有志创业者都不可或缺的素质。这一能力的培养可以从以下几个方面着手。

(1)培养市场调研的习惯。市场是创业机会的源泉,通过深入了解市场需求、顾客偏好及竞争态势,我们可以更有效地捕捉到潜在的商业机会。定期进行市场调研,分析数据,理解趋势,能够让我们保持对市场动态的敏感度,为创业决策提供坚实的数据支撑。

(2) 多看、多听、多想,做到见多识广、识多路广。无论是通过阅读行业报告、参加创业论坛,还是与行业专家交流,都能帮助创业者获取更多信息,产生新思路。见多识广不仅能提升个人的认知广度,还能激发创新思维,识多自然路广,更多的创业机会便会随之浮现。

(3) 培养独特的思维,增强创造力。在创业过程中,面对同样的市场环境和资源条件,能否提出别具一格的解决方案,往往决定了创业项目的成败。因此,鼓励自己跳出传统思维框架,勇于尝试新方法,敢于挑战常规,是识别独特创业机会的重要一环。

(4) 用积极的心态去发现创业机会。积极的心态能够激发内在动力,即使在面对困难和挑战时,也能保持探索的热情,不断寻找新的可能性。

典型案例 3-7

石头科技的崛起之路

在智能家居领域,昌敬敏锐地捕捉到了传统扫地机器人存在的清扫不彻底、智能导航弱等痛点,于是,他创立了石头科技,决心以科技的力量重塑这一行业。

石头科技的创业团队深入市场,倾听用户声音,自研LDS(激光直接成型技术)激光导航与先进的SLAM(同步定位与地图绘制)算法,实现了扫地机器人的精准路径规划与高效清扫。同时,团队还不断优化产品细节,提升吸尘效率,降低运行噪声,为用户带来更加舒适的使用体验。随着产品的迭代升级,石头扫地机器人凭借卓越的性能与超高的性价比,赢得了市场的广泛认可,迅速成长为行业内的佼佼者。

小组活动 3-1

研　讨

如果你想创业,但暂时还没有抓住机会,应当确立怎样的态度?如何调整自己的观念和思维方式?

任务三　评估创业机会

创业团队与投资者均对创业前景寄予极高的期望,但不少创业梦想最后都落空了。创业本身就是一种"做中学"的高风险行为,如果创业者能先以比较客观的方式对创业机会进行评估,许多创业失败的结局就不至于发生。以下是关于创业机会的市场与效益的评估准则,可以为创业者提供是否投入创业机会开发的决策参考。

一、评估创业机会的依据

（一）市场评估依据

1. 市场定位

好的创业机会必然具有特定的市场定位，专注于满足顾客需求，同时能为顾客带来增值效果。因此在评估创业机会的时候，可依据市场定位是否明确、顾客需求分析是否清晰、顾客接触通道是否通畅、产品能否持续衍生等，来判断创业机会可能创造的市场价值。创业带给顾客的价值越高，创业成功的机会就越大。

咨询案例：我这个创业想法可行吗

2. 市场结构

应对创业机会的市场结构进行分析，包括进入障碍、供货商、顾客、经销商、替代性竞争产品，以及市场内部竞争的激烈程度等因素。通过市场结构分析，可以得知新企业未来在市场中的地位，以及可能遭遇竞争对手反击的程度。

3. 市场规模与成长速度

市场规模与成长速度也是影响新企业成败的重要因素。一般来说，规模大的市场进入障碍较少，市场竞争激烈程度也较低。但如果要进入的是一个十分成熟的市场，纵然市场规模很大，由于其已经不再成长，利润空间也必然会很小，这样的市场恐怕就不值得再投入。反之，一个正在成长中的市场通常也会是一个充满商机的市场，正所谓"水涨船高"，只要进入时机正确，必然会有获利的空间。

4. 市场渗透力

在评估创业机会时，对市场渗透力，即市场机会实现过程的评估非常重要。聪明的创业者知道选择入市的最佳时机，也就是市场需求正要大幅增长之际。这样，他们只要做好准备，等着接订单即可。

5. 市场占有率

创业机会预期可取得的市场占有率可以显示新企业未来的市场竞争力。一般来说，要成为市场中的领导者，最少需要拥有20%的市场占有率。如果低于5%，新企业的市场竞争力显然不强，也会影响未来企业上市时的价值。尤其是在具有"赢家通吃"特点的高科技产业，新企业必须拥有成为市场中前几名的能力，才具有较大投资价值。

6. 产品的成本结构

产品的成本结构也可以反映新企业的前景。比如，根据物料与人工成本所占比重、变动成本与固定成本的比值，以及经济规模产量大小，可以判断企业能创造附加价值的幅度及未来可能的获利空间。

（二）效益评估依据

1. 税后净利润

一般来说，具有吸引力的创业机会至少需要能够创造15%的税后净

利润。如果创业预期的税后净利润在5%以下,就不是值得关注的创业机会。

2. 达到损益平衡所需的时间

合理的损益平衡应该在两年以内达到,如果三年还达不到,就不是值得投入的创业机会。不过,有些行业的创业机会确实需要比较长的耕耘时间,通过前期投入,才能克服进入障碍,保证后期持续获利。在这种情况下,将前期投入视为一种投资,才能容忍较长的损益平衡时间。

3. 投资回报率

考虑到创业可能面临的各项风险,合理的投资回报率应该在25%以上。一般来说,投资回报率在15%以下的创业机会是不值得考虑的。

4. 资金需求量

资金需求量较小的创业机会一般比较受欢迎。经验显示,资本额过高其实并不一定利于创业成功,有时还会带来降低投资回报率的负面效果。通常,知识越密集的创业机会对资金的需求量越小,投资回报反而越高。因此在创业开始的时候,不要募集太多资金,最好通过盈余积累的方式来积累资金。比较低的资本额有利于提高每股盈余,还可以进一步提高企业未来上市时的价值。

5. 毛利率

毛利率高的创业机会风险较低,也比较容易实现损益平衡;反之,毛利率低的创业机会风险较高,遇到决策失误或市场产生较大变化的时候,企业很容易就遭受损失。一般来说,理想的毛利率是40%。当毛利率低于20%的时候,创业机会就不值得再考虑了。

6. 策略性价值

新企业在市场中的策略性价值也是一项重要的评价指标。一般来说,策略性价值与产业的规模、利益机制、竞争程度,以及企业所采取的经营策略及经营模式密切相关。

7. 资本市场活力

当新企业处于一个具有高度活力的资本市场中时,它的获利回收机会相对也比较大。不过资本市场的变化幅度极大,在市场高点投入,资金成本较低,筹资相对容易;在市场低点,投资新企业开发的诱因较少,好的创业机会也较少。不过,对投资者而言,市场低点的投资成本较低,有时回报反而更高。一般来说,活跃的资本市场比较容易产生增值效果,因此,资本市场活力也是一项可以被用来评估创业机会的外部环境指标。

8. 退出机制与策略

所有投资的目的都在于回收,因此退出机制与策略也是评估创业机会的重要指标。企业的价值一般由具有客观鉴价能力的市场交易决定,而市场交易机制的完善程度也会影响新企业退出机制的弹性。由于退出的难度普遍高于进入的难度,具有吸引力的创业机会应该能为所有投资者提供合理的退出机制与策略。

二、评估创业机会的层面

有些机会只能看见,却不能为我们所把握。即使创业机会的价值再大,缺乏相应的必备条件和因素,盲目行动的后果都可能是血本无归。那么,如何判断创业机会是否适合自己?我们至少需要从个人经验、社会网络、经济状况三个层面进行评价。

(1) 在个人经验层面,要考虑以前的学习、工作和生活经验能否提供开发创业机会所必需的知识和技能,并关注经验的广度和深度。个人经验越多,对把握创业机会的帮助就越大。

(2) 在社会网络层面,要考虑自己身边熟悉的人能否提供开发机会所必需的资源和其他条件。研究证实,社会网络在创业活动中具有重要的作用。在创业过程中,社会网络不仅为创业者提供了信息、知识和资源,而且为创业者提供了必要的情感和心理支持。因此,我们需要对社会网络做出自我评价:有没有熟悉的人资助自己,可能性有多大;有没有熟悉的人能带来生意,可能性有多大;等等。

(3) 在经济状况层面,要重点考虑的是自己能否承受从事创业活动产生的机会成本。在创业之初,大部分成功创业者并没有充足的自有资金用于创业,但都有着稳定的工作机会。也就是说,需要考虑创业机会的价值潜力能否在长期内弥补放弃工作而产生的损失。大规模问卷调查也发现,创业前的收入水平越高,个体越不倾向于放弃当前的工作机会去创业;相应地,一旦这些个体做出了创业的选择,其创业活动的价值和利润创造潜力也较那些创业前机会成本较低的创业者更高。

上述三个层面是打算创业的同学在评价创业机会时需要考虑的。但由于创业本身是一项具有高度风险的活动,没有任何创业机会是完美的,也没有任何创业者是在完全适合自己的条件下开展创业活动的。在评估创业机会之后决定是否投入创业仍然是一种比较主观的决策,必须慎重对待。

三、评估创业机会的工具

评估创业机会需要采取科学的工具。一方面,可以用收益-成本框架评价创业机会的价值创造潜力,判断所发现的创业机会值不值得开发;另一方面,可以用个体-创业机会框架评价创业机会价值实现的可能性,判断个体能否真正把握创业机会,并实现创业机会的价值。

美国百森商学院蒂蒙斯教授提出的创业机会评价基本框架(表3-3)是比较完善的创业机会评价指标体系。蒂蒙斯认为,创业者应该从行业和市场、经济因素、收获条件、竞争优势、管理团队、致命缺陷、个人标准、理想与现实的战略差异8个方面评价创业机会的价值潜力,并围绕这8个方面列出了53项指标。

表 3-3 蒂蒙斯的创业机会评价基本框架

方　面	评　估　指　标	评估结果(5分制)
行业和市场	1. 市场容易识别,可以持续产生收入; 2. 顾客可以接受产品,愿意为此付费; 3. 产品的附加价值高; 4. 产品对市场的影响力大; 5. 将要开发的产品生命长久; 6. 项目所在的行业是新兴行业,竞争不激烈; 7. 市场规模大,销售潜力达到1 000万元; 8. 市场成长率为30%～50%,甚至更高; 9. 现有厂商的生产能力几乎完全饱和; 10. 在5年内能占据市场的领导地位; 11. 拥有低成本的供货商,具有成本优势	
经济因素	1. 达到盈亏平衡点所需要的时间为1.5～2年; 2. 盈亏平衡点不会逐渐提高; 3. 投资回报率在25%以上; 4. 项目对资金的要求不是很高,能够获得融资; 5. 销售额的年增长率高于15%; 6. 有良好的现金流量,占销售额的20%～30%; 7. 能获得持久的毛利润,毛利率达到40%; 8. 能获得持久的税后利润,税后利润率达到10%; 9. 资产集中程度低; 10. 运营资金需求量不多,而且是逐渐增加的; 11. 研究开发工作对资金的要求不高	
收获条件	1. 项目带来的附加价值具有较大的战略意义; 2. 存在现有的或可预料的退出方式; 3. 资本市场环境有利,可以实现资本的流动	
竞争优势	1. 固定成本和可变成本低; 2. 对成本、价格和销售的控制程度较高; 3. 已经实现或可以实现对专利所有权的保护; 4. 竞争对手尚未觉醒,竞争力较弱; 5. 拥有专利或具有某种独占性; 6. 拥有发展良好的网络关系,容易获得订单; 7. 拥有杰出的关键人员和管理团队	
管理团队	1. 管理团队是优秀管理者的组合; 2. 管理团队的行业和技术经验达到了本行业内的较高水平; 3. 管理团队的正直、廉洁程度能达到较高水平; 4. 管理团队知道自己缺乏哪些方面的知识	
致命缺陷	不存在任何致命缺陷	
个人标准	1. 个人目标与创业活动相符合; 2. 可以做到在有限的风险下实现成功; 3. 可以接受薪水减少等损失; 4. 渴望进行创业,而不只是为了赚大钱; 5. 可以承受适当的风险; 6. 在压力下状态依然良好	

续　表

方　面	评　估　指　标	评估结果(5分制)
理想与现实的战略差异	1. 理想与现实情况相吻合； 2. 管理团队已经是最好的； 3. 在客户服务管理方面有很好的理念； 4. 所创办的事业顺应时代潮流； 5. 所采取的技术具有突破性，替代品或竞争对手较少； 6. 具备灵活的适应性，能快速地进行取舍； 7. 始终在寻找新的机会； 8. 定价与市场领先者几乎持平； 9. 能够获得或已经拥有现成的销售渠道； 10. 允许失败	
评估结果		

一些学者设计出了更为简单的评价工具，如主要围绕市场和回报两个层面展开的创业机会评价框架，如表3-4所示。

表3-4　创业机会评价框架

方　面	评　估　指　标
市场评价	1. 评价是否具有恰当的市场定位，专注于具体顾客需求，能为顾客带来新的价值； 2. 依据波特的五力模型进行创业机会的市场机构评价； 3. 分析针对的市场的规模大小； 4. 评价市场渗透力； 5. 预测可能取得的市场占有率； 6. 分析产品成本结构
回报评价	1. 税后利润率至少为5%； 2. 达到盈亏平衡的时间短于2年； 3. 投资回报率高于25%； 4. 资本需求量较小； 5. 毛利率高于40%； 6. 能够创造新企业在市场中的策略性价值； 7. 资本市场的活跃程度高； 8. 退出和取得回报较容易

在现实创业活动中，创业者不太可能一一按照框架中的指标对创业机会做出评价，而仅会根据其中某些维度来判断创业机会的价值，从而使得创业者的机会评价表现为主观判断而非客观分析的过程。

任务四　构思创业项目

在完成对创业机会的评估后，我们就可以选择自己认为具有商业价值的创业机会了。

但是,在真正创业之前,还需要对创业项目有明确的构思。可以说,成功的创业项目始于正确的理念和好的构思。

一、构思创业项目的要素

构思创业项目就是用简短而精确的语言对项目的基本业务进行描述。好的创业项目既要满足顾客的需要,又要盈利;既要向顾客提供他们想要的产品,又要为创业者带来利润。所以,构思创业项目时必须在想法或创意的基础上深化内涵,并关注以下四个要素。

(一)将销售什么产品或服务

构思创业项目应该基于产品或服务,而且必须是人们愿意付钱购买的产品或服务。产品是指人们需要付钱购买的物品。它可能是被制作出来的东西,也可能是进货之后再被销售出去的东西。服务是指为别人所做的一些事情,他们愿意为此付钱。

(二)将向谁销售产品或服务

顾客是构思创业项目时必不可少的要素。清楚地了解潜在顾客很重要。如产品或服务是向某一类特定的顾客销售,还是向一个地区的顾客销售等,对这些方面一定要弄清楚。

(三)将如何销售产品或服务

对于经销商而言,这个问题并不复杂。但是对于制造商或服务提供商而言,则有很多不同的销售方法。例如,制造商既可以直接向顾客销售产品或服务,又可以向零售商销售产品或服务。

(四)将满足顾客的哪些需求

在构思创业项目时应该始终考虑到顾客的需求,并且调查顾客在未来想要什么,这决定了项目未来的发展方向。

二、构思创业项目的原则

在产生创业想法的时候,可以天马行空地描绘愿景,但是当开始构思创业项目时,我们需要缜密地思考、严谨地计算、合理地规划,并遵守"四清"的原则。

(一)自身实力清

当构思创业项目的时候,必须清楚自身是否具有创办和经营企业所需要的能力、素质,工作经验、技术能力、社会实践经验、爱好、社会地位、家庭背景等能否支撑自己成功创业。

(二)顾客情况清

顾客是企业生存之根本。在构思创业项目时,对顾客是谁、顾客有哪些需要、顾客购买产品或服务的原因、需求在日益增加还是逐渐减少等问题,都必须弄清楚。

(三）竞争对手清

竞争对手是利益的分羹者，也是发展的助推器。我们必须清楚地知道区域市场内竞争的情况，包括竞争对手有多少、实力怎么样，其产品或服务的质量怎么样，如何销售产品或服务，顾客是哪些群体，相比之下自己的优势和劣势等。

（四）未来发展清

创业成功能帮助创业者获得社会利益和经济利益，但我们必须清楚地知道，创业不是一朝一夕的事情，我们需要考虑3至5年，甚至10年之后的市场发展趋势，以及企业未来的发展定位、生存空间、社会责任等。

三、创业项目构思的验证：SWOT分析法

所谓创业项目构思的验证，就是通过一系列方法检验创业项目构思是否可行、是否可以转变成创业项目的活动。创业成功与否，关键取决于是否有足够的顾客愿意购买我们提供的产品或服务，产品或服务的价格也应该有足够的利润空间。因此，我们在选择创业之前应该做好市场调查，对顾客、竞争对手、资源要求、自己的技能、知识和经验、政策与环境限制等进行分析，这有助于了解自身和市场，验证创业项目构思是否可行。

好的创业项目构思必须符合两个条件：一是有市场需求，即有市场机会；二是自己必须具有利用这个机会所需的技能和资源。SWOT分析法是验证创业项目构思的一种常用方法。

（一）SWOT分析法的含义

SWOT分析法是指根据内部因素——优势（strength）和劣势（weakness），以及外部因素——机会（opportunity）和威胁（threat），分析项目的可行性的方法。进行SWOT分析时，要考虑选择的创业项目的实际情况，并列出所有的优势、劣势、机会、威胁。分析优势和劣势时，要分析存在于创业项目内部、可以改变的因素；分析机会和威胁时，要分析存在于创业项目外部、无法对其施加影响的因素。

（1）优势。优势是相比竞争对手而言，自己拥有的强项。例如，产品或服务比竞争对手的好，员工的技术水平高。

（2）劣势。劣势是相比竞争对手而言，自己存在的弱项。例如，产品或服务比竞争对手的贵，没有足够的资金，无法像竞争对手那样提供综合性的系列服务。

（3）机会。机会是指周边地区存在的有利因素。例如，自己的产品或服务比较新颖，许多新的住宅小区正在这个地区建设，潜在顾客的数量上升。

（4）威胁。威胁是指周边地区存在的不利因素。例如，在这个地区有提供同样产品或服务的其他企业，原材料价格上涨导致产品价格上升。

（二）SWOT 分析的结果

SWOT 分析的结果有四种可能的组合，分别是 SO、WO、ST、WT。这时，可以有针对性地采取相应的 SO 策略、WO 策略、ST 策略或 WT 策略。

（1）SO 策略。SO 策略是依靠内在优势去抓住外在机会的策略。例如，一个资源雄厚（内在优势）的创业团队发现某一市场并未饱和（外在机会），那么它就可以凭借自身的资源去开拓这一市场。

（2）WO 策略。WO 策略是利用外在机会弥补内在劣势的策略。例如，计算机服务需求日益增长（外在机会），创业团队却缺乏技术专家（内在劣势），那么就应该培养技术专家，或与拥有技术专家的计算机公司合作。

（3）ST 策略。ST 策略是利用内在优势去避开或减轻来自外在威胁的打击的策略。例如，一家企业的销售渠道很多（内在优势），但是由于各种限制不能经营其他产品或服务（外在威胁），那么就可以走集中型、多样化的道路。

（4）WT 策略。WT 策略是直接克服内在劣势和避免外在威胁的策略。例如，一家产品质量差（内在劣势）、供应渠道不可靠（外在威胁）的企业应该强化管理，提高产品质量，稳定供应渠道，或走联合、合并之路，以谋求生存和发展。

依据这四种策略，结合自身创业项目的具体情况，我们最终可能会采取以下几种可能的处理方式：① 坚持自己的创业项目构思，并进行全面的可行性研究（SO 组合）；② 修改原来的创业项目构思（ST 组合）；③ 弥补自身的不足，利用外在机会（WO 组合）；④ 完全放弃这个创业项目构思（WT 组合）。

做完 SWOT 分析后，我们应结合其结果对自己的创业项目构思进行深入分析，并合理、审慎地做出判断。

小组活动 3-2

思　考

创业者在选择自己的创业项目时应做好哪些准备？

拓展阅读 3-1

大学生创业的方向选择

大学生在创业时，只有根据自身特点找准落脚点，才能闯出一片适合自己的新天地。以下是同学们在创业时可以优先关注的四个方向。

1. 高新技术领域创业

大学生通常具备较丰富的知识储备、较强的学习能力、创新思维、对新技术和市场的敏锐洞察力，能够迅速掌握和应用前沿技术，这些特质使得大学生在高新技术领域创业时具有独特的、"近水楼台先得月"的技术优势。有意在高新技术领域创业的同学可以积极参加各类创新创业大赛，获得脱颖而出的机会，同时吸引风险投资。

但并非所有同学都适合在高新领域创业,要考虑自己的技术功底、学科成绩能否为自己增加成功的把握。

推荐商机:软件开发、网页制作、网络服务、手机游戏开发等。

2. 智力服务领域创业

智力是大学生创业的资本。由于拥有较高的专业知识水平、创新思维和较强的学习能力,能够提供高质量、专业化的智力服务,满足市场对知识密集型服务的需求,大学生在智力服务领域创业中展现出了较强的创新活力和市场竞争力。另外,大学生还可以充分利用高校的教育资源,更容易赚到"第一桶金"。智力服务领域的创业成本较低,有一张桌子、一台电脑就可以开业了。

推荐商机:家教中介、设计工作室、翻译事务所等。

3. 连锁加盟领域创业

数据显示,在相同的经营领域,加盟创业的成功率有时能达到个人创业的4倍。对创业资源有限的大学生来说,借助连锁加盟的品牌、技术、营销、设备优势,可以较少的投资实现自主创业。但连锁加盟并非"零风险",大学生涉世未深,在市场鱼龙混杂的现状下,在选择加盟项目时更应注意规避风险。一般来说,大学生创业者资金实力较弱,适合选择启动资金不多、人手配备要求不高的加盟项目,以从小本经营开始为宜。此外,最好选择加盟运营时间在5年以上、拥有10家以上加盟店的成熟品牌。

推荐商机:快餐店、家政服务、校园小型超市等。

4. 文化创意领域创业

随着互联网的普及和新媒体的兴起,大学生可以在艺术设计、新媒体运营、内容创作、视频制作等领域寻找商机。如艺术设计类专业的同学可以利用自己的才能提供个性化的设计服务;热爱创作的同学可以利用短视频、直播平台等新媒体渠道创作有趣、有深度的内容,吸引粉丝并探索广告、赞助、电商等营利方式。

推荐商机:平面设计,产品设计,动画、特效、短视频等数字媒体内容运营。

拓展阅读 3-2

大学生创业行业选择的策略与技巧

制约大学生创业行业选择的因素可分为外在因素和内在因素两类。外在因素主要是指行业的发展前景和潜力,具体包括利润率、风险性、创新性、竞争激烈程度、政府对于该行业的政策扶持力度等。内在因素则是大学生自身的因素,包括所学的专业特色、自身的兴趣爱好、自身的特长、资金的多少等。对创业行业的选择主要应考虑以下几个方面。

1. 行业发展前景

在选择创业行业的时候,我们不能只注重行业现在的发展情况,还要根据该行业现在的发展势头、政府的相应政策、经济的发展趋势、高科技产业的发展速度、该行业自身的特色和经营模式等一系列外在的因素,综合考虑该行业的发展前景。

2. 行业利润率

追求利润本身就是很多创业者的初衷,但是一些高利润行业,如通信行业、生物制药行业的进入门槛过高,有较高的科技含量、经营场地和启动资金要求,对于大学生创业者而言存在不小的挑战。所以,在创业初期,同学们对于行业利润率要有比较理性的认识,不应盲目地把利润率的高低作为衡量行业优劣的唯一标准。

3. 启动资金

一般来说,资金是制约行业选择的主要因素。不同行业的初始投资门槛差异显著,启动资金的多少直接关系到创业者能否承担初期创业成本,满足设备购置、场地租赁、人员招聘及运营资金等需求。同学们应根据自己的资金状况选择适合的行业。

4. 竞争程度

竞争程度的高低对企业未来在行业中的发展水平有重要影响。如果所选的行业比较传统,市场饱和,行业内的竞争程度就会比较高。

5. 兴趣爱好

兴趣爱好是不竭的动力源泉,能激励我们为创业成功不断奋斗。另外,基于自身的兴趣爱好选择创业行业的创业者对客户的心理有着很好的把握,在客户服务方面有优势,能够将心比心,凭借细致入微的服务赢得客户的认同。我们在创业时如果能结合自己的兴趣爱好,将其转变成现实中的职业,将有助于创业的成功。

6. 知识和技能

知识和技能对于经济发展和社会进步的推动作用是巨大的,而知识和技能水平高是大学生创业者最显著的特征。大学生接受了系统的高等教育,积累了表达、写作、管理等方面的技能,以及大量专业知识,这些都为我们创业搭建了更高、更宽阔的平台。

拓展阅读3-3

大学生创业项目选择的策略

所有的创业行为都要落实到具体的创业项目上,因此,创业项目的寻找和选择至关重要。我们可以通过以下策略寻找适合的创业项目。

1. 解决他人的困难

解决他人的困难往往是企业成功的机会。通过为他人提供服务、为他人解决工作和生活中的困难,企业可以获得正当、合法的盈利。具体来说,我们可以通过观察和分析社会现象识别出潜在的问题,这些问题可能源于人们的日常生活、工作环境、学习需求等方面。一旦发现问题,我们就可以运用自己的专业知识、创新思维和实践能力设计解决方案,从而创造出符合市场需求的产品或服务。通过解决他人的困难来寻找创业项目也有助于培养我们的社会责任感。

2. 分析已有产品存在的问题

市场中销售的产品总会存在这样或那样的问题:有的样式呆板,有的颜色单一,有的功能不够完善,有的结构不够合理……创业者经过调查分析,针对这些产品存在的问题进行改善、提高,往往成功率很高。

3. 透视热销产品背后隐藏的商机

可以以热销产品为核心,认真分析其背后隐藏的商机,再选定创业项目进行经营。比如,当看到市场上鸡蛋热销时,可以预测鸡蛋热销背后隐藏的商机:一是马上会兴起"养鸡热";二是"养鸡热"兴起后,鸡饲料将供不应求。因此,有远见者便可以去生产鸡饲料,当"养鸡热"兴起后,自然财源滚滚。

4. 进行市场供求差异分析

从宏观上看,任何产品或服务的市场需求总量和市场供给总量之间都会存在一定差距。若通过调查分析,发现某种产品或者服务的市场供给不足,就找到了创业机会。市场需求不仅是多样化的,而且是不断变化的。因此,即使有时市场供求总量平衡,结构也会出现不平衡,有需求空隙存在。创业者通过分析供需结构差异,也可以发现创业机会。

5. 关注市场细分

所谓市场细分,就是根据整体市场中顾客需求的差异,以影响顾客需求的某些因素为依据,把某种商品的整体市场划分为若干个子市场的市场分类方法。属于同一子市场的顾客对同一产品的需求极为相似,分属不同子市场的顾客对同一产品的需求则存在明显的差异。因此,进行科学的市场细分有利于发现市场机会,选定目标市场,确定创业项目。

拓展阅读 3-4

大学生创业的常见项目

对于大学生创业者来说,有以下几类易于切入和运作的项目。

1. 借助学校品牌的项目

(1) 教育与培训项目。比如所在的高校开设了艺术类、教育类专业,便可以借助高校的品牌优势和专业师资开展各种教育与培训。

(2) 技术转化项目。高校都有一些技术课题和成熟的技术项目,很多同学也有自己的发明专利。同学们可以为技术寻找市场,实现成果转化。

(3) 专业咨询项目。经济管理等专业的同学可成立企业咨询组织,邀请业内权威专家组成专家顾问组,提供咨询服务。

2. 利用大学生优势的服务项目

(1) 家教服务项目。可以在同学中挑选能够胜任家教工作的组成团队,选择自身有优势,又有市场需求的科目开展家教服务。

(2) 会议礼仪服务项目。可以依托会展专业的同学或校礼仪队,与专业的礼仪公司合作,也可以直接面向各类大型会议提供服务。

(3) 翻译服务项目。许多网站、杂志社、公司需要翻译文件,但缺乏相关人才。相关专业的同学可以有针对性地为其提供服务。

3. 可以独立运作的专业项目

(1) 专业外包服务项目。有些服务项目的业务可以外包,适合专业人才或小团队独立自主地开展。互联网为这种项目的开展提供了可行且便利的条件。比如猪八戒网站就是提供设计外包服务的平台。

(2) 图书制作前期服务项目。比如选题策划、文字录入、版式设计、包装设计、校对等,都适合具有该方面特长的同学承担。

(3) 图文广告业务项目。比如广告、宣传画、标识设计,适合有艺术设计特长的同学去做。这些项目属于创意设计类项目。

(4) 专项代理业务项目。如专利申请代理、技术产权代理、注册代理。

(5) 网络维护项目。许多公司为了节约成本,会雇佣兼职的网络维护员。同学们如果有网络维护的技术专长,不妨成立项目组,提供兼职维护服务。

4. 小型、多样的经营项目

(1) 手工制作项目。陶瓷、糕点等都是手工制作项目中的热门,还可以关注地方传统文化产品。

(2) 特色专柜项目。比如某同学发现黄山一个幽静的山谷里有农民采摘、炒制野山茶,便联络一家大茶庄,在其店里设置了野山茶专柜。

项目四　获取创业资源

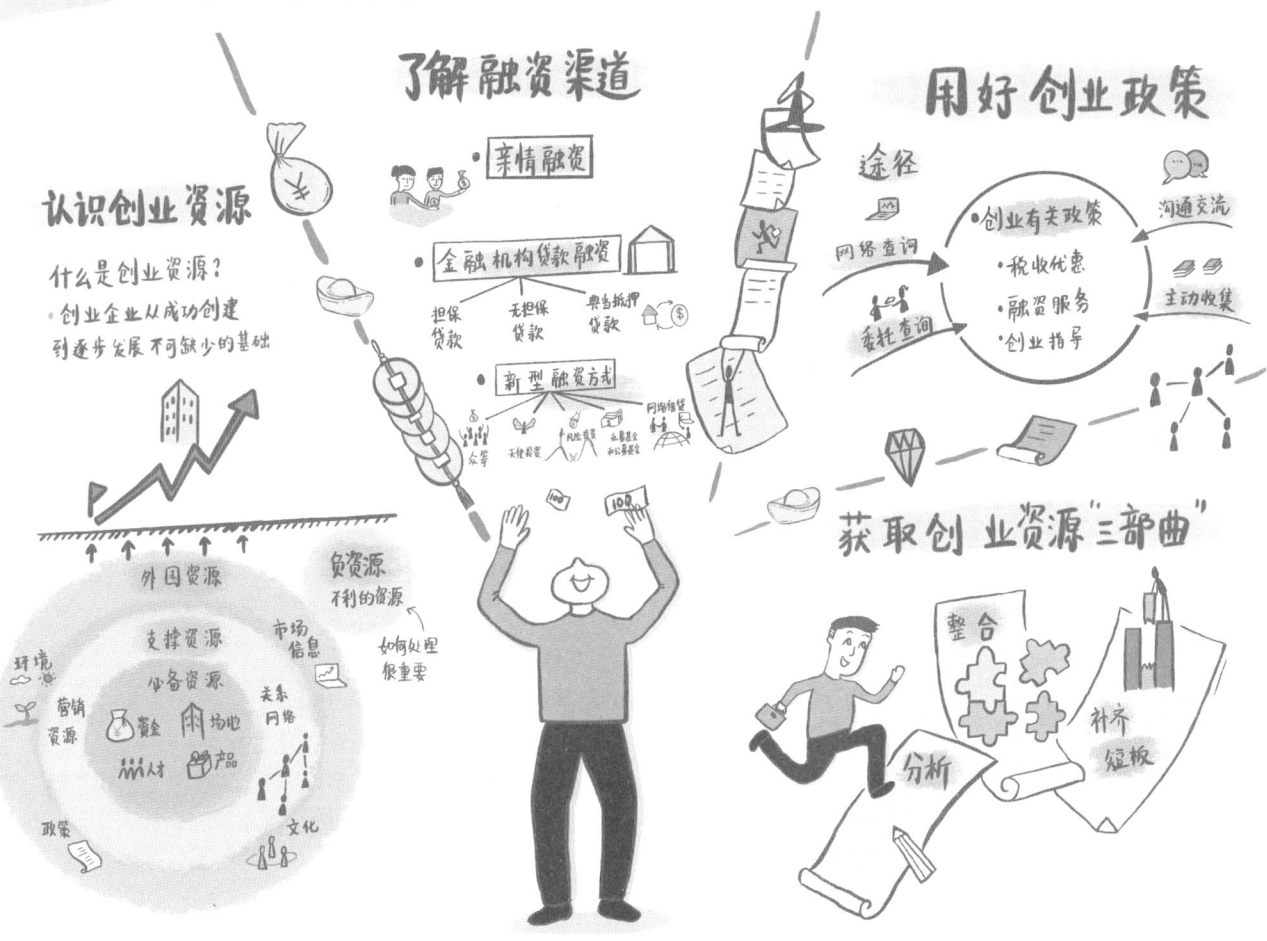

项目描述

充分利用已有的创业资源,可以让我们在创业过程中少走许多弯路,达到事半功倍的效果。因此,在正式踏上创业之路前,我们必须深刻认识到创业资源的重要性,以及有效获取这些资源对于创业成功的关键作用。创业本质上是一场资源的竞赛,可以说,资源正是决定创业项目能否顺利推进、能否在竞争中脱颖而出的核心要素。

因此,如何高效识别、整合并利用创业资源,成为创业成功与否的关键。在本项目的学习中,我们将深入探讨创业资源的获取途径和策略,让同学们熟悉各类创业资源,了解常见的融资渠道,了解创业政策,对创业资源进行有效的整合与转化,从而为创业打下坚实的基础。

预期目标

1. 了解常见的融资渠道,了解获取创业相关的优惠扶持政策的途径。
2. 能梳理创业项目已具备的创业资源,能对创业资源进行整合与转化。
3. 认识到创业资源的重要性,关注创业资源,并形成灵活利用创业资源的意识。

项目准备

用思维导图展示创业资源

1. 活动目标
(1) 掌握思维导图的画法。
(2) 初步了解创业资源的种类。
2. 活动步骤
(1) 请设想一个自己有兴趣的创业项目,并据此梳理自己拥有和可以获得的创业资源。
(2) 根据资源情况梳理,画出创业资源的思维导图。
(3) 分析创业项目存在的资源短板,思考如何弥补。

任务一　认识创业资源

从企业的初创到最终的收获,创业资源的获取和整合伴随着整个创业过程。创业者需要有效识别各种创业资源,并且积极借助企业内外部的力量对创业资源进行组织和整合,形成企业的核心竞争力,促进企业成长。

一、创业资源的定义

常言道:"巧妇难为无米之炊。"同样,没有资源,创业者也只能"望(商)机兴叹"。

关于资源,《辞海》给出的定义是"生产资料和生活资料的天然来源"。在经济学中,资源一般是指商业资源,包括人力资源、物力资源、财力资源、信息资源、时间资源等,其中,人力资源是第一资源。在管理学中,资源是企业作为一个经济实体,在向社会提供产品或服务的过程中所拥有或者能够支配的、能够借以实现企业战略目标的各种要素及要素组合。

创业资源是创业企业从成功创建到逐步发展所不可缺少的基础。在创业之初,创业所需的各项资源往往只能依靠创业者自身的努力获取。由于新创企业的高度成长性,在迅速成长、扩张的过程中,企业很快就会发展到一定规模,创业者很快就会发现,通过自身努力获取的资源远远不能支持企业的发展。要想使企业继续发展,向外部机构争取资源就显得相当有必要。因此,在创业过程中,应当积极拓展创业资源的获取渠道。因此也可以说,创业是一个发现和捕捉机会,由此创造出新颖的产品或服务,实现其潜在价值的过程;是创业者在资源不足的情况下分析和把握机会,创造性地整合资源,形成合力,实现创业目标的过程。

二、创业资源的种类

创业资源包括必备资源、支撑资源、外围资源和负资源。

(一)必备资源

必备资源是指创业者自己拥有或借助外力能够支配的创业资源,主要包括资金资源、场地资源、人才资源、产品资源等。其中,资金资源主要包括亲友的借款、政策性低息贷款、各类政策提供的创业基金或科技基金、风险投资资金、天使投资资金和私募基金等;场地资源主要包括自有产权的场地,可租借到的场地,科技园区或工业园区提供的低价场地,各类孵化器、创业园或青年创业工场等提供的廉租场地等;人才资源主要包括创业者自身、创业团队成员,以及可以招聘到的管理营销人才、专家、顾问、员工等;产品资源主要是指具有自主知识产权的产品、创新性产品、具有市场前景的产品等。

(二)支撑资源

支撑资源是指处于创业者直接控制范围之外,但可通过开发、组织、

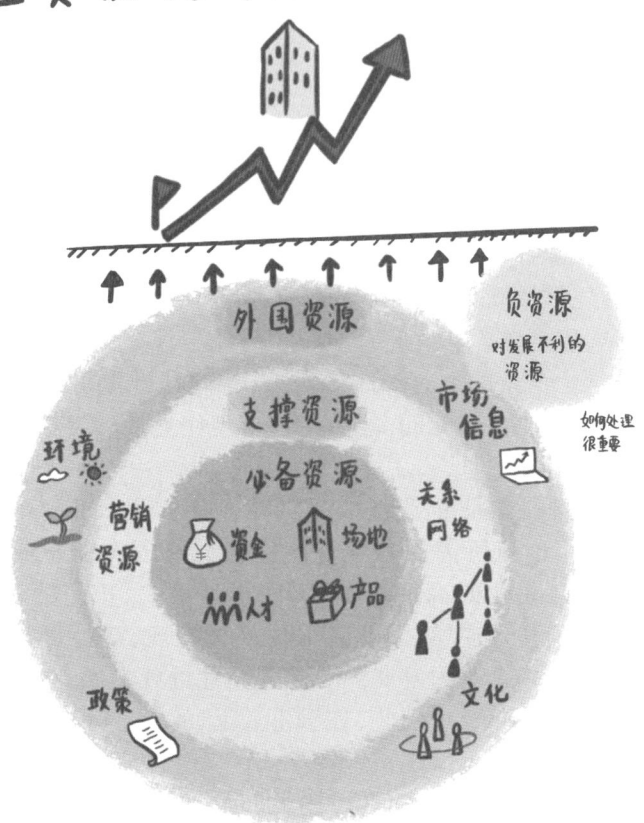

创业资源的种类

联合、租赁获取的资源,包括营销资源和关系网络。其中,营销资源主要是指自有的营销网络、可以使用或租借的营销渠道等;关系网络主要包括亲朋好友、老师、同学、同事等个人关系网络,可以进行利益共享与交换的群体等社会关系网络,以及具有弱连接的间接社会关系网络等。

(三)外围资源

外围资源是指创业者身处环境之中就能感受或享受到的资源,是一种不受创业者主观控制的、外在的公有性资源,包括创业环境、创业政策、创业文化和市场信息等。其中,创业环境主要包括地区经济发展水平,是否有创业辅导机构、创业融资机构,创业培训与学习条件,政府对创业的态度,区域自然条件等;创业政策主要包括税收优惠及减免政策、工商注册支持政策、行业准入政策、创业扶持政策、保障创业者利益的政策等;创业文化主要包括地区生活习惯、人们对冒险的态度、人们对创业行为的看法、地域文化与思维方式、人们对财富与安逸的选择等;市场信息主要包括是否拥有发达的网络系统,市场的开放性、安全性与公平性,信息共享的程度,行业协会与市场组织的情况等。

微课:如何整合利益相关者的资源

(四)负资源

负资源是指对创业项目发展不利的资源,它与上面所说的必备资源、支撑资源和外围资源的不同之处在于,那三类资源都是对创业项目发展有利的资源,即正资源。在创业实践中,对负资源的处理也是非常重要的,因为避免损失也可以看作一种收益。在创业项目的发展中,负资源虽然客观存在,但并不占主要地位,所以除了明确说明的负资源,一般所说的创业资源都是指正资源。

 典型案例 4-1

"酿"出来的甜蜜创业路

2016年,19岁的陶方正还是一名大一学生。这一年,他在学校东门口的创业空间里创办了人生的第一家精酿酒馆。8年后,陶方正带着团队在中国国际大学生创新大赛(2024)上以"国道精酿——中国啤酒新业态的开拓者"项目一举斩获金奖。

为保证项目的顺利开展,陶方正利用自己和指导教师的人脉资源,搭建了一支涵盖机械设计制造及自动化、生物技术、食品科学、金融学、会计学等8个专业的队伍。他们利用专业优势自主研发制氮机,用氮碳混合气体抑制细菌生长,延长保质期,解决了二氧化碳换气难、充气难、存在安全隐患等问题;开发了独创双菌梯度变温发酵工艺,在保留小麦原料中营养物质的基础上,有效提升了啤酒口感。此外,陶方正还拥有深耕精酿啤酒领域的创业经验,注重深挖用户需求,针对女性消费群体和现代人的养生需求研发了果味啤酒、茶叶啤酒、无醇啤酒和小麦啤酒等20多个精酿品种。与此同时,团队还通过自建啤酒厂,优化酿造工艺流程、借助智能化手段大大降低了综合成本,让销售价格更实惠。陶方正说:"接下来,在市场拓展方面,我们将进一步扩大国内市场份额,并积极寻找海外合作伙伴,将中国的精酿啤酒推向世界。"

小组活动 4-1

评估创业资源

根据所学知识讨论,完成创业资源自我评估表(表4-1)。

表 4-1 创业资源自我评估表

资源类别	资源内容	具 备	不具备	对 策
必备资源	资金资源			
	场地资源			
	人才资源			
	产品资源			

续 表

资源类别	资源内容	具　备	不具备	对　策
支撑资源	营销网络			
	关系网络			
外围资源	创业环境			
	创业政策			
	创业文化			
	市场信息			
负资源				

三、获取创业资源"三部曲"

在创业实践中,我们在获取创业资源时应遵循"三部曲"——分析创业资源、整合创业资源、补齐资源短板的顺序。

(一)分析创业资源

在初步选定创业项目后,我们应该进一步梳理自己所具有的有利资源(必备资源、支撑资源和外围资源)和不利资源(负资源),明确有利的期望资源和核心资源的内容,以及不利资源的处理方法。

(二)整合创业资源

资源整合是指对不同来源、不同层次、不同结构、不同内容的资源进行识别与选择、汲取与配置、激活和有机融合,使其具有较强的柔性、条理性、系统性和价值性,并创造出新的资源的活动。

大学生刚开始创业时,自身资源是十分有限的。为了提升资源效能、增加创业项目的价值,我们应该对所具有的各种资源进行整合,让项目的资源种类更丰富、优势更突出,从而使项目具有更强的市场竞争力。

对创业项目所具有的负资源,我们也应该进行整合。其整合需要注意两点:第一,要尽量避免负资源的出现,主要是避免具有双重属性的资源转化为负资源,甚至要把负资源再转化为正资源;第二,要尽量减小已经产生作用的负资源的影响。

小组活动 4-2

思　考

想一想,你的创业资源在哪些方面可以与别的资源进行整合?如何整合?

(三)补齐资源短板

在创业项目所拥有的各种资源中,有一些初始时较弱,但经过整合和发展,会变得较强;有一些初始时较强,但后续会变得较弱;还有一些初始时较弱,后续由于得不到强化,一直处于较弱的状态。这些短期或长期处于较弱状态的资源就是创业项目资源的短板。在创业实践过程中,我们要充分利用当地政府的创业政策,积极开拓思路,通过多渠道融资,不断补齐创业资源短板。

小组活动 4-3

思　考

在你的创业项目资源中,哪些是短期短板,哪些是长期短板?哪些曾经的短板被补齐了?请一一列举。

任务二　了解融资渠道

常见的融资渠道有亲情融资、金融机构贷款和新型融资方式三种。其中,金融机构贷款可分为担保贷款、无担保贷款和典当抵押贷款三类;新型融资方式可分为众筹、天使投资、风险投资、私募基金和公募基金及网络借贷五类。

一、亲情融资

亲情融资是指以家庭资产为主,以亲属、同乡、同学借款等为辅,利用自有资金创业的一种融资方式。在创业初期,由于金融机构无法满足其资金需求,创业者需要依靠朋友、家庭成员、亲戚的借款及自身的存款起步,直到将企业发展到一定规模。这种以亲情、友情、交情为纽带的融资虽然规模较小,但涉及面很广。这种融资的借贷双方关系密切,一般不收取利息或适量收取一些利息。这种融资方式手续一般很简单,当借方需要资金时,通过中间人或直接说明资金用途、借款金额、还款能力及日期、利息,以口头协议或书面协议的形式做出约定,马上就可获得资金。因此,尽管通过这种求助于亲人和朋友的方法可获得的资金有限,但其仍然是创业初期的一种重要融资方法。

> **小组活动 4-4**
>
> 角 色 扮 演
>
> 小组成员进行角色扮演,表现如何描述自己的项目并愉快、成功地向亲戚、朋友融资。

二、金融机构贷款

(一)担保贷款

担保贷款是指由借款人或第三方依法提供担保的贷款。担保贷款包括保证贷款、抵押贷款、质押贷款。

保证贷款是指按规定的保证方式,以第三人承诺在借款人不能偿还贷款时,按约定承担连带责任为条件而发放的贷款。为顺利取得银行贷款,创业者应该选择那些实力雄厚、信誉好的法人或公民作为贷款保证人。若银行等金融机构能做企业的保证人,则效果更佳,取得贷款更为容易。

抵押贷款是指按规定的抵押方式,以借款人或第三人的财产作为抵押物的贷款。当无法获得银行信用贷款,或者银行所提供的信用贷款难以满足需要时,创业者可以向银行提供抵押物以获得贷款。

质押贷款是指按规定的抵押方式,以借款人或第三人的动产或财产权利作为质物的贷款。债务人无法偿还债务时,债权人有权将该动产或财产权利折价或者以拍卖、变卖该动产或财产权利的价款优先受偿。

(二)无担保贷款

这类贷款的突出优势是门槛低,无须任何担保或抵押,手续简单,放款快。比如有些银行规定申请者只要具备稳定的职业和收入、在现单位工作满 3 个月、税前月收入在 3 000 元以上,就可以凭借自己的个人信用获得贷款。这种贷款不受购房、购车等用途唯一性的限制,也不受信用卡指定特约商户的限制。

(三)典当抵押贷款

典当抵押贷款是以实物为抵押,以实物所有权转移的形式取得临时性贷款的一种融资方式。黄金、珠宝、家电、房产、土地、设备、汽车、有价证券等都可典当。

三、新型融资方式

目前,社会上出现了众多新型融资方式。主要的几种如下。

(一)众筹

众筹是指通过互联网发布筹款项目并募集资金。相较于传统的融资方式,众筹更为开放,能否获得资金也不再以项目的商业价值作为唯一标准。只要是网友喜欢的项目,都可以通过众筹方式获得项目启动的第一笔资金,这为更多创业者提供了无限的可能性。众筹分为公益众筹、奖励众筹、债权众筹、股权众筹四大类。

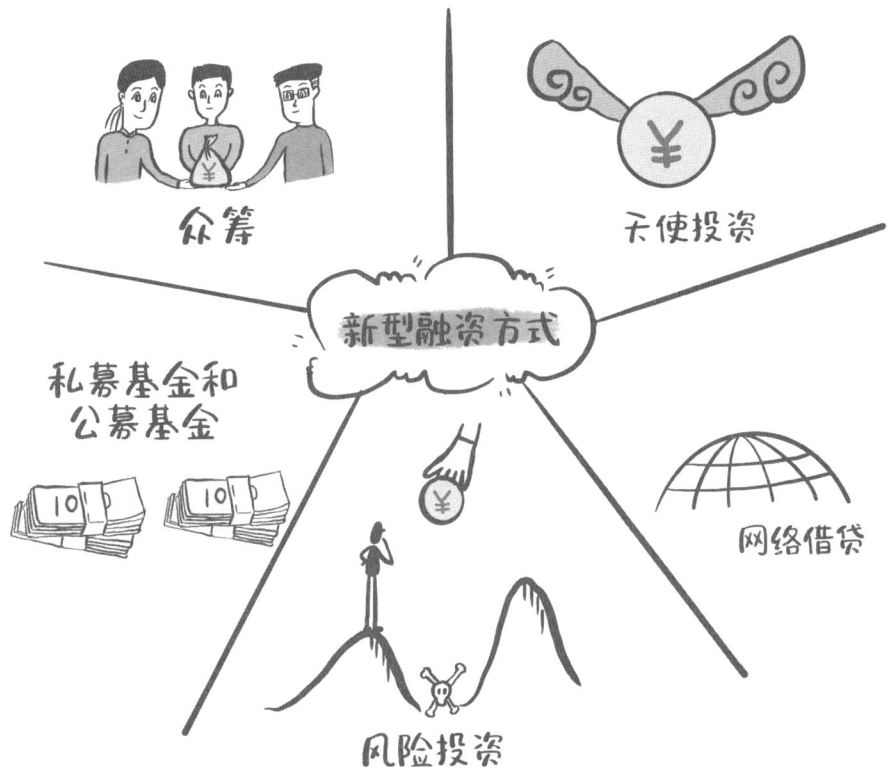

对创业者来说,众筹已成为一种简单的融资方式。众筹成功的关键点有以下几个。

1. 筹集天数恰到好处

众筹的筹集天数应该长到足以形成声势,又短到给未来的投资者带来信心。在众筹网站上,筹资天数为30天的项目最容易成功。

2. 目标金额合乎情理

创业者需要将生产、制造、劳务、包装和物流运输成本考虑在内,然后结合自身的情况为项目设置一个合乎情理的目标金额。

3. 支持者的回报设置合理

对支持者的回报要尽可能做到价值最大化,与项目成品或者衍生品相配,而且应该有3~5种不同的回报形式供支持者选择。

4. 项目包装

应对创业项目做必要的包装,使支持者更加了解创业项目。比如,调查显示,有视频展示的项目可以比没有视频展示的项目多筹得114%的资金。

5. 定期更新信息

定期进行信息更新,以让支持者进一步参与项目,并鼓励他们向其他潜在支持者提及你的项目。

6. 鸣谢支持者

给支持者发送电子邮件表示感谢或在个人页面上公开答谢他们,会让支持者有被重视的感觉,增加其参与的乐趣。

(二)天使投资

天使投资是指个人或机构对具有专门技术或独特概念的原创项目或小型新创企业进行一次性的前期投资的行为。它是创业企业在种子期采用的主要融资手段,是风险投资的一种形式。大多数天使投资不仅提供资金,而且提供投资者拥有的丰富的经营和融资经验、专业特长、深厚的人脉等资源,这些都是创业企业成功的重要因素。

目前,天使投资有天使投资人投资、天使投资团队投资、天使投资基金投资、孵化器形式的天使投资、投资平台形式的天使投资五种模式。天使投资人喜欢的是可以带来高额投资回报的企业,这类企业一般具有团队完整而优秀、商业模式清晰而完整、创业计划可操作性强和成长性可预见等特点。

小组活动 4-5

思 考

新创企业越小,创业者越要珍惜自己的股份。一般认为,天使投资人所占的股份宜少不宜多。在一开始为了钱而出让很多股份,会对后续融资及管理团队的长远发展不利。新创企业应有效地利用资本的杠杆力量,让资本跟着人走,而不是让人被资本牵着走。

请同学们讨论:天使投资人在新创企业中占多少股份合适?

(三)风险投资

风险投资是指具备资金实力的投资人对具有专门技术、具备良好市场发展前景但缺乏启动资金的创业者进行资助,帮助其圆创业梦的行为。投资者凭借投入的资金获得企业的部分股份,以日后获得红利或出售股权获取投资回报为目的,也会承担创业失败的风险。

风险投资的特点在于投资者甘愿冒着较高的风险去追求较高的投资回报,并将退出企业后所回收的资金继续投入高风险、高科技、高成长潜力的类似企业,实现资金的循环增长。

(四)私募基金和公募基金

私募基金是一种针对少数投资者、私下募集并运作的投资基金,因此被称为向特定对象募集的"地下基金"。其形式一般有两种:一种是签订委托投资合同的契约型集合投资基金,另一种是共同出资入股成立股份制公司的公司型集合投资基金。

公募基金是指受政府主管部门监管的、向非特定投资者公开发行受益凭证的证券投资基金,包括封闭式基金和开放式基金两种。公募基金受到法律的严格监管,其信息披露、利润分配等都要遵循行业规范。

(五)网络借贷

网络借贷主要指网络小额贷款。网络小额贷款是指互联网企业通过其控制的小额贷款公司,利用互联网向客户提供的小额贷款。网络小额贷款应遵守现有的小额贷款公司监管规定,发挥网络贷款优势,努力降低客户的融资成本。

随着网络借贷的快速发展,一些网络借贷平台不断向高校拓展业务,部分不良网络借贷平台采取虚假宣传的方式和降低贷款门槛、隐瞒实际资费标准等手段,诱导大学生过度消费,甚至陷入"高利贷"陷阱,侵犯大学生合法权益,造成不良影响。因此,教育部等多部门联合发文,明确规定任何网络贷款机构都不允许向在校大学生发放贷款。

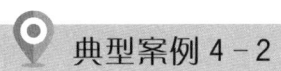

以"创业贷"点燃创业梦想的火种

每天一大早,创业者潘存海就开始带着员工打扫自己的3家玩具店,并盘点货物。谈起自己的小买卖,潘存海信心满满:"创业担保贷款让我少走了很多弯路,今年应该可以多赚点!"

潘存海曾是一名货车驾驶员,后进入儿童玩具行业创业。2020年,他通过社区平台申请了10万元创业担保贷款,且由政府全额贴息。有了这笔资金,他的店铺从8平方米扩展到了60平方米,生意蒸蒸日上。2022年,第二次创业担保贷款注入后,他的店铺规模扩大至100余平方米,商品种类增多,还开始涉足高端电子玩具领域。在创业担保贷款的扶持下,这个小小的个体工商户带动的就业人数从2人增加到10余人。

任务三 用好支持政策

当前,国家支持大学生自主创业和灵活就业,不断强化青年创业支持,构建创业信息发布、政策咨询、流程办理、孵化服务等全周期服务机制,推进创业服务集成办理。各地政府也出台了许多税收优惠、融资政策和其他创业扶持政策。用好这些政策和优惠,对同学们的创业活动具有重要意义。

一、政府支持政策的内容

(一)税收优惠

国家对符合以下条件的中小企业或创业者给予一定期限内的税收优惠:一是由失业人员开办,初期经营困难的;二是吸纳社会再就业人员比例较高的;三是设立在少数民族地区、边远地区和贫困地区的;四是从事高科技产品的研究开发的;五是从事资源综合利用和环保产业开发的;六是国家产业政策规定需要扶持的。高校毕业生创办的小微企业,按国家规定享受相关税收优惠。

(二)融资政策

国家鼓励商业银行调整信贷结构,要求各金融机构以多种形式为创业者和中小企业提供金融服务。比如,符合条件的大学生自主创业的,可在创业地按规定申请创业担保贷款,贷款额度为 10 万元。国家鼓励金融机构参照贷款基础利率,结合风险分担情况,合理确定贷款利率水平。对个人发放的创业担保贷款,利率在贷款基础利率基础上上浮 3 个百分点以内的,由财政给予贴息。

(三)创业扶持政策

为鼓励大学生自主创业,国家出台了许多相关扶持政策。比如,对符合条件的高校毕业生创业项目,按规定给予一次性创业补贴;落实灵活就业社保补贴政策,扩大新就业形态就业人员职业伤害保障试点范围,保障青年灵活就业的合法权益;实施创业带动就业的补贴政策;鼓励有条件的地区实施创业场地租金补贴政策;对有创业意愿的大学生,由公共就业和人才服务机构免费提供包括政策咨询、信息服务、项目服务、风险评估、开业指导、融资服务、跟踪扶持等在内的一条龙创业服务。

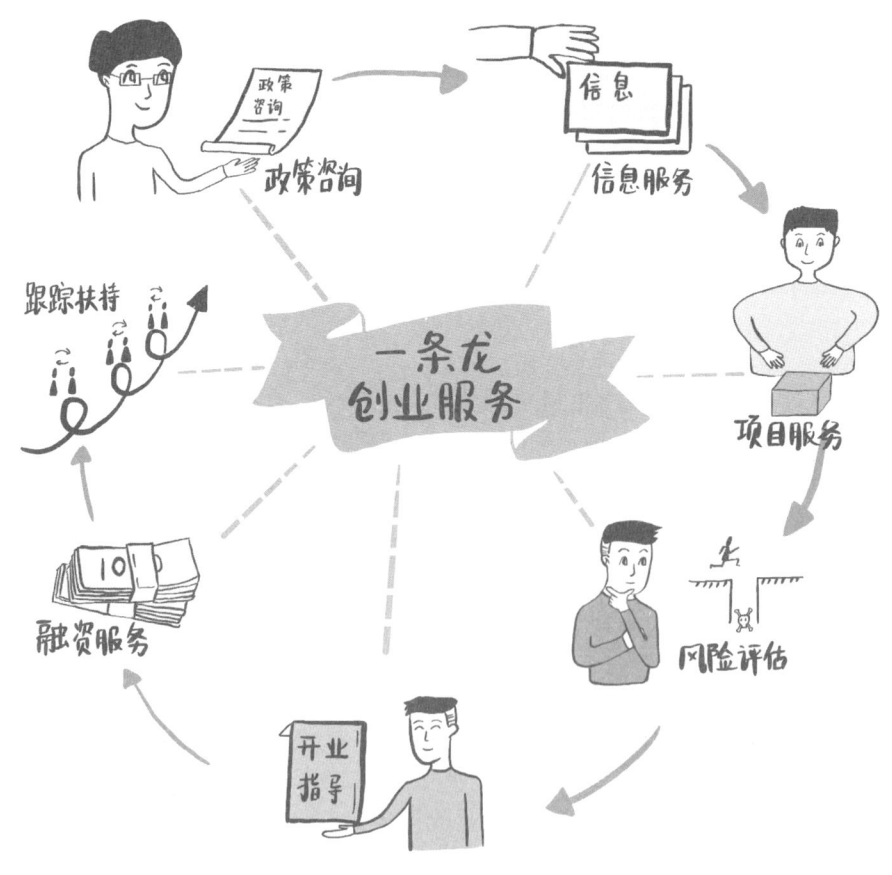

二、了解政府支持政策的途径

（一）网络查询

目前，政府一般都会将政策在其官网上进行公布，并印发政府公报。创业者要关注政府公共服务网，定期进行浏览、检索，查询是否有最新政策出台或者是否有相关项目可以申报，以争取更多外围资源的支持。

（二）委托咨询

有些政策服务公司比较关注政策变化，并与政府有关部门有着极为密切的联系，不仅了解最新政策，而且知道如何帮助创业者享受政策。因此，新创企业可将相关事务委托给这些政策服务公司，让它们帮助完成相关申请。

（三）沟通交流

创业者在创业过程中经常要与一些政府部门打交道，在这一过程中一定要注意配合，并定期向这些部门咨询最新政策。与政府部门保持密切的关系，可以用足、用好政府优惠政策，寻求更快、更好的发展。

测试：交际能力测试

（四）主动收集

要充分发挥创业团队的积极性，让成员了解并注意收集与其工作有关的政策信息，并及时跟踪相关政策的变化。要让企业的发展与政策、形势的发展相一致，这样才能让创业项目实现可持续发展。

典型案例 4-3

政策助力"00后"创业者走稳创业路

2023年6月，王淑禾参加完自己的大学毕业典礼，就立即赶回了公司处理业务。如今，身为"00后"的她已是2家公司、3个品牌的"掌门人"，致力于推广非物质文化遗产及传播传统文化。

2018年，王淑禾主导了一个非遗文化项目，通过调研、走访、汇聚非遗传承人，赋能大学生志愿者，将非遗文化通过线上线下结合的方式传递给乡村的孩子们。几年来，他们研发出了"十大国粹文化美育"系列课程，联动来自全国各地的4 000多名大学生志愿者，累计为全国城乡中小学授课数万小时。"非遗能否商业化？"王淑禾团队建立起了地方与民族的文化数据库，开始探索以商业化赋能非遗文化的可持续发展。

2020年11月，在市人社局及创业服务协会的帮助和支持下，王淑禾团队入驻了大学科技园，这里不仅有免费的场地，还有大量资源可以对接。当地政府以"真金白银"惠及创业者，为自主创业的企业和青年创业者保驾护航。在政府的支持与帮助下，这个团队又接手了某知名集团500平方米展馆的设计工作，在创业之路上走得风生水起。

小组活动 4-6

填写优惠政策一览表

查询相关政策,结合自己考虑的创业项目,完成表 4-2 的填写。

表 4-2 优惠政策一览表

政策类型	内　　　　容
税收政策	
融资政策	
其　　他	

拓展阅读 4-1

人力资源和社会保障部启动"源来好创业"资源对接服务季活动

　　2024 年秋季,人力资源和社会保障部印发通知,部署启动"源来好创业"资源对接服务季活动。该活动于 2024 年 7 月至 9 月在全国各地同步开展,以"搭建对接平台,携手助你创业"为主题,重点面向高校毕业生等青年创业者、返乡入乡创业人员及有资源对接需求的创业项目,通过搭建平台、拓展渠道、营造氛围,帮助创业者实现高质量创业。活动将围绕创业者在信息、场地、资金、能力提升、经营管理、人才支持、政策享受等方面的实际需求,重点提供以下资源对接和服务。

　　一是打包提供创业信息对接。集中发布、动态更新创业场地信息清单、融资信息清单、培训信息清单,以及创业导师名录和人力资源服务机构名录,方便创业者根据自身需求选择。

　　二是广泛开展创业场地对接。组织创业载体开放观摩活动,促进符合条件的服务对象与创业载体直接对接、快速入驻。整合创业载体提供的产品、服务信息,为创业项目提供市场供需信息对接服务。

　　三是分类实施创业融资对接。组织"政企银担"交流系列活动,为创业项目争取融资支持。探索结合人社领域信用体系建设,为创业项目提供增信方案。邀请金融机构、创业投资机构、天使投资人等共同参与,开展形式多样、内容丰富的融资对接活动。

四是拓展举办创业培训对接。拓展"马兰花"创业培训,推介一批创业培训精品课程。结合劳务品牌高质量发展,探索小微企业创新发展培训指导项目。积极培育乡村创业新青年,丰富创意农业、特色文化旅游、生态康养等差异化培训项目。

五是深入组织创业导师对接。组织创业导师进基地(园区)、进校园、进社区、进乡村等基层行活动,搭建服务对象与创业导师面对面交流平台。支持创业导师与返乡入乡创业项目建立长期稳定帮扶机制。

六是密集促进人力资源对接。根据创业企业招聘用人特点,组织开展小规模、分类型、定制式现场招聘活动和灵活就业特色活动。依托零工市场、基层就业站点等服务机构,提升线上线下招聘频次,为返乡入乡创业项目提供人力资源支撑和招才引智服务。

七是精准推进创业政策对接。多渠道开展创业政策宣讲活动,向服务对象推送申请条件、办理流程和渠道信息。聚焦已经申请享受和有意愿申请享受创业政策的服务对象,组织开展多种形式的创业助力服务行动,提供全链条贯通的创业服务。

拓展阅读4-2

获取创业资源的注意事项

创业之路上充满挑战,获取必要的资源是成功的关键。以下是获取创业资源时需要注意的事项,可以帮助我们在创业道路上稳健前行。

一是明确需求。在寻找资源前,首先要明确自己的需求。无论是在资金、人才还是技术支持方面,都需要有清晰的目标和计划。这有助于我们更高效地寻找和整合资源。

二是多渠道探索。政府补助、风险投资、天使投资、合作伙伴及个人网络等都是潜在的资源来源。要"广撒网",增加获取资源的可能性。

三是建立人脉。人脉是创业成功的重要因素。积极参加行业活动,加入创业社群,与同行建立联系,这些都能为我们带来更多的资源和机会。

四是评估资源质量。在获取资源时,要对其质量进行严格评估,确保资源能够满足我们的需求,并且与创业理念、目标相匹配。

五是合理规划使用。获取资源后,要合理规划和使用资源。制订详细的预算计划,确保资源的有效利用,避免浪费。

六是保持灵活性。市场环境瞬息万变,获取资源时要保持灵活性,根据实际情况调整资源获取策略,以应对各种不确定性。

七是遵守法律法规。在获取和使用资源时,务必遵守相关法律法规,避免产生法律风险,维护自己和企业的合法权益。

八是持续跟进与维护。资源获取不是一劳永逸的,要维护与资源提供方的关系,与之建立长期合作关系,使其为创业持续提供支持。

项目五 ▶ 生成创业团队

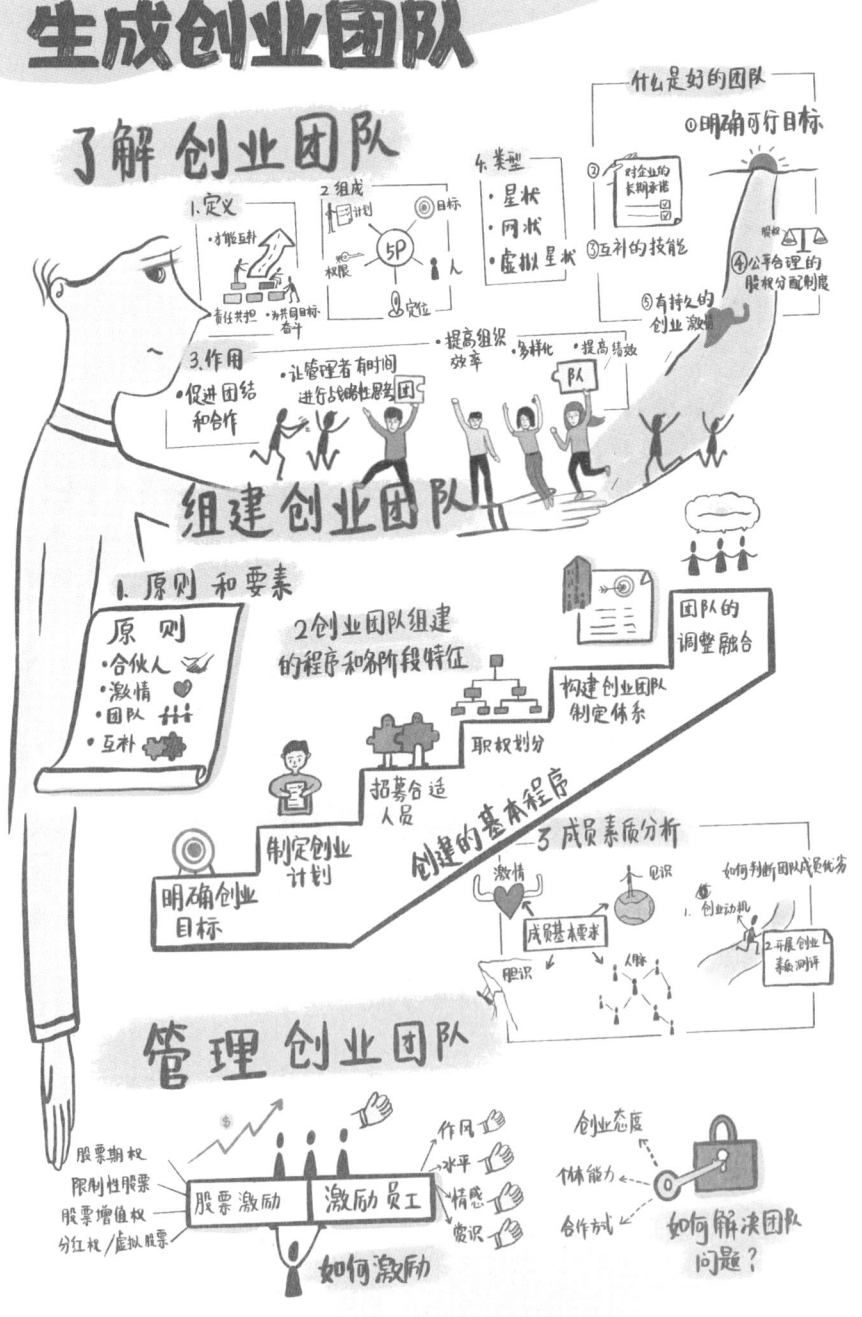

项目描述

当创业者已经精心打磨好了他们的创业构思,勾勒出了激动人心的商业蓝图,至关重要的一步便是着手组建一个高效协同的创业团队。在充满挑战与机遇的创业征途中,单凭一己之力往往难以跨越重重难关,唯有与一群志同道合、能力互补的团队成员并肩作战,共同挥洒汗水,才能将璀璨的梦想一步步转化为现实,最终实现创业的宏伟目标。创业团队的质量与结构,不仅关乎新创企业能否在激烈的市场竞争中站稳脚跟,更在很大程度上决定了事业的长远发展。优秀的团队能够激发无限的创新潜能,高效解决在创业过程中遇到的各种问题,而缺乏凝聚力或技能不匹配的团队则可能成为前进道路上的沉重负担。

本项目旨在带领怀揣创业梦想的同学了解创业团队的核心要素、构建原则及管理策略,帮助同学们识别并吸引那些能够助力梦想起航的关键人才,教会大家如何有效沟通、协调分歧、激励团队。

预期目标

1. 了解创业团队的定义、作用、组成原则、要素等,了解创业团队成立的步骤。
2. 学会分析团队成员的优劣势,能组建创业团队、管理创业团队。
3. 树立团队合作意识,强化团队精神。

项目准备

发现创业团队

1. 活动目的

感受创业团队的重要性。

2. 活动步骤

观看电影《中国合伙人》,填写表5-1。

表5-1 《中国合伙人》观后回顾和思考

姓　名	职　　务	个人特点	在团队中的职责
成东青			
孟晓骏			
王　阳			
看完电影后你对创业团队的理解			

任务一　了解创业团队

一、什么是创业团队

(一) 创业团队的定义

创业团队是指在创业初期(包括企业成立前和成立早期)，由一群志同道合、才能互补、责任共担的人组成的特殊群体。他们凭借共同的努力和创新精神，致力于创建并发展一个有潜力的企业，对企业的未来发展负责，共同拥有企业资产，并在财务或其他方面承担相应的义务。

微课：了解创业团队

(二) 创业团队的组成

1. 创业团队的目标

创业团队的目标通常是多维度的，旨在指导整个团队在创业过程中保持方向一致，并推动企业的成长与发展。创业团队的目标不仅包括商业成功和产品开发，还包括团队建设、风险管理和持续创新等方面。

2. 创业团队的成员

创业团队的成员是创业团队的核心力量。创业团队的成员构成是多元化的，旨在集合不同领域和专长的个体，共同推动企业的创立和发展。三个及以上的人就能形成一个群体，当群体有共同的奋斗目标时，就形成了团队。在创业团队中，人力资源是所有创业资源中最活跃、最重要的资源。创业者应充分调动各种资源和能力，将人力资源进一步转化为人力资本。

3. 创业团队的定位

创业团队的定位包含两个层面：一是创业项目的定位，用来明确创业想法，并描述该创业团队存在的意义；二是创业团队在整个创业过程中的定位，用来明确创业主体，并描述该创业团队运行的意义。

4. 团队成员的角色分配

创业团队成员的角色分配是确保团队高效运作和项目成功的关键因素。团队成员的角色分配是指根据团队的目标和项目需求，以及成员的能力和偏好，将各种角色分配给团队成员的过程。在这个过程中，主要的目标是确保每个成员的能力都得到最大限度的发挥，同时避免出现角色冲突，在角色之间实现平衡。角色的分配通常遵循"组内异质"的原则。团队内的每个成员都有自己的优势和特长，角色分配可以让他们在团队中发挥出自己的优势。

5. 创业计划

创业计划是创业者为了实现自己的创业目标，对创业过程中的资源、市场、竞争、风险等因素进行系统性规划和安排的文件,用来规划和指导创业的整个过程。需制订团队成员在不同阶段分别要做的工作及指导计划。创业计划有两层含义:一是为最终实现目标制订的一系列具体的行动方案,可以把创业计划理解成实现目标的具体工作程序;二是如何开展创业活动的详细计划,以及为此制定的规则。

(三)创业团队的作用

创业团队有以下几方面的作用:

(1)促进团结和合作,提高成员的士气和满意度;

(2)促进资源与技能整合;

(3)提高决策质量,因为团队比单个人有更多的信息和资源,能迅速了解问题的多个方面;

(4)促进成员的多样化;

(5)促进创新。

多数投资者表示,他们在投资之前首先考虑的是团队,其次才是创意。当然,这并不是说没有团队的创业企业一定会失败,但可以说,要建立一个没有团队而仍然具有较大成长潜力的企业是很困难的。

(四)创业团队的类型

一般来说,创业团队大体上可以分为三种,分别为星状创业团队、网状创业团队和由网状创业团队演化而来的虚拟星状创业团队。

1. 星状创业团队

星状创业团队中有一个核心人物充当领军的角色,其他成员作为支持者(图5-1)。这种团队一般是核心人物有了创业的想法,然后根据自己的设想进行创业团队的组织而形成的。

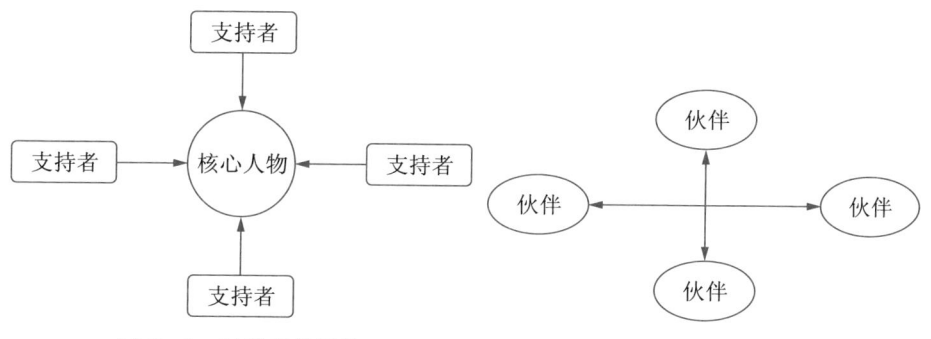

图5-1 星状创业团队　　图5-2 网状创业团队

2. 网状创业团队

它指的是由那些因为友谊和共同兴趣而结缘的伙伴组成的创业团队,具有无固定核心、自主协助、开放式沟通、创新能力强等特点(图5-2)。这种团队是一种具有独特优势和特点的创业团队。通过合理构建和管理这种团队,可以充分发挥团队成员的潜力和智慧,实现企业的快速发展和持续创新。

网状创业团队适合需要创新和灵活性较强的领域,如科技产业、文化创意产业。在这些领域中,市场环境变化快,客户需求多样化,企业需要具备快速响应和持续创新的能力。网状创业团队的组织形式和沟通方式有助于企业更好地适应这些变化,实现快速发展。

3. 虚拟星状创业团队

这种创业团队是由网状创业团队演化而来的,是前两种的中间形态(图5-3)。在团队中有一个核心人物,但是该核心人物地位的确立是团队成员协商的结果,因此,这个核心人物更像是团队的代言人,其行为必须充分考虑其他成员的意见,而不像传统星状创业团队中的核心人物那样具有绝对的权威。这种团队也可以称为核心型创业团队。

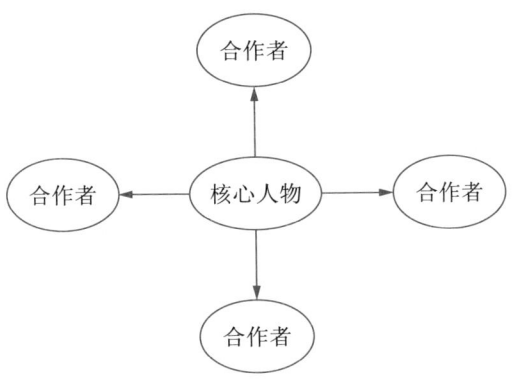

图5-3 虚拟星状创业团队

虚拟星状创业团队适合那些需要高度协作,但又需要明确领导者的创业项目。特别是在科技创新、产品研发、市场营销等领域中,虚拟星状创业团队可以发挥其独特的优势,快速响应市场变化,高效完成任务。

二、什么是好的创业团队

好的创业团队对于新创企业的成功起着举足轻重的作用。好的创业团队具有以下几个要素。

(一) 共同愿景和目标

团队成员需要有共同的愿景和目标,这能够凝聚团队的力量,使大家在困难面前保持方向一致。共同的愿景和目标有助于团队成员齐心协力,共同应对创业道路上的挑战。创业团队要根据发展规划制定科学的发展目标。在设置目标时,要统筹兼顾,做到短期目标、中期目标、长期目标准确对接,科学合理。要让团队成员熟知他们在工作中应该达到的目标。制定的目标要切实可行,过高或过低都可能会挫伤团队成员的积极性。必要时应在团队目标明确的前提下,明确细分团队成员的具体目标,让成员清楚自己努力的方向和进度。在此基础上,通过建立健全科学的运行机制,明确目标责任,严格考核成员履行职责的情况,实行有效的奖惩,确保目标任务落到实处。

(二) 坚定的信念和毅力

创业的道路上充满了未知和挑战,创业团队需要具备坚定的信念和毅力。面对困难和挫折时,团队成员需要相互鼓励和支持,保持积极的心态。团队成员必须对企业的长期经营发展充满信心,为企业经营付出辛苦和汗水,不能因一时的利益或困难退出团队,要清醒地认识到创业将面临的挑战和困难。这样,团队成员才不会有观望徘徊思想,遇到困难时才能破釜沉舟,付出百分之百的努力,全身心地投入到工作中去,凝聚共识,同心同德,将事业推向成功。当然,为了形成利益共同体,不能只有语言上的承诺,还要有一定的运作制度,特别是利益上的激励。

(三) 互补的技能和专长

好的创业团队应该包含拥有不同技能和专长的成员,这样的组合可以确保团队在产品开发、市场营销、财务管理、人力资源等各个方面都得到专业的支持。成员之间的互补性可以形成强大的合力,推动创业项目的快速发展。有的人创新意识非常强,对企业发展战略和新产品开发起着至关重要的作用;有的人策划能力极强,能够全面考虑企业面临的机遇与风险,分析成本、投资、收益的来源及预期收益,进行管理规范章程制定、长远规划设计等;有的人执行能力较强,具体负责生产、经营和销售,在联系客户、接触终端消费者、拓展市场等方面有较强的执行力;有的人技术水平很高,技术是其专长;有的人是财务、法律、审计等方面的专业人才。只有在各个层面拥有不同类型的人才,组成人才团队,在创业实践中才能形成"八仙过海,各显神通"的局面,才能形成成员间能力的互补,才能充分发挥团队的整体功能,做到相互补充、相得益彰。当然,建立优秀的创业团队并非一蹴而就的。在创业的过程中,创业成员也可能因为不同的原因出现调整,不断优化,逐渐形成完美组合的创业团队。

(四) 公平合理的股权分配机制

平均主义和"大锅饭"是懒惰的温床。股权分配上的平均主义并不合理,团队成员的股权分配不一定要均等,但必须遵循大家认可的规则,尽量做到合理、透明与公平。要按照贡献与报酬相符的原则,防止产生某些具有显著贡献的团队成员拥有股权较少,贡献与报酬不一致的不公平现象。通常创始人与主要贡献者会拥有比较多的股权。一般来说,只要能与大家创造的价值、贡献相配套,就是合理的股权分配方式。另外,也可以留下一定比例的股权,用来奖励以后有显著贡献的成员,在利益分配上留有余地和弹性。

(五) 学习能力和创新精神

市场环境在不断变化,好的创业团队需要成员具备学习能力和创新精神,保持对新事物的好奇心和求知欲,不断学习新的知识和技能,敢于尝试新的商业模式和解决方案,以适应市场的变化和发展。团队成员若能不时提出可行性、建设性意见,及时发现存在的问题、隐患,对于创业将大有裨益。这是团队成员关心事业发展、尽职尽责的表现。在创业的过程中,创业团队要注意吸收对创业项目有热情的人员,要让所有成员都如企业初创时期那样,时刻保持旺盛的精力和创业热情。任何人,无论专业水平多么高,如果对事业的信心不足,都将无法满足创业的需求。消极态度对创业团队成员产生的负面影响可能是致命的。

任务二 组建创业团队

一、组建创业团队的原则

团队是人力资源管理的核心,而人力资源是企业的根本。一家企业要是没有优势明显的核心人力资源,其成功的可能性几乎为零。为此,组建一个合适的、具有战斗力的创业团队是当务之急。组建创业团队应遵循以下几个原则。

(一) 合伙人原则

一般企业都是招员工,但创业团队需要招的是合伙人,因为合伙人做的是事业,一个人只有把工作当作事业才有成功的可能,一家企业只有把员工当作合伙人才有机会迅速成长。所以,创业团队要先解决价值分配问题,再去找自己的合伙人。

咨询案例:
如何寻找
合伙人

(二) 激情原则

是否有激情是衡量一个人能否成功的基础标准。创业团队一定要选择对项目有高度热情的人,并且要使所有人在企业初创期就有每天长时间工作的准备。创业初期,整个团队都可能需要每天不停地工作,并要在巨大的压力下仍保持创业的激情。任何人,不管其专业水平如何,如果对事业的信心不足,都将无法满足创业的需求。

(三) 团队原则

团队是企业凝聚力的基础,团队的成败是整体的成败,而非个人的成败。成员能够同甘共苦,经营成果能够被公开且合理地分享,团队就会形成强大的凝聚力与一体感。团队中没有个人英雄主义,每个成员的价值都表现为其对于团队整体价值的贡献,都应将团队利益置于个人利益之上。个人利益是建立在团队利益基础上的,因此成员必须愿意牺牲短期利益来换取长期的成功,不计较短期内的薪资、福利、津贴等。

(四) 互补原则

建立优势互补的团队是创业成功的关键。创业者在寻找团队成员时,首先要力求弥补当前资源、能力上的不足,要针对创业目标与当前能力的差距寻找成员。好的创业团队,成员间通常都能形成良好的互补,而这种互补也有助于强化团队成员间的合作。此外,创业团队还要注意成员的性格与看问题的角度,团队里必须有能提出建设性意见和不断地发现团队问题的成员。一个成员都喜欢说好话的团队绝对不可能成为优秀的团队。

二、创业团队的基本组建程序和发展阶段

(一)创业团队的基本组建程序

创业团队的基本组建程序包括以下六个步骤。

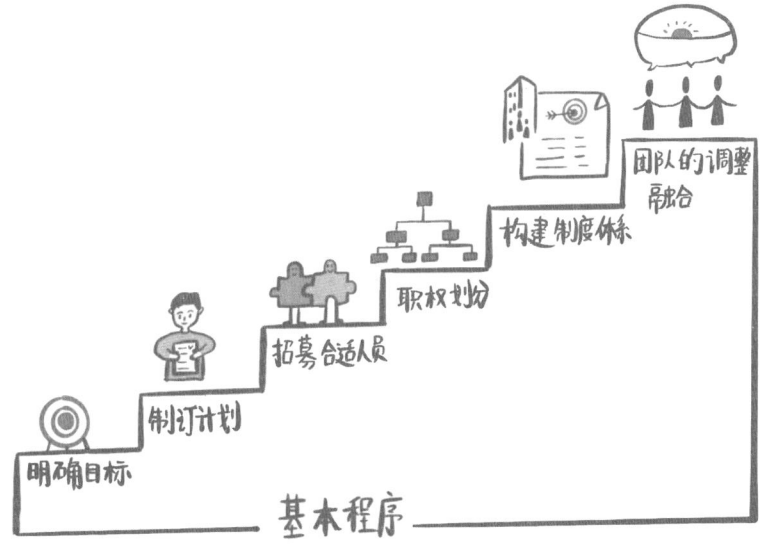

1. 明确目标

创业团队的总目标就是通过开展创业阶段的技术、市场、规划、组织、管理等各项工作,实现企业的从无到有、从起步到成熟。在总目标确定之后,为了推动团队最终实现创业目标,要再将总目标加以分解,设定若干可行的、阶段性的子目标。

2. 制订计划

微课:创业团队的组建

在确定总目标及一个个阶段性子目标之后,紧接着就要研究如何实现这些目标,这就需要制订周密的创业计划。创业计划是在对创业目标进行具体分解的基础上,从团队整体角度出发形成的计划,确定了在不同的创业阶段需要完成的阶段性任务。团队可通过逐步实现这些阶段性目标来最终实现创业目标。

3. 招募合适的人员

招募合适的人员是创业团队组建最关键的一步。一般而言,创业团队至少需要管理、技术和营销三个方面的人才。只有这三个方面的人才间

形成良好的沟通、协作关系，创业团队才可能稳定、高效。同时，适度的团队规模是保证团队高效运转的重要条件。团队成员太少，无法体现团队的功能和优势，而太多又可能产生交流障碍，团队可能会分裂成许多较小的团体，进而大大削弱团队的凝聚力。一般认为，创业团队的规模控制在2~12人最佳。

4. 职权划分

为了保证团队成员有效执行创业计划、顺利开展各项工作，必须预先在团队内部进行职权划分。创业团队的职权划分就是根据执行创业计划的需要，具体确定每个团队成员所要担负的职责及相应享有的权限。团队成员间的职权划分必须明确，既要避免职权的重叠和交叉，又要避免责任无人承担，造成工作上的疏漏。此外，由于处于创业过程中，面临的创业环境是动态、复杂的，新的问题会不断出现，团队成员可能不断更换，创业团队成员的职权也应根据需要不断地进行调整。

5. 构建制度体系

创业团队的制度体系主要包括团队的各种约束制度和激励制度，体现了创业团队对成员的控制和激励能力。一方面，创业团队通过各种约束制度(主要包括纪律条例、组织条例、财务条例、保密条例等)指导其成员避免做出不利于团队发展的行为，实现对其行为的有效约束，保证团队秩序的稳定。另一方面，创业团队实现高效运作需要有效的激励制度(主要包括利益分配方案、奖惩制度、考核标准、激励措施等)，使团队成员看到随着创业目标的实现，其自身利益将会得到怎样的增强，从而达到充分调动团队成员的积极性、最大限度发挥团队成员作用的目的。

要实现有效激励，首先必须把成员的收益模式界定清楚，尤其是股权、奖惩等与团队成员利益密切相关的事宜。需要注意的是，对创业团队的制度体系应以规范化的书面形式确定下来，以免造成混乱。

6. 团队的调整融合

完美组合的创业团队并非在创业一开始就能建立起来的，而是在企业创立一段时间后随着企业的发展逐步形成的。随着团队的运作，团队组建时人员匹配、制度设计、职权划分等方面的不合理之处会逐渐暴露出来，这时就需要对团队进行调整融合。由于问题的暴露需要一个过程，团队的调整融合也应是一个动态持续的过程。在完成前面的工作步骤之后，要专门针对运行中出现的问题，不断地对前面的步骤进行调整，直至满足实践需要。在进行团队调整融合的过程中，最为重要的是保证团队成员间经常进行有效的沟通与协调，培养、强化团队精神，提升团队士气。

(二) 创业团队的发展阶段

创业团队的发展阶段如表5-2所示。

表 5-2 创业团队的发展阶段

阶　　段	特征与建设重点
形成阶段	初步形成创业团队的内部框架,建立创业团队与外界的初步联系
规范阶段	通过设定标准、交流想法、阐明愿景、明确职责等方式建立必要的规范
震荡阶段	使隐藏问题暴露,运用公开讨论、解决冲突、促进沟通、改善关系等方法解决问题
凝聚阶段	形成更有力的团队文化、更广泛的授权与更清晰的权责划分
收获阶段	关注如何提高团队效率和效益,把全部精力用于应对各种挑战,形成成果
调整阶段	对团队实行整顿,优化团队规范

三、创业团队成员的评价

并不是所有的人都适合开展创业活动。我们在组建创业团队的时候,首先要对成员的情况进行分析。

(一) 创业团队成员的基本要求

优秀的创业团队成员应该有激情、有见识、有胆识和有人脉。

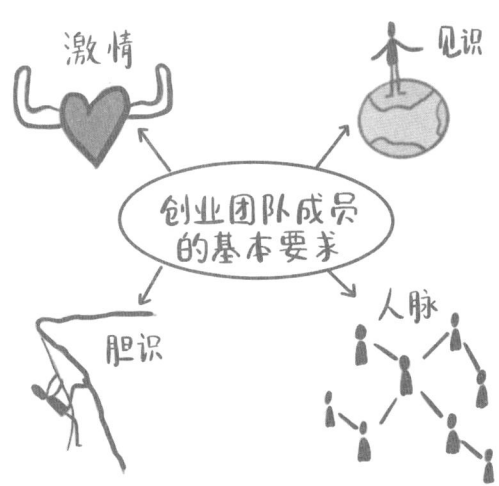

1. 有激情

创业团队成员必须具备激情,这种激情会感染周边的人。在一个有激情的环境中,每个人的心态都会变得积极主动(主动加班加点往往就是激情的一种体现)。这种激情同时也有一种带动、感化作用,会激励整个团队行动起来。

2. 有见识

创业团队成员必须有见识,这种见识是对创业项目的独到认识、对创业项目走势的准确判断,能预见别人看不到的趋势及机会。有不同见识的创业者选择的创业项目不一样,创业动机和创业理念也不一样。有见识的人才能对创业项目做出好的选择。

3. 有胆识

创业团队成员要有胆识,勇于做决定,喜欢冒险。创业本身就是富有挑战性的事情,一个没有胆识的人是不可能真正选择创业道路的。在优秀的创业团队中,每个人都应该能够大声地、坦率地表达自己的观点。

4. 有人脉

每个人都会有自己的生活圈子,要善于发现其中的合作伙伴,因为从现有的圈子里选择伙伴肯定要比凭空去找容易得多。人脉其实是创业团队成员自身资源的集中体现,因此在选择团队成员时,可以充分考虑其所拥有的社会资源,包括客户资源、资金资源、供应链资源、市场资源、政府资源等。

(二)创业团队成员的评价方法

1. 识别成员的创业动机

创业动机是使个体从事创业活动,并使活动指向某些目标的内部动力。它是鼓励和引导个体为实现创业目标而行动的内在力量。在选择创业团队成员的时候,首先需要判断的是团队成员的创业动机。较常见的创业动机有以下几种。

(1) 最大限度地实现自身价值,获得成功。一些掌握一定的专业技能或者管理经验的专门人才不满足于现状,为了最大限度地发挥自己的潜能和特长,实现自身价值,获得个人在事业上的成功而自创企业,谋求发展。

(2) 改善生活状况,争取更大的利润。一些下岗或无业人员为了改善生活状况而创业;还有一定数量的人虽然有自己的工作,但不满足于现状,为了争取更大的利润而创业。

(3) 可以独立自主,按照自己的意愿行动。有些人不愿意由他人支配自己的生活,主张自主支配生活。

(4) 争取较高的自由度和灵活的工作时间。自创企业可以为自己争取较自由、较灵活的时间和空间,这也是一部分创业者创业的动机。

2. 开展创业素质测评

创业素质是指创业者实现成功创业所应具有的独特品质和能力,它是创业行为的基础和根本因素,包括心理素养、创业技能、创业基础知识等。

(1) 心理素养指创业者的行为习惯和思维方式的内在、深层特质,对个人的创业行为表现起着关键性的作用,包含创业动机、品质、价值与角色定位、自我认知、深层次创业知识五个测评因素。

(2) 创业技能指创业者实现创业目标、有效地利用自己掌握的知识的创业能力,包含机会识别能力、学习开拓与创新能力、社交与资源整合利用能力、组织经营与战略管理能力、风险决策能力五个测评因素。

(3) 创业基础知识指成功创业需要具备的事实型与经验型信息,包含企业运作与市场开发知识、商业基础知识、创业行业背景知识、专业技术基础知识、法律基础知识、对经济形势与产业政策的认知六个方面。

心理素养是内在的、难以测量的,不容易受外界的影响而改变;创业技能和创业基础知识是外在表现,是容易了解与测量的部分,也比较容易通过反复的训练和经验的积累来改变和发展。我们可以开展一系列测评,根据测评情况,对团队成员进行合理的组合和调整。

小组活动 5-1

了解创业测评方法

针对创业测评,这里介绍两个常用的方法。

评估方法一:性格分析

本测试共 25 道题,从性格方面判断被测者是否有创业潜质,不给出具体的分数,侧重直观的感受。

(1) 失望时,你能够处理问题,并恢复积极的状态吗?
(2) 你喜欢引人注目、推销自己吗?
(3) 你擅长组织工作吗?
(4) 你知道如何安排自己的生活,做到自律吗?
(5) 你愿意承担风险吗?
(6) 你想象力丰富,知道如何表达自己的想法吗?
(7) 你能够把不利的事情转化为机会吗?
(8) 你有勇气、有耐心吗?
(9) 若你开始创业,你的家人能够理解你的不自由状态吗?
(10) 你知道如何为自己的信念而奋斗吗?
(11) 你喜欢和人打交道吗?
(12) 你有管理经验吗?
(13) 你害怕做日常工作吗?
(14) 你可靠并对自己有信心吗?
(15) 当你真正相信某人某事时,你能做到不在乎别人的看法吗?
(16) 你具有影响他人的能力吗?
(17) 别人认为你是一个充满活力、积极向上的人吗?
(18) 你绝大多数时间喜欢单独工作吗?
(19) 你喜欢和陌生人交谈吗?
(20) 每天早晨你都抱着积极的态度醒来吗?

(21) 你的财务情况稳定吗？
(22) 你做完案头准备工作——研究与所要创建的企业相关的一切资料了吗？
(23) 你知道如何自嘲吗？
(24) 你能轻易地控制自己的脾气吗？
(25) 你很容易感到厌倦吗？

如果被测者对上述25个问题给出了较多肯定的答案，则拥有较好的创业潜质。

评估方法二：创业倾向和素质测试

1. 创业倾向

(1) 你的父母、近亲属、好朋友中有没有创业成功的人？
(2) 在你成长的过程中，你家里人有没有做买卖的经历或经验？
(3) 你年少时有没有自食其力，如靠打工、摆摊赚钱的经历？
(4) 你在校时的成绩是不是并不太出色？
(5) 你在学校里是不是并不太合群？
(6) 你在学校里是否常因行为不合规范挨批评？
(7) 你是否会对长期做同一份工作感到乏味？
(8) 你是否认为如果有机会，你会比你的上司干得好？
(9) 你是否认为自己打球胜过看球？
(10) 你看书时是否对非小说类作品更感兴趣？
(11) 你有没有被解雇或被迫辞职的经历？
(12) 你是否倾向于说干就干，而不是再三盘算、计划后再干？
(13) 你是否常因工作或个人问题而失眠？
(14) 你是否认为自己是个有决断、较实际的人？
(15) 你是否会积极参加集体活动？

以上15个问题，答"是"的给1分，答"否"的给0分。假如得分在12分及以上，那么创业倾向不明显；假如得分低于12分，那么创业倾向较明显。

2. 创业基本素质

(1) 你认为自己很勇敢吗？
答"是"加1分，否则减1分。

(2) 你是个出色的学生吗？
答"是"减4分，否则加4分。

(3) 在校时你热衷于集体活动吗？
答"是"减1分，否则加1分。

(4) 你宁愿独处吗？
答"是"加1分，否则减1分。

(5) 孩提时，你送过报纸、卖过柠檬水或从事过其他小型的经营活动吗？
答"是"加2分，否则减2分。

(6) 你曾是一个执着的孩子吗？

答"是"加 1 分，否则减 1 分。

(7) 你十分谨慎吗？

答"是"减 4 分，否则加 4 分。如果你很爱冒险，另加 4 分。

(8) 你担心别人怎么看你吗？

答"是"减 1 分，否则加 1 分。

(9) 你是否厌烦日复一日、如出一辙的单调生活？

答"是"加 2 分，否则减 2 分。

(10) 你会动用你所有的积蓄去涉足新的领域吗？如果它可能让你的投资成为泡影，你仍会投资吗？

答"是"加 2 分，否则减 2 分。

(11) 如果你刚投资的事业失败了，你会立刻着手开始另一项事业吗？

答"是"加 4 分，否则减 4 分。

(12) 你是乐观主义者吗？

答"是"加 2 分，否则减 2 分。

如果得分在 20 分以上，则表明个人具备较好的创业素质；得分为 0～19 分，虽不理想，但仍可努力；如果得分为 -10～-1 分，还是以不独创自己的事业为宜；得分低于 -10 分，说明个人的才能可能在其他方面。

3. 创业专业素质

(1) 你知道哪些力量在影响着市场吗？具体地说，你对经济指标有多少了解？

(2) 你做计划和预算的能力怎样？

(3) 你对财务管理及控制有多少了解？

(4) 你能否亲自进行日常管理工作？

(5) 你对进货和存货控制的了解程度如何？

(6) 你对市场分析、预测是否在行？

(7) 你认为自己对市场需要哪些产品（或服务）有没有敏锐的感觉？

(8) 你对促销、广告宣传的了解程度如何？

(9) 你对让员工建立良好的互助关系有没有把握？

(10) 你对定价有多大把握？这需要对客户需求、进料价格、竞争状况有较全面的考虑。

对上述问题按符合程度进行逐项评分。如果完全不懂则加 1 分，非常清楚则加 5 分。

如果得分在 45 分以上，个人已有充分的准备，可以放手一搏；如果在 35～44 分，可以尝试一下，并就薄弱环节尽快补课；假如在 35 分以下，最好再加一把劲，比如找一些书籍自学，在他人的公司里工作一段时间，进修一些课程，或系统地向别人请教。

典型案例 5-1

《奇迹·笨小孩》中的创业团队

电影《奇迹·笨小孩》中,一群平凡的成员组成了一个团队,为了办好景电子元件厂,团队协作、共同努力,创造了非凡的业绩。在创业初期,他们面临各种困难和挑战,缺乏人员、厂房和设备,资金也十分紧张。尽管团队成员都是普通人,但他们都有着各自的优点,通过团队合作发挥优势,最终走向了成功。影片的主人公景浩面对困境从不放弃,不断寻找机会和解决方法,在团队中属于领导型人物,能引领团队走向正确的方向,把握创业目标,在危机时刻给团队信心,帮助团队找到解决问题的关键方法;技术天才"小胖子"在拆解机器和组装零件中发挥了自己的作用,帮助团队解决技术上的问题,属于创业团队中的技术型人才;敬业的工程师在创业团队遇到特殊问题时总能挺身而出,给出自己的解决方案……这个小团队生动展现了努力、坚持和合作的重要性,通过相互支持与合作,最终实现了自己的目标。在创业环境快速变化的时代,团队精神已经成为一种重要的素养。只有懂得与他人合作,发挥各自的优势,才能实现更大的目标。

四、组建创业团队的工具

1. 团队组建工作表

团队组建工作表主要列出了团队组建过程中的关键工作项目及具体内容要求,可以帮助团队管理者快速、高效地进行团队组建(表5-3)。

表 5-3 团队组建工作表

工作项目	内　　容
目标确定	长期:团队愿景,长远战略目标
	短期:近期可实现的目标
职权明晰	团队成员的职责与权力范围
期限明确	目标实现的期限,根据阶段目标合理分解
计划制订	为实现目标拟订的具体行动计划与实施方案
结果预期	期望获得的结果,包括业绩及团队建设方面的成果
资源分析	对能够支撑团队目标实现的人力、技术、资金、硬件等资源进行分析,是否具备,还缺什么资源
风险分析	实现目标存在的障碍或者困难,尤指使发展受限的因素及潜在的风险

续 表

工作项目	内 容
能力分析	团队实现目标所需要的知识、经验和技能,具体包括专业知识、解决问题的能力、决策能力、人际关系能力、团队技能等
人员规划	团队所需人员规模、人员素质与能力要求及具体的职责分工,侧重于满足技能组合的需求
章程制定	包括使命与目标、团队文化、决策原则、团队行动纲领、职责与分工、绩效考核方法、与利益相关者的关系处理、团队成功的度量标准
任务分解	将团队的共同目标与任务按人员分工、时间进度分别进行分解,并明确责任人和具体的期限
个人计划	团队成员根据团队目标与任务分解要求拟订个人计划并付诸实施

2. 团队角色分工讨论表

团队角色分工讨论表主要列出了团队角色分工情况(表5-4)。可以要求每一位团队成员填写该表,然后对各成员的回答进行比较、分析,并将其作为团队角色分工讨论的重要内容。它可以帮助团队管理者快速、高效地进行角色分工。

表5-4 团队角色分工讨论表

团队成员角色分工拟定(讨论之前由团队领导者填写)		
团队成员姓名	职 务	工 作 职 责

角色分工的模糊内容	
本人角色分工中的模糊内容	
他人角色分工中的模糊内容	
重叠或冲突的角色及说明	
团队成员需共同承担的责任	
团队需承担的其他责任	

3. 团队成型评估表

团队成型评估表主要用于评估和检查所建立的团队是否已经成型(表5-5)。这一评估可以帮助团队管理者找出关键问题,并提出相应的改进方案。

任务二 组建创业团队

表 5-5　团队成型评估表

评 估 内 容	是	否	存在问题
目标是否明确、有激励性并得到了团队成员的共同认同			
目标与任务是否在团队内部得到了合理的分解			
团队成员的职责分工是否明确、合理			
在决策制定、知识技能、问题解决、人际关系、团队经验等方面,团队成员之间是否形成了互补性的组合			
团队是否经常组织召开沟通交流会,共同分享认知,并进行坦诚、开放的互动、讨论			
团队成员是否彼此高度信任、相互支持			
团队能否高效完成近期布置的工作任务			
团队成员是否愿意共同承担责任,并保持振奋向上、协作进取的精神			
团队是否形成了成员共同认同的内部文化、行动纲领			
团队是否有清晰一致的工作方式并充分发挥了各成员的能力			

改进方案:

4. 团队目标评价表

团队目标评价表主要用于评估团队目标的科学性与可行性,帮助团队管理者准确判断团队目标是否科学合理、现实可行,并通过评估发现问题,提出相应的改进方案(表 5-6)。

表 5-6　团队目标评价表

| 评 估 指 标 | 分数 | 达成度 | | | | | 得分 |
		100%	80%	60%	40%	20%	
团队目标与企业战略目标匹配,并能够促进企业战略目标的实现	10						
团队目标由团队成员共同决定且一致认同	10						
团队目标清晰、简明	10						
团队目标分为长期的远大目标与短期内可实现的目标	10						

续 表

评 估 指 标	分数	达成度 100%	80%	60%	40%	20%	得分
团队目标已经被转化为具体的、可衡量的绩效目标	10						
团队目标已经按时间进度、人员分工进行了分解,大家一致认同	10						
团队目标已经按轻重缓急排列,大家一致认同	10						
分解目标或者关键里程碑充分反映了团队目标实现过程中的关键点	10						
团队目标要求全体成员做出努力,且能够充分发挥全体成员的能力优势	10						
每位成员都能够正确理解团队目标及个人的分解目标	10						
合 计	100						

评估意见	
存在问题	
改进方案	

5．团队建设绩效评估表

团队建设绩效评估表主要用于评估团队绩效并检查团队建设过程中存在的问题(表5-7)。具体考核指标包括结果导向与过程控制两类,可以帮助团队管理者从结果、过程两方面评估团队建设的绩效,同时查找问题的原因,并提出相应的改进方案。各项评估指标的权重可根据团队实际情况进行调整。比如,对服务行业性质的企业而言,"顾客满意"的权重应该比较大。

表 5－7　团队建设绩效评估表

评 估 指 标	分数	达成度 100%	80%	60%	40%	20%	得分
结果导向类指标	60						
1. 达到业绩目标	20						
2. 如期完成工作	10						
3. 工作质量达标	10						
4. 顾客满意	10						
5. 团队成员的整体素质和能力水平提高	10						
过程控制类指标	40						
1. 团队的愿景、使命、价值观、组织结构、组织章程及规章制度有书面说明	2						
2. 团队拥有清晰、成员共同认可的目标	2						
3. 团队章程符合实际且大家认同	2						
4. 团队拥有成员一致认同的价值观	2						
5. 团队为实现目标制订了行动计划	2						
6. 团队对目标及任务按照成员分工、时间进度进行了合理分解	2						
7. 团队成员权限清晰、职责分明	2						
8. 团队成员清楚加入团队的益处	2						
9. 团队成员的职能角色实现了定期轮换	2						
10. 团队按照共同约定的授权范围及决策原则进行每一项决策	2						
11. 团队制定的决策得到了成员的一致同意	2						
12. 团队制定了科学完善的规章制度、工作流程，并及时检查遵守情况,持续改进	2						
13. 团队始终致力于提升绩效、优化团队内部技能组合	2						
14. 团队会议定期召开且效率高	2						
15. 团队成员间沟通开放、坦诚,相互促进,协同性强	2						

续 表

评 估 指 标	分数	达成度 100%	80%	60%	40%	20%	得分
16. 团队拥有高效解决内部冲突、问题的机制	2						
17. 团队成员乐于接受新的思想、观念与信息,能保持较强的创新力与变革力	2						
18. 团队能够建设性地解决各种难题	2						
19. 团队根据培训需求制订并实施持续培训计划	2						
20. 团队成员参与性、凝聚力强,追求卓越,渴望取得成就	2						
合　计	100						

评估意见	
存在问题	
改进方案	

典型案例 5-2

从《西游记》看创业团队的合作

《西游记》作为中国古典四大名著之一,不仅包含了博大精深的传统文化,而且蕴含了丰富的现代创业管理之道。如果把唐僧师徒四人看成一个创业团队,那么这个团队的创业目标就是去西天取经。他们成功实现既定目标的经验对于现代的创业团队来说具有很大的借鉴意义。那么,为什么唐僧师徒能够成功?他们取得成功的关键在哪里?

第一,唐僧是一个十分确定自身目标并且执着于自身追求的人,他的信念始终坚定不移。第二,唐僧具有凝聚团队的能力。比如,孙悟空敢想敢做,且极具创造性,是团队中不能缺少的人物,但是这种人往往个性太强,具有强烈的自我意识,容易与其他成员产生矛盾。这时,就需要领导者从中调解,增强团队的凝聚力。第三,这个团队的每个成员都有自己所长。孙悟空能力超群,有丰富的人脉,在西天取经的路上获得了很多人的帮助。猪八戒虽然好吃懒做,但性格温和、诙谐,在漫漫的西行之途中总能为大家带来欢乐,还是唐僧和孙悟空之间沟通的桥梁。沙僧虽然看似可有可无,但任劳任怨、踏实肯干、善良忠心,在团队中承担了后勤类的工作,并且持之以恒。他在团队里一直默默奉献,虽然没有领导和骨干风光,但是能够勤勤恳恳、兢兢业业地完成每一项任务。

从唐僧师徒成功的例子中可以看出,一个优秀的创业团队必须有信念坚定的领导者、具备不同能力的人才,团队成员要具有团队精神,保持稳定发展,还要获得必要的外围资源。只有这样,才能使企业不断地发展壮大,开拓出属于自己的成功之路。

任务三 管理创业团队

创业团队的发展有赖于有效的创业团队管理,既要消除决策分歧,又要解决利益冲突,而这就需要创业团队找到合适的管理策略。创业团队的管理有不同于其他团队管理的特殊之处。

一、如何进行团队激励

创业团队管理是缺乏短期激励手段的团队管理。在创业初期,团队需要时间、精力和资金等资源方面的高强度投入,但短期内无法获得期待的激励和回报,因为创业团队获得回报要以创业成功为前提。成熟企业内部的工作团队则可以凭借资源基础等形成特定的团队激励。常规的激励手段包括股权激励和员工激励。

(一)股权激励

微课:创业团队的管理

股权激励是企业为了激励和留住核心人才而实行的一种长期激励机制,即有条件地给予激励对象部分股东权益,使其与企业结成利益共同体,从而实现企业的长期目标。常见的股权激励有股票期权、限制性股票、股票增值权、虚拟股票等几种形式。

1. 股票期权

股票期权是一种选择权,是允许激励对象在未来条件成熟时购买本企业一定数量的股票的权利。企业事先设定了激励对象可以购买本企业股票的条件(通常称为行权条件),只有当行权条件成熟时,激励对象才有权购买本企业股票(行权),把期权变为实在的股权。

2. 限制性股票

企业预先设定了要达到的业绩目标,当业绩目标达到后,企业将一定数量的股票无偿赠予或低价售予激励对象。这类股票不能任意抛售,受一定的限制。一是禁售期的限制,在禁售期内,激励对象获得的股票不能抛售。禁售期长度因激励对象的不同而不同。

如为企业董事、经理规定的禁售期长于一般激励对象的。二是解锁条件和解锁期的限制。当达到既定业绩目标后,激励对象的股票可以解锁,即可以上市交易。解锁一般是分期进行的,可以是匀速的,也可以是变速的。

3. 股票增值权

股票增值权是企业授予激励对象,使其享有在设定期限内股价上涨产生的收益的权利,同时,其也要承担股价下降的风险。企业授予激励对象一定数量股票的增值权,每份股票增值权均与一股股份对应。企业在授予股票增值权时设定一个股票基准价,如果执行日股票价格高于基准价,则两者的价差就是企业奖励给激励对象的收益,激励对象获得的收益总和为股票执行价与股票基准价的价差乘以获授的股票增值权数量。奖励一般从未分配利润中支出。如果执行日股票价格低于基准价,则其要受到惩罚,按股票执行价与股票基准价的价差的二分之一从激励对象的工资中分期扣除。

4. 虚拟股票

虚拟股票和分红权类似,企业授予激励对象的是一种股票的收益权,而非真实的股票。激励对象没有所有权、表决权,不能出售股票,离开企业后,其收益权自动失效。

(二) 员工激励

激励是一种有效的领导方法,它能直接影响员工的价值取向和工作观念,激发员工创造财富和献身事业的热情。常见的员工激励方式有作风激励、水平激励、情感激励、赏识激励等。

1. 作风激励

每个领导都掌握着一定的权力,在一定意义上说,实施领导的过程,就是运用权力的过程。领导爱岗敬业、公道正派,就能有效地督促下属恪尽职守,完成工作任务。风气建设是最基本的组织建设。领导的作风在风气激励中起着决定性的作用。

2. 水平激励

领导的知识水平和工作能力是领导水平的重要体现,这就要求领导善于捕捉各种信息,扩大知识面,使自己具备一种不断同外界交换信息的、动态的、不断发展的知识结构。当代员工都有日趋增强的成就感,他们都希望以领导为参照,发展自己的知识和才能,更好地实现个人价值的提升。高水平的领导能产生强大的非权力影响力,来增强组织的凝聚力。

3. 情感激励

情感需要是个人最基本的精神需要,因此,领导要舍得进行情感投资,重视人际沟通,和员工建立感情联系。情感联系一经建立,员工就会把快速、优质地完成领导交办的任务视为情感上的补偿,甚至不去计较工资、奖金等。要想建立情感联系,领导必须改变居高临下的工作方式,变

任务三 管理创业团队

单向的工作往来为全方位的立体式往来,在广泛的信息交流中建立新的领导行为模式。领导会从这种无拘无束、员工没有心理压力的交往中得到大量有价值的信息,增强彼此间的信任感。

4. 赏识激励

社会心理学原理表明,群体成员都有一种归属心理,希望能受到领导的认可和赏识,成为群体中不可缺少的一员。赏识激励能较好地满足这种精神需要。领导要知人善任,对有才干的人,要为其实现自我价值创造尽可能好的条件,对员工的智力贡献,如建议、批评等,也要及时地给予肯定性评价。肯定性评价也是一种赏识,同样能满足员工的精神需要,强化其团队意识。

二、如何解决团队问题

尽管创业团队很难从一开始就是完美的,我们仍应尽可能提前避免问题的发生。创业团队遇到的问题大致可分为以下三种。

(一) 创业态度问题

创业态度是指创业团队对创业目标、利益的认识。这类问题主要表现为团队成员想法不一样、准备不足或劲头不足等。如核心成员缺乏全局观、合作精神,专注于个人或小集体利益,形成宗派顽疾,阻碍企业发展;核心成员不稳定,互不认同,分歧不断,造成团队分裂。这些现象往往在企业发展早期表现得更明显,对企业的伤害也更严重。团队成员在业务方向、做事方式和待遇等方面意见不一致,这种情况持续存在,也会明显减弱企业的执行力。

创业态度不统一会降低项目运转效率,解决方法有加强团队成员筛选和统一思想两种。在团队组建初期,应通过测评、面谈、深入了解等方式,尽可能选择志同道合的团队成员。在团队成型后,团队领导者要多开展理念灌输和有效沟通,让团队成员彼此换位思考,统一思想。

(二) 个体能力问题

个体能力包括创业团队领导者的能力、团队成员的业务能力和执行力。从领导者的能力方面来讲,领导者德才不足,比如心胸狭窄、不能容人、缺乏公正性、任人唯亲,会对团队造成重大影响,让团队成员产生信任危机,严重的将导致团队瓦解。从团队成员的业务能力和执行力方面来讲,个体能力不足,就无法完成团队赋予的任务,会对团队整体目标的实现产生较大影响。

团队领导者只有品德优良,有较强的业务能力,技术过硬,才能带领团队在整体发展之路上前行;成员则要加强业务能力的提升。如果成员不能胜任工作,要尽快向其说明退出条件,不然处得越晚越麻烦,会给后面的团队发展带来很大的负面影响。整个团队分工明确,责权利匹配,执行力才能提升。

（三）合作方式问题

合作方式包括创业团队的结构和工作方式。合作方式问题除了团队结构不合理，还有沟通不畅、无法达成共识等。出现问题的一个原因就是成员缺少全局观。如果无法达成共识，有三个常用方法：一把手拍板、表决、谁负责谁决策。在企业运作过程当中，第一种和第三种方法用得较多。

典型案例 5-3

从《中国合伙人》看创业团队的管理

很少有伟大的企业是由个人单枪匹马建立的，创业需要好的团队。电影《中国合伙人》中的三位主角代表了不同的创业合伙人类型。影片中，主人公们以团队为核心，共同面对挑战，共同分享成功的果实。他们之间的默契配合和相互支持成为企业发展的重要支撑，这充分说明了团队合作在创业过程中的重要性。创业项目的成功，离不开团结、高效、富有创新精神的团队。

在电影中，成东青是当之无愧的老大。做企业领导者，最重要的素质是隐忍、坚强、敢于担当，以及对于企业操盘节奏和火候的合理把控。成东青完全具备这些素质。他静候最佳的上市时机，对股权计划胸有成竹后再抛出，面对不理性的情绪指责时冲锋在前，顶住巨大压力据理力争。他是企业的创始人、掌舵人，更是企业的精神领袖。他属于典型的完美型性格的人，有奉献与牺牲精神，有良好的大局观，宠辱不惊，韧性十足，有主心骨，当断则断。

孟晓骏是首席执行官的最佳人选。他的执行力很强，高度也够，还有足够的爆发力。在企业里，孟晓骏是能领会战略意图并带领团队实现它的人，是开疆拓土、冲锋陷阵的将才。他属于力量型性格的人，长处是在关键问题上把控得好，如他在成东青最需要他的时候重返企业，陪成东青和王阳去美国打官司，不足在于自制力与格局上还有所欠缺。

王阳在企业中类似于创意总监或技术总监，是技术型人才。此外，他还是企业中的"润滑剂"，能调和矛盾。他把孟晓骏重新拉回团队，就是这种素质的体现。

拓展阅读 5-1

创业团队合伙协议书的主要内容

创业团队的合伙协议书是由团队成员共同签署的一份文件，用以明确创业团队成员之间的权利、义务和责任，以及管理团队的运作方式。虽然每个团队的具体情况可能有所不同，但典型的创业团队合伙协议书通常包括以下方面的内容。

（1）合作背景：阐述合作背景，对合伙人之据以合作的资源进行整合、分析，对合伙人各自的角色定位和对项目的贡献进行梳理。

（2）创业项目概述：包括项目类型、经营范围、领域、定位、运营模式、推进计划、发展愿景等。

（3）投资和融资：描述团队的初始投资、融资计划、股权分配、资金的缴纳期限等。

（4）利润与损失分配：规定利润分配的比例、方式及亏损的承担方式。

（5）知识产权：包括知识产权的归属、使用权限、保护措施等。

（6）决策机制：明确决策过程，包括哪些决策需要多数同意、哪些需要一致通过等。

（7）经营管理：包括管理团队的组织结构、职责分配、管理权限等。

（8）决策机构：如设立董事会、管理层，并明确其组成、职责和选举方式。

（9）劳动和劳动条件：包括薪资结构、福利、工作时间、劳动合同等。

（10）保密协议：对商业秘密和技术秘密进行保护的约束。

（11）竞业禁止：对于离职员工在一定期限内不得从事与企业业务相竞争的活动的约束。

（12）退出机制：包括股东如何退出、退出条件、如何处理股份等。

（13）违约责任：一旦违约应承担的责任和赔偿方式。

（14）解决争议的途径：如有争议，应如何通过法律途径解决。

（15）协议的修改和终止：包括在何种情况下可以修改协议、协议的有效期限和终止条件。

（16）其他条款：包括适用法律、附加协议、术语定义等。

创业团队的合伙协议书是保障各方权益、规避风险的重要工具，在制定时要公平、合理，并符合相关的法律法规要求。

拓展阅读 5-2

组建创业团队时的风险成因

1. 盲目照搬成功的组建模式

创业团队的组建基本可以分为三种模式：关系驱动模式、要素驱动模式和价值驱动模式。

（1）关系驱动是指由以创业领导者为核心的人际关系圈内成员构成团队。他们因为经验、友谊和共同兴趣结成合作伙伴，发现商业机会后共同创业。

优点：团队成员间信任度高，沟通顺畅；团队成员可能已经在其他领域有过合作，默契度高；更容易获得来自关系网络的资源和支持。

缺点：关系的远近亲疏可能会成为团队发展的瓶颈；可能过度依赖关系，而忽略了团队成员的专业能力和技能匹配度。

（2）要素驱动是指创业团队成员分别贡献创业所需的创意、资源和操作技能等而构成团队。由于这些要素互补，团队成员处于相对平等的地位。

优点:团队成员技能互补,能够形成合力;如果成员之间磨合顺利,可以缩短创业成功所需的时间;有助于实现专业能力和资源的有效整合。

缺点:如果成员之间磨合不顺利,容易发生解散风险;可能因为过于注重要素匹配,忽略了团队成员之间的契合度。

(3)价值驱动是指创业成员将创业视为实现自我价值的手段,他们的使命感很强,成功的冲动也很强。

优点:团队成员对创业项目的意义和价值有共同的认识,凝聚力强;团队成员更容易达成共识和协作;强烈的使命感能推动团队不断前进,克服困难。

缺点:一旦产生分歧,就可能是路线斗争,妥协的余地较小;可能因为过于追求个人价值而忽略团队的整体利益。

不同的组建模式适用的条件不尽相同。如果盲目照搬照套某种组建模式,会给企业带来巨大的风险。现在应用最广泛的是关系驱动模式,团队的稳定性相对较强,但关系的亲疏远近经常成为团队发展的瓶颈。

2. 团队成员的选择具有随意性和偶然性

创业团队要将个体的力量整合为集体的攻击力,并保持这种攻击力的持久性。英国学者贝尔宾曾经考察了一千多个团队,研究理想创业团队的构成,最后提出了"九种角色"论,即成功的团队必须包含九种不同的角色。这九种角色分别是:提出创新观点并做出决策的创新者;将思想、语言转化为行动的实干者;将目标分类,进行角色职责与义务分配的协调者;促进决策实施的推进者;引进信息、与外部谈判的信息者;分析问题与看法,并评估他人贡献的监督者;给予他人支持并帮助他人的凝聚者;强调任务的时效性并完成任务的完美主义者;具有专业技能和知识的专家。

如果在团队组建初期由于规模和人数的限制,在成员选择方面考虑不够全面,过于随意和偶然,甚至只是因为碰巧谈到创业问题而一拍即合,团队不具备这九种角色,之后又没有及时补充,或是在团队中承担某种角色的人才过多,团队成员之间的角色和优势重复,就会引发各种矛盾,最终导致整个创业团队散伙。

为了降低这些风险,创业者在组建团队时应该采取以下措施:(1)明确团队目标和愿景,确保所有团队成员都对团队的目标和愿景有清晰的认识和认同;(2)基于专业能力、技能和经验严格筛选团队成员,确保团队成员之间具有良好的互补性和协作性;(3)建立有效的沟通机制,加强团队成员之间的沟通和协作,确保信息畅通无阻;(4)制定明确的角色分工和决策机制,明确每个团队成员的职责和权限,确保团队能够高效运作并做出及时、有效的决策;(5)加强团队文化和价值观的建设,增强团队成员的归属感和责任感。

3. 缺乏明确、一致的团队目标

心理学家马斯洛指出,杰出团队的显著特征是成员有共同的愿景与目标。能凝聚人心的愿景是团队合作的基础,目标则是共同愿景在客观环境中的具体化,能够为团队成员指明方向。

事实上,在创业初期,创业团队的目标一般并不十分清晰和明确,可能只有一个模糊的发展方向,有些人甚至不明白自己为什么会走上创业的道路。而且,即使创业领导者的目标明确,也不能保证其他成员都准确理解团队目标的含义。随着创业进程的推进及外界环境的变化,团队成员可能会发现原先确定的目标和现实之间存在差距,必须对目标进行适当调整。此时,如果团队成员的意见难以调和,或是个人目标与组织目标出现较大的不一致,团队就会面临解散的风险。

要制定明确、一致的团队目标,可采用以下方式:(1)在制定团队目标之前,要对市场和行业进行深入的了解和分析,明确市场需求、竞争态势和发展趋势,制定符合实际情况的目标;(2)广泛征求团队成员的意见和建议,确保目标具有广泛的群众基础和可行性,同时充分考虑团队成员的个人意愿和职业规划,使团队目标与其个人目标相契合;(3)团队目标应该是具体、明确、可衡量的,具有可操作性和可验证性,这有助于团队成员清晰地了解自己的工作任务和目标要求,提高工作效率和质量;(4)在明确团队目标之后,要制订详细的实施计划,包括时间表、责任分工、资源配置等,这有助于团队成员按照计划有序地开展工作,确保目标顺利实现。

4. 激励机制不完善

有效激励是长期保持团队士气的关键。如果缺乏有效激励,团队或者组织的生命就难以长久。有效激励的重点是给予团队成员合理的利益补偿。团队矛盾的背后或多或少都存在利益的影响,由此可以看出,利益分配对于创业团队的持续发展有着重要的意义。实际上,在团队组建初期,由于企业前途未卜,各成员在创业企业中的作用和贡献无法准确衡量,团队无法提出一个明确的利润分配方案,可能只是简单地采取平均主义的做法。这样,随着企业的发展和利润的增加,团队成员在利润分配时就会出现争议,导致创业团队解散。

关于完善激励机制和利润分配方式的建议如下:

(1)团队应制定明确的激励机制,包括薪酬、奖金、晋升机会等方面,激发员工的积极性和创造力,同时确保激励机制的公平性和透明度,让员工感到自己的努力和贡献得到了应有的回报;

(2)创新利润分配方式,如股权激励、利润分享,以更好地平衡团队成员之间的利益,这有助于增强团队成员的归属感和责任感,促进团队的稳定和发展;

(3)团队应定期召开会议,就激励机制和利润分配方式进行沟通和协商,通过充分听取团队成员的意见和建议制订更加合理、可行的方案,满足团队成员的合理需求;

(4)团队定期对激励机制和利润分配方式进行评估和调整,根据团队的发展情况和市场变化及时优化和完善相关机制,以确保其适应性和有效性。

> **拓展阅读 5-3**

GROW 模型

提升团队的综合执行力是每一个管理者的核心工作。如何做到这一点呢？管理学中的 GROW 模型是一个非常有效的工具。GROW 模型是一个被广泛应用于教练、领导和个人发展领域的工具，旨在帮助人们设定和达成目标，从而提升团队的综合执行力。

GROW 模型由四个关键要素组成：目标（goal）、现状（reality）、选项（options）、意愿/行动计划（will）。这一模型提供了一种系统性的方法来引导个人或团队制定目标、审视现状、探索可能的行动方案，并最终达成目标。

1. 目标（goal）

首先，团队需要设定清晰、具体、可衡量的目标——这些目标应与团队的整体愿景和战略方向一致，并明确每个成员在达成目标过程中的角色和责任。其次，要确保所有团队成员对目标都有共同的理解和认同，形成团队合力。

2. 现状（reality）

团队需要客观地审视当前的现状，包括资源、能力、限制和挑战等，明确现状与目标之间的差距，识别出需要改进的领域。

3. 选项（options）

团队应集思广益，探索各种可行的行动方案，并对每个方案进行评估，考虑其可行性、成本效益和潜在风险等因素，选择最合适的解决方案，以缩小现状与目标之间的差距。

4. 意愿/行动计划（will）

根据选定的方案制订详细的行动计划，明确每个步骤的时间表、责任人和所需资源。团队成员需要建立对目标的承诺和决心，通过持续努力和协作来执行计划。团队还要定期评估计划的执行情况，根据实际情况进行调整和优化，确保团队朝着目标不断前进。

GROW 模型提供了一个系统的框架，能帮助团队有条不紊地推进工作；通过鼓励团队成员参与目标设定和方案选择等过程，增强团队的凝聚力和归属感；允许团队根据实际情况进行灵活调整和优化，以适应不断变化的市场环境和内部需求；通过明确的目标、详细的计划和持续的努力，提升团队的综合执行力和绩效水平。

> **拓展阅读 5-4**

创业相关的法律案例

1. 合伙经营火锅店，管理不善导致财务清算纠纷

曾某、赵某、张某三人签订了合伙合同，共同经营一家火锅店。曾某投资 84.5 万元，占股 65%；赵某投资 26 万元，占股 20%；张某投资 19.5 万元，占股 15%。曾某

和赵某负责火锅店的实际经营管理,张某不参与经营管理。

火锅店成立之初生意尚可,但逐渐惨淡,入不敷出,后被迫停止营业。合伙终止后,张某与曾某、赵某就合伙期间是否有剩余财产可分配产生争议。张某对曾某、赵某提供的财务收支账目不服,将曾某、赵某起诉至法院,要求返还其投资款19.5万元。

审理中,法院委托鉴定机构对合伙期间的财务账目进行鉴定,但曾某、赵某无法提供完整规范的财务资料,导致鉴定不能。法院认为,曾某与赵某作为实际经营管理人,未妥善保管好财务资料,造成财务资料不齐全、不规范;在合伙终止清算时,无法提供完整规范的财务资料,导致财务审计不能,盈亏不明,依法应当承担合伙事务不能清算产生的不利后果。同时,法院也指出,张某虽未参与实际经营管理,但作为合伙人,不参加曾某与赵某召集的合伙会议,不回应曾某与赵某提供的对账单,怠于执行合伙事务,其自身具有过错,应承担相应责任。综上,根据双方过错程度,法院判决由曾某和赵某对张某的投资款承担50%的返还责任,即共同返还张某投资款9.75万元。

案例分析:

这个案例展示了团队管理不当,特别是财务资料管理不善在创业过程中可能造成的法律后果。作为合伙企业的实际经营管理人,曾某和赵某未履行好管理职责,导致财务资料缺失,无法进行有效的财务清算,损害了合伙人的利益,也破坏了合伙企业的信誉和稳定性。

同时,这一案例也提醒我们,在创业过程中,合伙人之间应建立有效的沟通机制和监督机制,确保财务资料的完整性和规范性。不参与实际经营管理的合伙人也应积极参与合伙人会议,行使监督权,共同维护合伙企业的利益。

此外,这一案例还强调了法律在解决合伙纠纷中的重要作用。当合伙人之间发生争议时,应依法寻求解决途径,通过法律手段维护自己的合法权益。

2. 校园创业中,团队合作导致的法律纠纷案

李明、王强和张伟三名同学共同创立了一个校园电商平台,旨在提供便捷的校园生活服务。三人基于友谊和共同愿景,未签订详细的合伙协议即开始了创业之路。然而,随着项目的推进,团队合作中出现了诸多问题。

一是权责不清。由于初期未签订明确的合伙协议,三位合伙人在公司运营过程中对于各自的职责和权利界限模糊不清,在决策、执行和利益分配等环节频繁出现分歧和冲突。

二是财务管理混乱。由于缺乏专业的财务管理知识和经验,公司财务记录不规范,资金流转不透明,这引发了合伙人之间的不信任和猜疑,进一步加剧了团队内部的矛盾。

三是意见不合。随着公司的发展,三位合伙人在公司战略、市场定位、营销策略等方面产生了严重分歧。由于缺乏有效的沟通和协商机制,这些分歧无法得到妥善解决,最终演变为不可调和的矛盾。

在上述背景下，李明感到自身权益受到侵害，提出解散公司的请求，要求对公司资产进行清算和分配，并要求另外两人承担相应的法律责任。

案例分析：

为避免类似法律纠纷的发生，校园创业者在合作初期应注意以下几点：

（1）签订详细的合伙协议，明确各合伙人的职责、权利、利益分配、违约责任等关键条款，为未来的合作奠定坚实的法律基础；

（2）建立规范的财务管理制度，确保公司财务记录清晰、透明，定期向所有合伙人公开财务报告，增强彼此之间的信任；

（3）建立有效的沟通和协商机制，及时解决合作过程中出现的分歧和冲突，维护团队的和谐稳定；

（4）在创业过程中遇到法律问题时，及时咨询专业律师或法律顾问，确保自身权益得到保障。

通过上述措施，校园创业者可以有效降低团队合作不当导致的法律风险，为公司的稳健发展创造更加有利的条件。

项目六　拓展目标市场

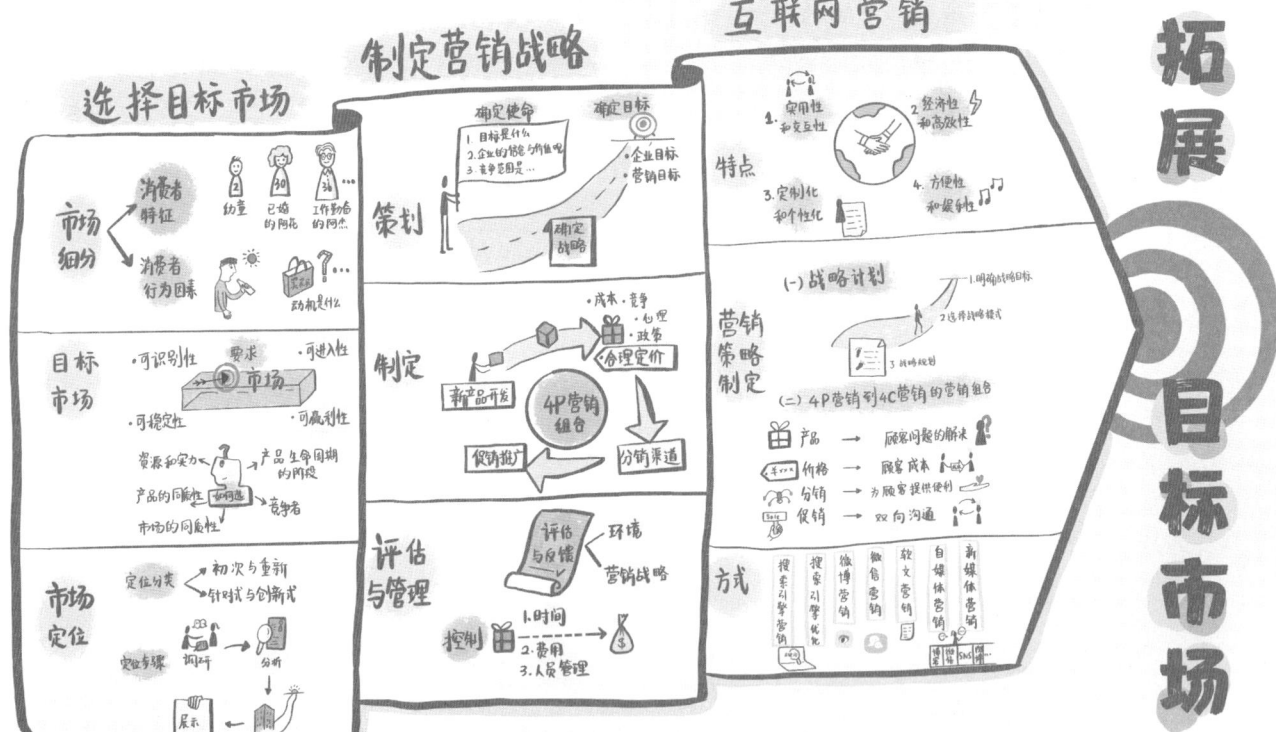

项目描述

当你有了一个好的创业想法,正确地定位目标市场和客户,才能更有针对性地实施营销策略,从而实现创业想法。本项目旨在让同学们掌握对目标市场和客户的定位方法,学会科学地制定市场销售策略,熟悉互联网营销的基本方法,了解互联网时代的新型市场营销策略,从而有效地帮助初创团队获得市场份额。

预期目标

1. 掌握市场的概念和分类,了解互联网营销。
2. 能运用STP策略分析目标市场,能制定和实施科学的营销策略。
3. 树立营销理念,认识到市场工作的重要性,养成积极、审慎的创业态度。

项目准备

观察学校周边的商业类型

1. 活动目标

通过观察学校周边的商业类型,了解学校周边市场的情况。

2. 活动步骤

(1) 调查学校周边有哪些商业类型。
(2) 调查哪些商业类型最常见。
(3) 分析这些商业类型分别是用什么方式获得消费者的。

任务一 选择目标市场

从狭义上来看,市场指的是买卖商品的场所。过去,当交易双方开展买卖活动时,市场是一个有限的区域。如今,交易双方可以采用电话、互联网、移动终端等现代化手段进行联系,市场就无处不在了。

从广义上来看,市场指的是一定时间、地点条件下,商品生产者、中间商和消费者之间交换关系的总和,也就是商品交换的总体。

市场是一个复杂的、多层次的动态概念。在选择目标市场时,可以从现代市场营销理论中营销战略的三大核心要素STP,即市场细分(market segmentation)、目标市场(market targeting)、市场定位(market positioning)入手。

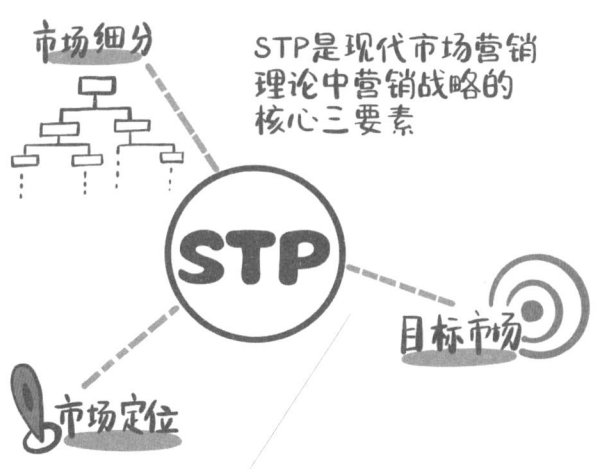

一、市场细分

市场细分的概念是美国市场营销学家温德尔·斯密于20世纪50年代中期提出的。市场细分指的是通过市场调研,根据顾客对产品或服务的需求、欲望、购买行为和购买习惯等方面的差异,将某一特定产品的市场整体划分为若干消费者群的市场分类过程。每一个消费者群就是一个细分市场。企业应了解不同的细分市场,选择其中的一个或几个作为准备进入的目标市场,并针对该目标市场的特点,制订和实施适当的营销组合方案,以满足目标消费者的需求。

进行市场细分的主要目的是深入了解目标市场的需求和特点,从而制定更为精准和有效的营销策略。通过市场细分,企业可以更好地识别哪些市场中的机会最大,哪些市场最适合自己的产品或服务,以及哪些市场需要特别关注。市场细分还有利于企业发现市场机会,制定最佳营销组合策略,增强企业的市场竞争力。

市场细分的基础是存在导致需求异质性、多元化的各种因素,它们使顾客的需要、动机和行为不尽相同。用以细分市场的因素有两类:一类属于顾客的特征因素,如地理因素、人口因素和心理因素;另一类属于顾客的反应因素,主要包括各种行为因素。

微课:市场细分

(一)消费者市场的细分标准

1. 依据消费者的特征细分市场

(1)地理细分。地理因素是一种传统的市场细分标准。早期企业的规模、产量有限,受交通、运输成本制约,往往只需,也只能以所在地作为目标市场。现代营销理论依然认为,生活在不同的地方的消费者会有不同的需求和爱好,并对产品及营销手段产生不同的反应,主要体现在以下几个方面。

①气候条件不同会造成不同的消费需求。例如,冬季我国北方寒冷干燥,南方温暖潮湿,北方和南方的消费者对御寒用品的需求大相径庭。

②人口密度不同会造成不同的消费需求。例如,城市、郊区和乡村存在生活空间等方面的差异。

③城镇规模不同会造成不同的消费需求。例如,特大城市、大城市、中等城市、小城市、县城与乡镇的消费需求存在差异。

(2)人口细分。企业往往可以从年龄、性别、收入、家庭生命周期、职业、家庭规模、受教育程度等角度继续考察并细分市场。

(3)心理细分。不同消费者群体的心理特征可能表现出较大差异。企业也可以根据消费者的生活方式和个性特点等细分市场。

2. 依据消费者的反应细分市场

(1)时机与场合。根据消费者购买或使用产品的时机、场合区分不同的群体有助于扩展产品使用范围。例如,橙汁是一种清凉解暑的饮料,企业可尝试促使消费者将其用于佐餐,在宴席或者其他场合代替酒类。

(2)追求的利益。企业可以依据消费者为什么消费及期望得到什么利益进行市场细分。

(3)使用情况。可以将消费者细分为未使用者、曾经使用者、潜在使用者、首次使用者及经常使用者等。市场占有率高的企业喜欢把潜在使用者转变为使用者,中小企业则注重稳定经常使用者,吸引曾经使用者和首次使用者。

(4)使用量。依据购买、使用产品的数量,可以将消费者区分为少量使用者、中量使用者及大量使用者。大量使用者虽然在总人数中占比重小,但是占消费量的比重大,并且往往具有某种共同的特征。

(5)品牌忠诚度。部分消费者对某个品牌有特别的喜好后,就会形成一种购买习惯。

(6)购买的准备阶段。可以根据消费者购买的准备阶段进行市场划分,例如,有的消费者还不知道此产品,有的已经知道此产品,有的对此产品产生了兴趣,有的正打算购买此产品。据此进行市场细分,可以采取不同的营销策略。

(7)态度。可以根据消费者对产品的态度进行市场细分,如可以将其分为持热情、肯定、无所谓、否定、敌视等不同态度的群体。

(二)生产者市场的细分标准

1. 最终用户

在生产者市场中,不同的最终用户对同一种产品追求的利益不同,通常会在产品的型号、规格、功能等方面提出不同要求。

2. 客户规模

以客户对企业产品的需求量大小来判断,可以对生产者市场进行细分。

3. 工业区域

由于工业生产对交通、资源等条件的依赖性以及生产的相关性,生产者市场与消费者市场相比更为集中,往往会形成工业区。

4. 组织类别

组织类别主要包括非营利性组织(如政府、学校、民间团体等)和营利性组织(企业)。

二、目标市场

(一) 目标市场应满足的要求

目标市场就是进行市场细分后,企业准备以相应的产品和服务满足其需要的子市场。它可以是一个或若干个细分市场,也可以是整个市场。企业选择的目标市场必须具备以下四种性质。

1. 可识别性

可识别性即顾客的特征、范围、规模及购买力等资料、数据能通过调研、分析或其他方式获得,以便衡量该市场的价值。也就是说,企业能够获得必需的资料、数据以描述目标市场,明确目标市场的概貌。

2. 可进入性

企业要能够进入选定的细分市场,有人、财、物等与之匹配,并能发展出足以有效覆盖目标市场的营销组合。

3. 可盈利性

目标市场的顾客数量、购买力与发展潜力能使企业有利可图,实现预期的效益。

4. 稳定性

目标市场的性质、特征应能保持相对稳定。如变化过大,企业难以把握其变化发展趋势,会增大企业风险。

(二) 目标市场的选择模式

1. 市场集中化

市场集中化是指企业选择一个细分市场,提供一种产品。优点在于企业专注一个细分市场,更容易深入了解该细分市场需求的特点;产品更符合该市场需要,可能树立起特别的声誉。缺点在于如果该市场出现突变,企业就会面临危机;强大的竞争对手进入,会令企业在应对上措手不及。

2. 产品专门化

产品专门化是指企业同时向几个细分市场提供同一种产品,产品的档次有所不同。优点在于能分散企业经营风险,即使其中某个细分市场不景气,企业仍可以从其他细分市场中盈利;企业可以在该产品领域形成技术优势,树立起良好形象。缺点在于如果该产品被一种全新的产品所替代,企业就会陷入危机。

3. 市场专门化

市场专门化是指企业专门向某一顾客群体提供他们所需要的各种产品。优点在于企业生产、经营的产品类型众多,能有效分散经营风险。缺点在于当这类顾客需求降低时,企业会陷入危机。

4. 选择专门化

选择专门化是指企业选择几个联系较少的细分市场作为目标市场。优点在于能够最大限度地分散企业的经营风险,即使企业在其中一个细分市场陷入亏损,在其他细分市场中还可以盈利。缺点在于由于选择的多个细分市场相关性不强,企业难以共享自身资源,造成资源分散,可能不但不能分散风险,反而会加剧风险。

5. 市场全面化

市场全面化是指企业进入各细分市场,用各种产品去满足各种顾客群体的需求。市场全面化要求企业具有雄厚的实力,它是企业为占据市场领导者地位采用的战略,一般很少使用。

小组活动 6-1

今 天 我 来 说

各小组讨论、总结,列举三种市场战略的现实案例并加以说明,每组分享时间为 3 分钟。

(三)选择目标市场时应考虑的因素

影响目标市场选择的因素主要包括资源和实力、产品的同质性、市场的同质性、产品生命周期阶段、竞争状况。

1. 资源和实力

人力、物力、财力及信息等资源不足、实力有限时,不宜把整个市场作为目标市场。中小企业多采用密集型市场策略;而对实力雄厚的大企业而言,差异化市场策略与无差异市场策略均可根据需要选用。

2. 产品的同质性

同质性产品,如大米、钢铁、食盐本身差异较小,适合采用无差异市场策略。设计变化较多的产品,如服装、食品、汽车和家用电器则宜采用差异化市场策略或密集型市场策略。

3. 市场的同质性

市场的同质性指若干细分市场中顾客的爱好相似,各时期的购买数量相近,对营销刺激的反应也大致相同的性质。这种情况下可采用无差异市场策略,反之则应采用差异化市场策略或密集型市场策略。

4. 产品生命周期阶段

推出新产品时,通常应先采用无差异市场策略或密集型市场策略;产品进入成熟期后,应逐渐转向差异化市场策略,或用密集型市场策略开拓新市场。

任务一　选择目标市场

5. 竞争状况

若竞争对手积极进行市场细分，实施差异化市场策略，本企业采用无差异市场策略，则一般难以奏效。此时应通过更有效的市场细分寻找新的机会，采用差异化市场策略或密集型市场策略。若竞争对手采用无差异市场策略，而本企业采用差异化市场策略，则通常能有所得。面对强大的竞争对手时，也可采用密集型市场策略。

三、市场调研与市场定位

（一）市场调研

市场调研是指为了提高产品的销售决策质量，解决产品销售环节中的问题或根据特定的决策问题，运用科学的方法有目的地收集、统计资料及调研结果的过程。

1. 市场调研的作用

在现代市场经济条件下，企业的运营环境是不断变化的。环境的变化给企业带来了发展的机遇，也带来了生存的威胁。市场调研的重要性主要体现在以下两个方面：首先，通过市场调研，创业者可以充分了解目前的市场形势，及时调整产品及营销策略，不断发现新的市场机会，解决面临的问题，规避市场风险；其次，顾客的需求是不断变化的，通过及时的市场调研，可以掌握顾客的意向和动态。

2. 市场调研的方法

（1）文案调研，主要是对二手资料的收集、整理和分析，主要渠道有网上资料搜索和图书馆书籍检索等。

（2）实地调研，可采用询问法、观察法和试验法。

询问法是调查人员通过各种方式向被调查者发问或征求意见，以搜集市场信息的方法，包括深度访谈法、GI座谈会法、问卷调查法等。问卷调查法又可分为电话访问法、邮寄调查法、留置问卷调查法、入户访问法、街头拦访法等。

观察法是调查人员在调研现场直接或通过仪器观察、记录被调查者行为和表情，以获取信息的调研方法。

试验法是通过实际的、小规模的营销活动调查关于某一产品或某项营销措施执行效果等市场信息的方法，关注的主要内容有产品的质量、品种、商标、外观、价格、促销方式及销售渠道等，常用于新产品的试销和展销中。

（3）特殊调研，如固定样本法、零售店销量法、消费者调查组法等持续性实地调查法，投影法、推测试验法、语义区别法等购买动机调查法，CATI（电脑辅助电话访问系统）计算机调查法等。

（4）竞争对手调研。"知己知彼，百战不殆"一语说明了竞争研究的重要性。在市场竞争日趋白热化的今天，不了解竞争市场情况，不了解竞争对手,就没有胜算。竞争研究的根本目标是通过搜集一切可获得的信息来查清竞争对手的状况,包括产品及价格策略、渠道策略、营销策略、竞争策略、研发策略、财务状况及人力资源状况等,以发现其竞争弱势点,帮助企业制定恰如其分的进攻战略,扩大自己的市场份额。对竞争对手的优势,则需要制定回避策略,以免发生对企业利益造成损害的事件。

3. 市场调研的步骤

市场调研的步骤如表6-1所示。

表6-1 市场调研的基本步骤

序号	步骤	内容
1	确定市场调研的必要性	
2	定义问题	
3	确立调研目标	
4	确定调研设计方案	
5	确定信息的类型和来源	
6	确定收集资料	
7	设计问卷	
8	确定抽样方案及样本容量	
9	收集资料	
10	分析资料	
11	撰写调研报告	

典型案例6-1

匠心传承,筑梦非遗

徐家兴是金华职业技术学院(今金华职业技术大学)2016届毕业生,也是一名"95后"非遗传承人,是古婺文化的传播者、大学生创业的先锋。他怀揣梦想,用心创立自己的品牌,为自己的产品插上互联网的翅膀,让非遗糕点走得更远。

徐家兴出生在浙中传统糕点世家,与金华传统糕点之间有着割不断的情缘。他的奶奶是金华第一家,也是唯一一家国营糕点厂的金牌糕点师,掌握40多种传统糕点的制法。徐家兴耳濡目染,从小就在奶奶的严格指导下学习糕点制作。

传统糕点是中华传统美食的重要组成部分,但是随着时代的发展,它渐渐不再受人们的喜爱。看着家里的糕点作坊生意日益萧条,徐家兴很着急。2016年,出于对传统糕点难以割舍的情怀,徐家兴成立了金华工匠食品贸易有限公司,并注册了商标"糖古"。

成立公司后,最现实的问题就到了眼前。传统糕点重油、重糖,工艺烦琐,投资回报不高,这些难题一度让徐家兴一筹莫展。经过反复思索,徐家兴决定从市场中寻找突破口。他走访了金华的老一辈糕点制作师,发现传统糕点既要保持不变,又要求改变,不变的是风味传承,变的是制作理念。徐家兴用了近两年的时间,经过200余次食材配比、300余次反复试验改良,成功研发出"三低一无"配方工艺,包括60道工序。他开发的"紫回回"糕点独创性使用植物色素红曲粉,废除胭脂红这一传统添加剂,既保证了口味,又保证了健康,获得了质量监督管理局的认证。2017年,凭借传统工艺、独家配方、谱系传承、社会反响,他的创业项目被评为"金华非物质文化遗产"项目,徐家兴被评为金华市非遗传承人,公司也成了金华地区唯一一家由非遗传承人创办的糕点企业。徐家兴还积极参加各类创业比赛、展会、年会,让"糖古"渐渐走入人们的视野。

在这样一日复一日的辛苦坚持中,公司的生意越来越好。毕业后,他更是全身心投入糕点创新,不断钻研,开发了经典、养生、轻奢、节庆、婚庆五大系列的40多种产品。根据南宋时期婺式月饼的制作手法,经过水泡、蒸熟、磨粉、拌馅料等10多道工序,他还原了800年前的古婺月饼,为了迎合更多的消费者,又创新性推出了五仁、芝麻、蔓越莓、巧克力等多种口味。婺式月饼一经推出就供不应求,中秋节当月的销售额就达100余万元。

"要进步,就不能止于眼前,要不断创新。"销量提高后,徐家兴又在传统门店模式的基础上,开通了微店、淘宝、天猫等线上销售,目前与天猫超市、京东、淘宝等7个国内主流电商平台上的22家知名皇冠店铺达成合作,成为这些平台直营的供应商。此外,徐家兴还率先提出了传统糕点与私人订制结合的理念,如与金华旅游部门合作,结合二十四节气开发了24款高端金华非遗伴手礼。"网络时代瞬息万变,走以前的老路已经无法跟上消费者的步伐,必须时刻关注市场的发展,才能立于不败之地。"徐家兴说。

如今,"糖古"的年营业额破500万元,直接带动就业100余人。怀着弘扬非遗文化的梦想,徐家兴还通过合作成立了金华首家非遗体验中心和浙江省首家非遗学院,得到了政府的高度认可和支持。他希望由此让更多人了解非遗文化和传统糕点,让前人留下的手艺得到发扬光大。

(二)市场定位的定义和分类

市场定位是针对顾客对企业产品某些属性的重视程度,确定产品相对于竞争对手的产品而言在目标市场中所处的位置,并通过一定的信息传播途径,使产品在顾客心目中树立与众不同的市场形象的过程。市场定位有助于树立品牌与形象、强化产品特质、把握市场机会、形成竞争优势。

市场定位的分类可分为如下几种。

1. 初次定位与重新定位

初次定位是新企业初入市场、新产品进入市场或产品进入新市场时，面向对其缺乏认识的目标客户进行定位的过程。重新定位是企业改变市场对其原有印象，使目标客户对其建立新的认识的过程。即使一家企业初次定位恰当，若竞争对手的定位接近本企业，侵占了本企业的市场，或顾客偏好变化，转移到了竞争对手一方，也要考虑重新定位。

决定是否要重新定位前，需要慎重考虑以下两点。

(1) 重新定位的成本。改变定位、重新树立形象必须投入相应的资金。

(2) 重新定位的收益。新定位能带来的经济效益取决于吸引到的顾客数量及其购买力，竞争对手的数量、实力，目标市场的平均购买率及价格承受能力等。

2. 针对式定位与创新式定位

针对式定位是选择与竞争对手相似或重合的方向，而与之在产品、价格、分销及促销等方面稍有不同的定位方式。一般来说，企业要考虑自己能否生产出比竞争对手质量更优或成本更低的产品；市场能否容纳两家或两家以上相互竞争的企业；自己是否拥有比竞争对手更多的资源；这个定位与本企业的声誉和能力是否相符；等等。

创新式定位是避开与竞争对手的直接对抗，而定位于某一"空隙"，发展目前市场中没有的某种特色产品。此时，企业必须明确创新式定位所需的产品特色等在技术上、经济上是否可行，有无足够的顾客认同这种定位。

(三) 市场定位的步骤

市场定位的主要任务是集中发展若干竞争优势，使企业在目标市场中与竞争对手区别开来。市场定位一般包括以下四个步骤。

1. 调研

要掌握竞争对手做了什么、做得如何，包括对其成本和经营情况等做出判断。

2. 分析

要了解目标市场中足够数量的顾客需要什么、需要得到满足的程度。必须找到目标顾客认为能满足其需要的最重要的产品特征。定位成功的关键在于比竞争对手更了解顾客。

3. 决定

要确定本企业能做到什么，同样要从成本和经营等方面来考察。

4. 展示

定位应当可以被准确描述、有效传播。要借助一定的载体，使其不仅进入，而且留存于顾客的大脑中。

任务一　选择目标市场

任务二 制定营销策略

营销策略是根据企业的某种战略制定的,并且具有战略性。

一方面,每一种营销策略都是根据某种战略来制定的。战略体现了企业前进的方向,是企业经营的蓝图,企业借此培养顾客对其的忠诚度,赢得比竞争对手更持久的竞争优势。实施战略的目的在于确立企业在市场中的地位,成功地同竞争对手进行竞争,满足顾客的需求,获得卓越的企业业绩。

另一方面,所有的营销策略都是战略性的。企业必须根据市场地位、市场目标、市场机会和可利用资源确定最有意义的营销策略。营销策略和营销计划是企业总体战略的核心所在。正如通用电气企业的战略计划经理所说:"营销经理在战略制定的过程中至关重要,他在确定企业任务中负有领导的责任,包括分析环境、竞争和企业形势,制定目标、方向和策略,确定产品、市场、分销渠道和质量计划,从而执行企业战略。他还要进一步参与同战略密切相关的方案制订和计划实施活动。"

营销策略的制定可以分为三个步骤:营销战略策划、营销计划制订、营销评估与管理。

一、营销战略策划

周全缜密的营销战略是企业取得成功的关键。营销战略策划要解决以下几个问题:如何实现企业目标?如何打败竞争对手?如何获取持久的竞争优势?如何巩固企业长期内的市场地位?企业的所有营销努力都应该是目标和市场导向的。营销战略保证企业做正确的事情,而营销战略策划能帮助企业将这些事情做好。战略营销就是有计划地扬长避短、趋利避害的营销。

(一)确定企业的业务使命

从战略的角度对企业的业务进行明确界定和对业务使命进行清晰陈述是战略营销的起点。对业务使命的界定必须包括下列内容:企业所提供的产品或服务是什么;客户需要满足的需求是什么;企业的客户是谁;客户为什么要向本企业购买产品或服务;企业应采取什么样的方式来满足客户的需求;是什么将本企业同竞争对手区别开来;等等。

企业的业务使命基于企业提供的产品或服务。企业当前的客户基础和目标市场可以进一步帮助明确企业的业务使命。每一个市场中都有竞争对手,客户对产品或服务有较大的选择余地,要弄清楚客户从本企业购买产品或服务的原因。一家经营成功的企业必然有不同于其竞争对手的经营特色,从市场营销的角度来说,如果企业能把自己同竞争对手区分开来,就拥有了强大的竞争优势。

企业的业务使命决定了其在市场中的取向。企业如果能明确地界定当前的业务,那么就走上了制订有效的市场营销计划的正道。企业经营业务透视表(表6-2)可以帮助创业者掌握企业的业务使命。

表6-2 企业经营业务透视表

项 目	情 况
企业名称	
企业建立日期	
企业性质	□集团企业 □子企业 □有限企业 □合作经营企业 □独资企业
企业的主要客户	□个人 □团体 □企业 □公共机关 □其他
当前的产品与服务	
当前的主要竞争对手	
可能的竞争对手	□行业中的其他企业 □新进入本行业的企业 □其他行业中生产替代品的企业
企业在行业中的地位	□低 □平均水平 □高
对企业的产品或服务的需求情况	□递减 □持平 □递增
企业可能停供的产品或服务	
企业可能撤出的市场	
企业可能进入的市场	
企业的经营特色	
企业当前的营销障碍	
企业当前的营销机会	
企业的总体经营战略	
企业的总体经营目标和增长计划	

将企业当前的业务系统清晰地描述出来并加以书面化,就形成了业务使命陈述书(表6-3)。一份有效的业务使命陈述书可以向企业的每个成员阐明企业的目标、方向和机会等,引导他们朝着一个方向,为实现企业目标而工作。

表 6-3　企业业务使命陈述书

企业名称：
主要提供的产品或服务：
针对客户：
目标市场：
财务目标：
营销目标：
核心信念：
共同价值观：
主要政策：
竞争范围：
行业范围：
产品与应用范围：
企业能力范围：
市场细分范围：
一体化范围：
地理范围：

一份优秀的业务使命陈述书有三个特点：第一，集中在有限的目标上；第二，强调企业的核心信念和共享价值观；第三，明确企业参与的主要竞争范围。

(二) 营销目标制定

1. 企业目标

在完成企业的优劣势分析之后，就可以制定企业的长期目标，并把这些长期目标细化为具体的短期目标。企业目标必须是定时的、量化的和可实现的，可以被转化为具体的计划，并加以实施、控制和评估。企业目标是衡量企业业绩和进度的标尺，所以制定得越清晰越好。

很少有企业仅追求一个目标。大多数企业目标都是几个目标的组合，包括利润率、销售增长额、市场份额、技术创新和声誉等。在目标建立之后，企业便可以开始实施目标管理。

2. 营销目标

营销目标是功能层次的目标，它是对企业总体目标进一步的分解和具体化。也就是说，企业目标要转化成营销目标。例如，企业目标为明年要实现净利润 200 万元，并且目标利润率为 10%，那么销售收入的目标就是 2 000 万元。如果企业产品的平均售价是 20 元，那么它必须售出 100 万件产品。如果整个行业的销售量预计是 2 000 万件，那么它必须占有 5% 的市场份额。为了达到这个市场份额水平，其营销目标可以是：销售 100 万件产品，占预期市场份额的 5%；让产品品牌的知名度从 15% 上升到 30%；增加 10% 的分销网点；实现 20 元的平均价格；等等。不过，随着商业竞争环境的急速变化，营销目标在企业中所扮演的角色几乎与企业目标合而为一了。

营销目标的制定必须注意以下四点。

第一，营销目标必须按轻重缓急有层次地安排。例如，营销目标是在这一阶段提高投资回报率,这又会衍生出提高利润水平或减小投资额的目标;提高利润水平又会衍生出增加收入和减少费用的目标;增加收入又会衍生出增大市场份额或提升价格的目标。通过这种方法,可将较抽象的目标变为企业各部门和个人能够实现的具体目标。

第二,营销目标必须量化。例如"提高投资回报率"这个目标就不如"将投资回报率提高15%"明确。

第三,营销目标应该切实可行。营销目标是在分析机会和优劣势的基础上形成的,而不是主观愿望的产物。

第四,营销目标应与企业各目标协调一致。例如,同时实现销售最大化和利润最大化是不可能的。

营销目标应包含长期目标和短期目标。制定长期目标的目的是使企业在相当长的一段时间内保持良好的经营状态,而制定短期目标的目的是集中精力提高企业的短期经营业绩。一旦长期目标确定,下一步就是把它转换成短期目标,落实到具体的负责人,严格界定相应的权责范围和完成期限。

二、营销计划制订

营销战略必须被转化为营销计划才能得以实施和执行。这需要创业者在营销预算、营销组合和营销资源分配上做出决策。

一方面,企业必须决定要达到其营销目标所需的营销支出水平。如果期望获得较大的市场份额,营销预算通常较高。另一方面,企业必须决定如何对营销组合中的各种工具进行预算分配。营销组合是企业实现营销目标时可利用的一套工具,常用的营销组合为营销4P组合(表6-4)。营销4P组合要求企业必须同时做好产品(product)、定价(price)、渠道(place)、促销(promotion)的行动组合。当企业想要推出一种产品或者服务时,必须同时关注这四方面。例如,一种产品的广告做得很好,但是质量不佳,那么销售结果也不会很好;一种产品质量很好,但是缺乏广告投资,那么也不太可能成为知名产品。

表 6-4 营销 4P 组合

项目	内容
产品	产品组合、产品设计、产品性能、产品品牌、产品包装、产品规格、产品服务、产品担保、产品退货、产品生命周期、新产品开发
定价	定价、折扣、折让、付款期限、信用条件
渠道	分销渠道、覆盖区域、商品分类、存储、运输
促销	人员推销、营业推广、广告、公共关系

(一)产品

1. 新产品的六种基本类型

(1)全新产品,即运用新一代科学技术创造的整体更新的产品;

（2）新产品线产品，即使企业首次进入一个新的目标市场的产品；

（3）现有产品线的增补产品；

（4）现有产品的改进或更新产品，即对现有产品的性能进行改进或注入新价值的产品；

（5）再定位产品，即进入新的目标市场或改变原有产品市场定位而推出的产品；

（6）成本减少产品，即以较低成本推出的同样性能的新产品。

企业产品开发的实质就是推出上述六种基本类型的新产品。对大多数企业来说，产品开发是改进现有产品而非创造全新产品的过程。

2. 产品开发的过程

产品开发的过程由八个阶段构成，即寻求创意、甄别创意、形成产品概念、制定市场营销策略、营业分析、产品开发、市场试验、批量上市。

（1）寻求创意。所谓创意就是开发产品的设想，虽然并不是所有的创意都可以变成产品，但是寻求尽可能多的创意可以为开发产品提供较多的机会。产品创意的主要来源有顾客、科研机构、竞争对手、企业推销人员、经销商、企业高层管理人员、市场研究企业、广告代理商等。除了以上几种来源，企业还可以从大学、咨询企业、同行业的团队协会、有关的报刊等媒介那里寻求有用的产品创意。一般来说，企业应当主要靠激发内部人员的热情来寻求创意。

（2）甄别创意。获得足够多的创意之后，要对这些创意加以评估，研究其可行性，并挑选出可行性较强的创意，这就是甄别创意。甄别创意时，一般要考虑两个因素：一是该创意是否与企业的战略目标，如利润目标、销售目标、销售增长目标、形象目标等相适应；二是企业有无足够的能力，包括资金能力、技术能力、人力资源能力、销售能力等开发这种创意。

（3）形成产品概念。对甄别后保留下来的产品创意，还要将其进一步发展为产品概念。在这里，首先应当明确产品创意、产品概念和产品形象之间的区别。产品创意是指企业从自身的角度出发形成的、能够向市场提供的对可能产品的构思。产品概念是指企业从顾客的角度对这种创意所做的详尽描述。产品形象则是顾客对某种现实产品或潜在产品所形成的特定印象。企业必须根据顾客在上述几个方面的要求把产品创意发展成产品概念，并确定最佳产品概念。在进行产品和品牌的市场定位后，企业应当对产品概念进行试验。所谓产品概念试验，就是以文字、图画描述或者实物的形式将产品概念展示在目标顾客群体面前，并观察他们的反应。

（4）制定市场营销策略。企业的有关人员要初步拟定一份关于将新产品投放入市场的市场营销策略报告书，它由以下三个部分组成：目标市场的规模、结构，新产品在目标市场中的定位，前几年的销售额、市场占有率、利润目标等;新产品的计划价格、分销策略及第一年的市场营销预算;计划长期销售额和目标利润,以及不同时期采取的市场营销组合。

(5) 营业分析。在这一阶段,企业的市场营销管理者要复核对新产品将来的销售额、成本和利润的估计,看看它们是否符合企业的目标。如果符合,就可以进行新产品开发。

(6) 产品开发。如果产品概念通过了营业分析,就可以将其转变为产品,进入试制阶段。只有在这一阶段,用文字、图表及模型等描述的产品概念才能变成实体产品。这一阶段应当搞清楚的问题是产品概念能否变为技术上和商业上可行的产品。如果不能,除在全过程中获得一些有用的副产品,即信息情报,所耗费的资金将全部付诸东流。

(7) 市场试验。如果企业的高层管理者对产品的开发试验结果感到满意,就会着手用品牌名称、包装和初步市场营销方案把这种产品装扮起来,把产品推入真正的市场进行试验。

(8) 批量上市。在这一阶段,企业高层管理者应当做出以下决策:在何时推出新产品,即在什么时候将新产品投放入市场最适宜;在何地推出新产品,即在什么地方(某一地区、某些地区、全国市场或国际市场)推出新产品最适宜;向谁推出新产品,即分销和促销目标针对的最佳顾客群;如何推出新产品,即形成市场营销策略。

(二) 定价

制约定价的基本因素有成本因素、竞争因素、政策因素和心理因素。

1. 成本因素

成本是产品价格的最低限度。如果产品定价长期低于这个下限,企业将无法继续生存下去。所以,在考虑定价的时候应该首先考虑成本因素。

成本包括固定成本和可变成本。固定成本是指在既定的生产经营规模范围内,不随产品种类及数量的变化而变动的成本,如设备折旧费、产品设计费、市场调研费、管理人员工资等。可变成本是随产品种类及数量的变化而相应变动的成本,主要包括原材料、燃料、运输、存储等方面的支出。

总成本并不是固定成本和可变成本的简单相加。随着产量的增长,分摊给每件产品的固定成本会下降;随着工人越来越熟练,可变成本在一定程度上也会有所下降,这就是所谓的"经验曲线"。适当增加产量可以降低单位产品的成本,因此,几乎所有企业都会追求增加产量。但产量的增加又会带来竞争的加剧,使得营销变得更加困难。一般来说,价格会随着销售量的增加而下降,而不是相反。最终在市场中站住脚的是那些市场份额大的企业,而不是那些单位利润高的企业。

通常,产品的价格底线就是成本。但当企业处于不利环境时,价格底线也可以降至可变成本。

2. 竞争因素

在市场经济环境中,企业竞争激烈,而价格就是最大的竞争点。不同的竞争状况对价格有不同的影响。

完全竞争是指没有任何垄断因素的市场状况下的竞争,产品价格在市场交换中自然形成。在完全竞争的市场状况下,顾客和企业均可以实现利益最大化。但是完全竞争市场在多数情况下是一种理论现象,因为市场不可能避开国家宏观政策的调控、干预。如果出现完全竞争市场,则企业可以采取随行就市的定价策略。

完全垄断中,企业没有竞争对手,主要通过调节市场供给量来控制市场。完全垄断市场使企业缺乏降低成本的外在压力,会带来较高的销售价格、较低的产量和超额垄断利润,结果是生产效率低下,社会资源配置不佳。

不完全竞争是现代市场经济下普遍的竞争状况。在这样的状态下,多数经营者都能积极主动地影响市场价格,同时,又必须在国家干预的范围内作为价格的接受者。

企业在制定价格时,应当认真分析各种竞争力量和垄断力量,制定适宜的价格策略。

3. 政策因素

政府为了实现维护经济秩序等目的,可能通过立法或者其他途径对企业的价格策略进行干预。政府的干预包括规定毛利率,规定最高、最低价,限制价格的浮动幅度,规定价格变动的审批流程,实行价格补贴等。因此,企业制定价格时还必须考虑是否符合政府有关部门的政策和法令的规定。

4. 心理因素

顾客的心理是影响企业定价的一个重要因素。无论哪种顾客,在消费过程中,都必然会产生复杂的心理活动,来指导自己的消费行为。面对不太熟悉的产品,顾客常常根据价格判断产品的好坏,认为高价高质。在大多数情况下,市场需求与价格呈反向关系,但在某些情况下,由于受顾客心理的影响,也会出现完全相反的情况。

(三) 渠道

1. 分销渠道的概念

分销渠道是指为实现产品的附加效用,使产品进行实物流动的协调组织。分销渠道主要是由参与产品流通过程的各种类型的机构组成的。分销渠道的起点是生产者,终点是消费者或用户。在分销渠道中,产品的流动以其所有权转移为前提。分销渠道不是生产商与中间商之间的简单联系,而是企业为达到各自或共同的目标而进行交易的复杂体系。

2. 分销渠道的类型

(1) 直接渠道。直接渠道是指生产者不经过任何中间环节,将产品直接销售给消费者或用户的分销渠道。直接渠道是最简单的一种渠道。其优点是产销双方直接见面,环节少,有利于减少流通费用、及时了解市场行情,便于生产企业开展维护服务等。其不足表现在生产企业由于自办销售,直接为用户服务,必须提供销售所需的全部人力、物力和财力。在市场相对分散的情况下,这将使企业背上沉重的负担,会给企业的生产经营活动带来不利影响。

(2)间接渠道。间接渠道指生产者通过流通领域的中间环节把产品销售给消费者的渠道,基本模式为生产者—中间商—消费者。间接渠道是社会分工的结果,以专业化分工使得产品的销售工作简单化。中间商的介入分担了生产者的经营风险。借助中间环节,企业可扩大产品销售的覆盖面,提高产品的市场占有率。但中间环节太多,会增加商品的经营成本。间接渠道包括经销商、代理商、批发商、零售商。

(3)长渠道与短渠道。零级渠道是指没有中间商参与的渠道,产品由生产者直接销售给消费者,不经过任何中间环节。一级渠道是指生产者和消费者之间只通过一个中间环节进行连接的渠道。二级渠道则是指生产者和消费者之间通过两个中间环节进行连接的渠道。所谓长渠道是指二级和二级以上的渠道,适合在较大范围和更多细分市场内销售产品和服务;短渠道是指零级、一级渠道,适合在小范围内销售产品和服务。

(4)宽渠道与窄渠道。宽渠道是指在渠道的各层次中使用的同种类型中间商的数目较多的渠道。使用宽渠道,可以让顾客随时随地买到企业的产品,还可以使中间商之间形成竞争。但中间商数目较多,会使中间商推销产品时不专一,生产商与中间商之间的关系松散。窄渠道是指各层次中使用的中间商数目较少的渠道。窄渠道适用于销售技术性较强、生产批量小的产品。其优点是生产商与中间商之间关系密切,有较强的依附关系,生产和销售相互促进。其缺点是风险较大,一旦双方关系出现变化,便会影响销售。

3. 影响分销渠道选择的因素

影响分销渠道选择的因素包括顾客特性(人数、地理分布、购买频率等)、产品特性(体积和重量、单位价值等)、中间商特性(运输、广告、储存、信用等)、竞争特性(主要竞争对手采用的渠道情况)、企业特性(规模、实力、经验、政策等)、环境特性(经济、社会、文化、政府管理等)。

(四)促销

1. 促销的概念

促销即促进销售,是指企业运用各种手段、方式向顾客传递产品与企业的信息,实现双向沟通,使顾客对企业及其产品产生兴趣、好感与信任,进而做出购买决策的活动。

2. 促销的作用

在社会化大生产和商品经济条件下,一方面,生产者不可能完全清楚谁需要什么商品,何地需要,何时需要,怎样的价格消费者能够接受等;另一方面,消费者也不可能完全清楚商品由谁供应,何地供应,何时供应,价格高低等。因为客观上存在这种生产者与消费者分离的矛盾,企业必须通过沟通活动,利用广告、宣传报道、人员推销等促销手段,把产品信息传递给顾客,以增进其了解、信赖,使其购买本企业产品,达到扩大销售的目的。

随着企业竞争的加剧和产品的增多,以及顾客收入的增加和生活水平的提高,顾客对产品的要求更高,挑选余地更大,因此企业与顾客之间的沟通更为重要。企业更需加强促销,利用各种促销方式使广大顾客加深对其产品的认识,愿意购买其产品。

促销是市场竞争中的一把利剑,其作用在于对产品施加推力,使产品能够更快地进入市场。我们看到,在市场中,并非每一家企业都做广告,但是企业无一例外地都开展促销。促销活动之所以会产生这么大的开支,是因为企业都看好这一方式并得益于其效果,企业乐意为立竿见影的效果付出。

3. 促销组合

促销组合是一种组织促销活动的策略,它主张把广告、公共关系、营业推广及人员推销四种基本促销方式组合为一个策略系统,使企业的全部促销活动互相配合、协调一致,最大限度地发挥整体效果,从而顺利实现促销目标。

小组活动 6-2

糖 果 杂 货 铺

教师为各个小组发放不一样的糖果,每个小组根据拿到的糖果的特点,根据营销 4P 组合进行 3 分钟的营销。

 典型案例 6-2

蕉内的品牌内容营销

第一步,精准定位,打造独特品牌形象。蕉内品牌自创立之初就明确了精准的市场定位——利用体感科技重新设计基本款产品。这一定位既符合现代人对高品质、舒适度的追求,又突出了蕉内在内衣行业的差异化竞争优势。蕉内围绕多种场景下的体感问题重新设计了内衣、袜子、防晒服、保暖衣、家居服等生活基本款产品。同时,蕉内还注重打造独特的品牌形象,坚持顾客体验至上的人文主义初心,使得品牌不仅具有高识别度,还赢得了众多年轻顾客的喜爱。

第二步,创新营销,增强品牌影响力。在营销策略上,蕉内同样展现出了高度的创新性和前瞻性。首先,蕉内充分利用社交媒体平台,通过微博、微信公众号等渠道发布有趣、有用的生鲜水果知识和促销信息,增加用户关注和互动。同时,蕉内还积极与"网红"等合作,进行产品试用和口碑传播,进一步提升了品牌的知名度。此外,蕉内还注重线下渠道的拓展,在各大商场、购物中心等设立了多家线下门店,提供直观的产品体验机会,吸引了大量潜在顾客。

第三步,持续创新,引领行业潮流。蕉内品牌成功的关键在于其持续创新的能力。在不断改善材质、结构、功能的同时,蕉内还推出了多款体感科技产品,如"不掉跟妥妥袜""凉皮－℃防晒系列""热皮＋℃保暖系列"。这些创新性产品的推出满足了顾客的多元化需求。同时,蕉内还紧跟时尚潮流,与多个知名品牌进行跨界合作,推出联名款产品,为顾客带来了全新的购物体验。

蕉内秉承顾客体验至上的理念,不断创新和突破,为顾客带来更多高品质、舒适的产品。可以说,正是这"三步走"战略帮助蕉内在竞争激烈的市场中脱颖而出。

三、营销评估与管理

营销评估与管理即组织营销资源执行营销计划方案,对过程实施有效控制,并根据实施过程中反馈的市场信息对计划进行评估、改善,以确保营销目标的实现。

(一) 营销评估

营销评估是指对企业的营销环境、目标、战略和活动做全面、系统和定期的检查,以找到问题,改善行动计划,提高企业的营销业绩。

(1) 营销环境评估。营销环境评估主要可以从以下几方面展开。

第一,宏观经济。个人收入、物价水平、储蓄和信贷等方面有哪些发展变化会影响企业;对此,企业应采取哪些行动。

第二,人口统计。人口环境的变化和发展趋势会给企业带来什么样的机会和威胁;为适应这些趋势,企业应采取哪些行动。

第三,生态环境。企业所需的自然资源或能源的成本和前景如何;防治污染和环境保护方面的压力是否会对企业造成影响,会造成怎样的影响;企业将如何应对这些问题。

第四,技术。在产品技术方面存在哪些主要变化;企业在技术领域的地位如何;是否有新技术出现。

第五,法律法规。哪些法律法规会对企业营销战略和营销策略的执行造成影响;企业应如何调整自身的战略和战术以适应这些法律法规。

第六,文化。公众对企业的产品持何种态度;公众的生活方式和价值观念发生了哪些与企业有关的变化。

第七,市场。市场规模、成本率、区域分销情况等方面有哪些变化;有哪些主要的细分市场。

第八,客户。可以进行客户画像(图6-1),分析以下方面信息:当前的客户和潜在客户是谁;他们购买的理由是什么;他们的购买方式和习惯是怎样的;他们是如何做出购买决定的;在企业声誉、产品质量、服务和价格等方面,当前客户和潜在客户是如何评价企业及其竞争对手的。

第九,行业。行业主要的经济特性是怎样的;行业中的变革驱动因素是什么,它们的影响如何;决定在行业环境中能否取得成功的关键因素是什么;行业是否具有吸引力;超

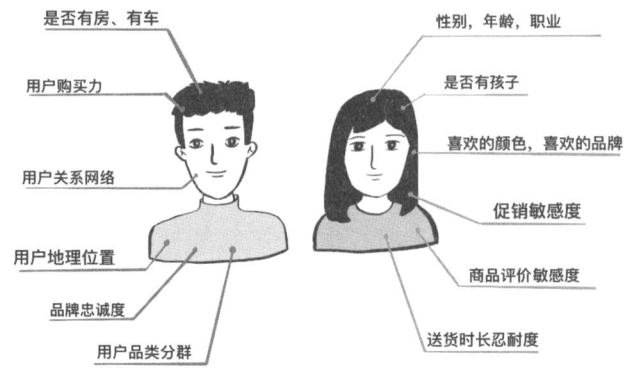

图 6-1 客户画像

过平均水平的盈利前景如何;行业中发挥作用的竞争力量有哪些,它们有多强大。

第十,竞争对手。有哪些主要的竞争对手;它们的目标和战略是什么;它们的优势和劣势何在;它们的规模和占据的市场份额是多少。

第十一,分销渠道和经销商。企业的产品主要通过哪些渠道销售给客户;各种渠道的效率和成长潜力如何。

第十二,供应商。生产所需的关键物料的前景怎样;各供应商的实力如何;企业与各供应商的关系如何;企业如何评价供应商的表现;供应商的行销策略有什么变化。

第十三,市场后勤。运输服务的成本及前景如何;仓储设备的成本及前景如何。

第十四,公众。对于企业来说,哪些公众代表了某种机会,哪些公众会带来问题;企业应采取什么样的措施有效应对。

(2) 营销战略评估。营销战略评估关注的是企业的业务使命,例如,企业能否明确陈述其业务使命,业务使命陈述是否体现了市场导向的观念、是否可行等。

营销战略评估可以从以下几方面展开。

第一,营销目标是否被明确地制定,是否与企业的竞争地位和资源相匹配;

第二,企业是否制定了旨在达成营销目标的营销战略,该战略是否具有说服力;

第三,营销战略是否适应产品生命周期的阶段、竞争对手的战略和当前的宏观经济形势;

第四,企业是否对市场进行了有效的细分并选择了最适当的细分市场,企业是否已经确定了每个目标市场的实际轮廓并为其制定了正确的营销组合;

第五,营销资源是否被合理有效地分配给了各要素,包括产品质量、服务、销售人员、广告、促销和分销渠道,预定用于达成营销目标的资源是否足够。

(二) 营销管理

营销管理是对销售过程的控制,包括时间管理、费用管理和人员管理三方面。

(1) 时间管理。大多数产品在市场上的销售是有周期性的,存在销售旺季和销售淡季。企业可以通过对这一周期的有效控制和利用,一方面尽可能地增加产品的销量,实现利润最大化;另一方面打击竞争对手,抢占尽可能多的市场份额,提高市场覆盖率。

旺季是企业产品销售的最佳时期。企业应该在旺季结束之前提前进行促销,以尽可能地延长旺季。在这一过程中,不仅要防止经销商为了减少淡季积压而提前减少订单,而且要充分利用分销渠道丰富的资金和仓储设施,为淡季分担一定的压力。

淡季是企业为进入下一个旺季做准备的最好时机。此时企业要与对手展开竞争,争夺市场空间,力求将市场覆盖面最大化。何时启动促销活动至关重要:过早开始,虽然抢先,但由于行业反应不大,企业会浪费资金和精力;过晚开始,竞争对手会抢先,导致错失良机,不但会丧失市场份额,还有可能被挤出市场。因此,企业必须进行认真的调查和周密的策划,在恰当的时间、恰当的地点开展恰当的促销推广活动,在进入旺季前获得竞争优势。

(2) 费用管理。由于企业资源是有限的,在产品销售的过程中,必须对费用进行有效的控制,合理运用预算,降低成本。这既需要经验和技巧,又要对市场和环境条件有相当的认识和了解。在产品销售过程中产生的费用主要有销售管理费用和市场推广费用。

销售管理费用指对整个产品销售过程进行管理时产生的费用,包括销售人员费用、日常管理费用和机构设置费用。

市场推广费用指在产品的整个推广过程中产生的费用,包括促销费用、广告宣传费用和市场辅助用具费用。

(3) 人员管理。销售人员是企业中同客户的接触最直接和最紧密的人员。在客户面前,销售人员代表着企业;对企业而言,销售人员肩负着决定产品销售成败的重大责任,还会给企业带回许多有关客户和市场的有价值的信息。对销售人员的成功管理是企业营销成功的必要前提。

销售人员需要负责开发新客户、推销产品、签署交易合同、处理客户投诉、组织协调各种促销活动、传播和收集信息、提供服务、定期拜访客户、协助新产品的市场开发、撰写每日工作报告等工作。合格的销售人员需要具备完成上述任务的能力和技巧,善于从客户的角度考虑问题,具有达成销售目标的强烈的个人意愿。

对销售人员的培训是企业必须进行的一项投资。销售人员必须了解本企业各方面的情况,完全掌握本企业产品的情况,深入了解本企业各类客户和竞争对手的特点,懂得推销的程序和方法,熟练掌握各种营销组合工具的使用方法。

对销售人员的激励方式可考虑工资报酬、销售定额、销售会议、销售竞赛等。销售人员的报酬可采用纯薪水、纯佣金、薪水加佣金、薪水加奖金、薪水加佣金再加奖金、特别奖励等形式。

任务三　了解互联网营销

互联网营销也称为网络营销,是借助互联网、计算机通信和数字交互式媒体的威力来实现营销目标,与市场的变革、竞争及营销观念的转变密切相关的一种新型营销方式。互联网的飞速发展在全球范围内掀起了热潮,企业纷纷利用互联网进行广告发布、开展产品销售、提供信息服务,并按照互联网的特点积极改组,探索新的管理、营销方法,建立互联网基础上的全新营销模式。目前,互联网营销得到了广泛的应用,成为互联网时代企业竞争优势的新来源。

一、互联网营销的内容

虽然互联网营销的营销目的和营销工具与传统营销方式是大体一致的,但其在实际操作的过程中与传统营销方式有着较大区别。互联网营销主要包括以下内容。

(一)网上市场调查和消费者行为研究

网上市场调查是指企业利用互联网的交互式信息沟通渠道开展的市场调查活动。其方法包括直接在网上通过发布问卷进行调查获取第一手资料,在网上搜集和整理市场调查所需的第二手资料。

互联网消费者是互联网社会中的一个特殊群体,要开展有效的互联网营销活动,必须深入地进行消费者行为研究,了解互联网消费群体的需求特征、购买动机、购买决策过程和消费行为模式等。

(二)有针对性的营销规划

互联网作为有效的信息沟通渠道,可以使沟通双方突破时空限制进行直接的交流,操作简单、高效,并且费用低廉。这种有效的双向沟通方式改变了传统的营销模式。企业在进行互联网营销规划时,必须结合互联网的特点,设计有针对性的产品、定价、渠道和促销策略。

(三)管理与控制

互联网营销必然会面临传统营销活动未遇到的问题,如产品品质的保证问题、消费者隐私的保护问题及信息的安全问题。开展互联网营销的企业必须有效解决上述问题,方能达到互联网营销的目标。

二、互联网营销的特点

互联网将遍布全球的各种组织、企业和个人跨时空联结在一起,使相互间的信息交流变得方便快捷。互联网所创造的营销环境使得营销活动的范围变得更大,方式变得更加灵活。互联网营销可以突破传统营销方式的局限,具备许多传统营销方式不具备的功能。互联网营销的特点表现在以下几个方面。

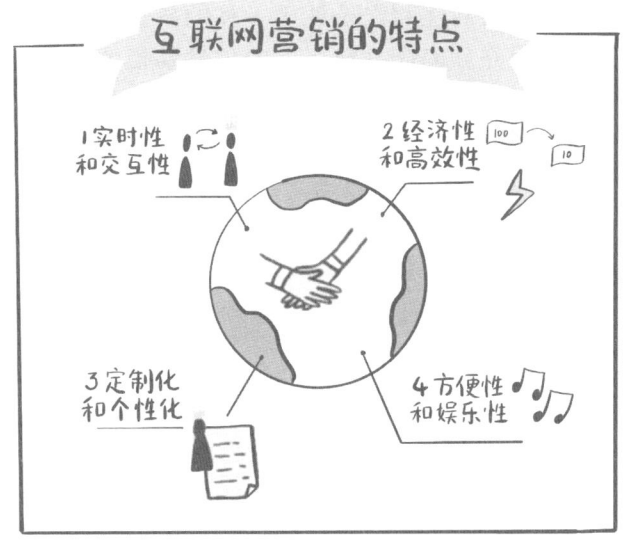

(一)实时性和交互性

在互联网环境中,企业通过电子布告栏、在线讨论广场和电子信函服务等,在营销的全过程中对顾客进行实时的信息搜集,与顾客进行实时交流,向潜在顾客提供具体的、必要的信息。这种双向互动的沟通方式提高了顾客的参与性和积极性,也增强了企业营销的针对性,有助于达成企业的营销目标。

(二)经济性和高效性

互联网营销可以降低企业的交易成本,同时提高企业运营的效率。首先,企业通过商业增值互联网,利用EDI(电子数据交换)建立一体化的电子采购系统,进行实时采购,实现了劳动力、打印和邮购等采购成本的降低。其次,互联网不仅为市场调查提供了全球性的空间,而且大大减少了调查中产生的各种费用。再次,有关企业、产品、渠道等的信息均被储存在互联网服务器中,企业可在线及时更新,顾客可随时在网上查询,从而降低了促销成本。最后,互联网营销在提高售后服务的效率的同时,也降低了企业的运作成本。

(三) 定制化和个性化

互联网营销的定制化是指企业利用互联网优势,一对一地向顾客提供独特的、个性化的产品或服务。互联网营销可以跟踪每位顾客的消费习惯和偏好,并向其推荐相关产品或服务。通过互联网营销,企业可以与顾客建立起学习型关系,在通过互联网向顾客传递信息的同时,积极地对顾客进行消费教育和引导。这样,顾客在自身需求得到满足的情况下,将与企业保持长期的联系,这密切了企业与顾客之间的关系,提高了顾客的忠诚度。

(四) 方便性和娱乐性

互联网营销是集便利性和娱乐性于一体的新型营销模式。在售前,顾客可以在网上获得充分的产品或服务的信息及相关资料,在对同类产品或服务的性能、价格等因素进行比较后做出购买决定。例如,对于准备购买汽车的顾客,互联网可以提供目前市面上所有品牌的汽车信息,并提供各种性能、价格等指标的对比,且有大量其他顾客的意见供参考。在售中,互联网不但省去了出门购物的麻烦,而且省去了现金交款的麻烦,送货上门服务让顾客足不出户就可以完成购物。在售后,互联网给顾客提供了支持和帮助。总之,互联网营销能最大限度地简化购物环节,节省顾客的时间和精力,让顾客真正地乐在其中。

三、互联网营销的基本步骤

互联网营销是一种线上线下相结合的电子商务模式,即利用互联网开展各种营销活动,具体的交易则在传统的商业环境中进行。互联网营销的基本步骤如下。

(一) 确定营销对象

以营利为最终目标从事互联网营销活动的个人或企业通过充分的调查分析,了解自身的优势、劣势,以及企业的内、外部环境后,确定将某些具有特定需要的个人或组织作为营销对象。

(二) 一对一营销

首先,营销者通过互联网寻找目标顾客,并向有意者提供产品或服务的信息;其次,通过互联网与其进行交流,根据其所提出的要求提供更详细的资料,或设计个性化的产品或服务,从而实现交易;最后,利用互联网及时、快捷地为顾客提供高效的售后服务。

(三) 客户关系管理

互联网营销的目的并非实现某一次销售,而是通过向顾客提供定制化的产品或服务,在让顾客享受网上购物的同时,与顾客建立和保持恰当的关系,以促使其重复购买,并向外传播其美好感受。

四、互联网营销战略的制定

(一)制订互联网营销战略计划

与传统营销一样,互联网营销也需要制订营销战略计划。互联网营销战略计划是在互联网营销观念的指导下,对互联网营销活动所做的全面而有序的安排,目的是使互联网营销活动在明确的目标和任务指导下有条不紊地展开。

1. 明确营销目标

明确营销目标就是确定互联网营销活动要达到的预期目的。制定互联网营销目标时,必须分析企业所处的环境,考察企业的实力,考虑企业的总体情况;同时,目标必须与企业的总体经营战略目标一致,与企业的经营方针吻合,与现有的营销策略不存在冲突。这就要求在制定目标时有企业战略决策层、策略管理层和业务操作层的相关人员参与讨论。

互联网营销目标主要有以下几种。

(1) 拓展型互联网营销目标。拓展型互联网营销目标即企业为了拓宽销售网络,借助互联网的交互性、实时性和经济性降低营销费用,为顾客提供方便、及时的网上销售服务,提高营销效率,改善销售管理状况,提高企业竞争力。

(2) 服务型互联网营销目标。服务型互联网营销目标主要是为顾客提供网上联机服务,即让顾客可以通过网上服务人员及时获取信息和售后服务。

(3) 品牌型互联网营销目标。品牌型互联网营销目标是指在网上树立企业的品牌形象,加强与顾客的直接联系和沟通,提高顾客的品牌忠诚度,为企业的后续发展打下基础,促进企业营销目标的达成。

(4) 混合型互联网营销目标。混合型互联网营销目标同时包含以上几种目标,既以拓宽销售网络、提高营销效率为目标,又为提高品牌知名度、增强企业的竞争优势服务。

2. 选择营销战略模式

企业开展互联网营销时,首先要确定营销目标,而后根据自身的特点、能力及顾客的需求特征选择营销战略模式。常见的营销战略模式有以下几种。

(1) 留住顾客型营销战略模式。留住顾客型营销战略模式即增强与顾客的联系,最终提升企业获利能力的互联网营销模式(图6-2)。

图6-2 留住顾客型营销战略模式

互联网的双向互动、信息量大、选择性强等特征决定了它是一种良好的顾客服务工具。通过互联网营销可以更好地服务顾客,提升品牌知名度,从而密切企业与顾客的联系,长久地留住顾客。对企业有信心、满意且忠诚的顾客总是乐意购买该企业的产品,并且会给企业带来好的口碑,这样就在增加企业的销售额的同时,协助企业实现了市场渗透,最终达到提高市场占有率的目的。

(2)刺激消费型营销战略模式。刺激消费型营销战略模式即有的放矢地向顾客提供实时、有用的信息来促进消费的营销战略模式(图6-3)。

图6-3 刺激消费型营销战略模式

企业通过互联网经常向顾客提供其感兴趣的信息,如新产品信息、服务信息,并且根据实际情况对信息进行适时更新,保持互联网站点的新鲜感和吸引力,以刺激顾客的消费欲望,使其增加购买量。

(3)降低成本型营销战略模式。企业利用互联网的跨越时空、实时性和交互性等特征,在网上开展直复营销,可以简化销售渠道,减少销售成本,降低营销管理费用,同时,还可以方便顾客购买,减少顾客购物的时间、精力和体力消耗,从而降低顾客总成本,提升顾客让渡价值,提高顾客的满意度,增加企业利润。

(4)数据库型营销战略模式。互联网是建立强大、精确的数据库的理想工具。互联网具有即时互动的特性,所有企业都可以对其营销数据库实现动态的添加和更新。一个即时跟踪市场变化的营销数据库是企业管理层做出正确决策的基础。营销数据库能为企业进行市场细分、产品价格的即时调整等决策提供科学而及时的信息。

3. 进行营销战略规划

企业在确定营销目标和营销战略模式后,就必须展开营销战略规划。若不进行有效的规划,营销目标和营销战略模式就无法形成战略竞争优势,还会增加企业的营销成本,增强管理的复杂性。

(1)目标规划。进行营销战略规划的首要任务是明确营销目标。只有确定了明确的营销目标,才能对互联网营销活动进行即时评价。互联网营销的发展尚处于初级阶段,无论是理论还是实践都有许多不完善之处,所以许多企业在互联网上创建自己的网站,目的不在于提高销售量,而是着眼于互联网营销带来的其他效益,包括向潜在顾客提供有用信息使之成为实际购买者、提高品牌知名度、支持营销活动的开展、降低成本等。企业可以根据自身的目标、能力和所处的环境设定互联网营销的明确目标。

(2)技术规划。技术支持对于互联网营销来说是非常重要的。企业应对技术、资金投入,系统设备的购买、安装,互联网维护,人员的招聘、培训等方面进行统筹安排。

（3）组织规划。互联网营销涉及的部门较多，如营销部门、信息技术部门、研发部门等。企业必须确定其组织结构及各部门间的关系。大多数企业的互联网营销是由营销部门总负责的。这是由于营销部门对企业的整体状况、产品、市场等都较为了解，有利于从企业的总体层面上开展营销活动，实现整体效益最大化。

（4）管理规划。为了保证互联网营销战略实施的效果，企业必须针对从事互联网营销活动的各级员工制定严格、有效的管理政策，确定切实可行的操作模式及评估体系，使所有员工均在明确其责权利的基础上，让工作目标与企业目标保持一致。

五、常见的互联网营销方式

（一）搜索引擎优化（SEO）

搜索引擎优化是通过优化网站结构和内容，提高网站在搜索引擎排名中的位置的活动，包括关键词研究和使用、网页优化、建设和内容营销等。

（二）内容营销

内容营销是通过提供有价值和有吸引力的内容吸引并留下目标受众的活动，包括利用白皮书、电子书、视频等进行的营销。

（三）社交媒体营销

社交媒体营销是通过在社交媒体上分享有关产品和服务的内容来增加品牌曝光和互动的活动，包括创建和管理社交媒体账号、发布内容、与受众互动等。

（四）电子邮件营销

电子邮件营销是通过发送电子邮件来与潜在客户和现有客户建立联系和互动的活动，包括定期发送电子邮件、开展促销活动和个性化营销等。

（五）搜索引擎营销（SEM）

搜索引擎营销是通过支付搜索引擎展示广告来增加品牌曝光和网站流量的活动，包括使用谷歌广告、必应广告和社交媒体广告等进行的营销。

（六）联盟营销

联盟营销是通过与其他相关网站建立合作关系，共同推广产品和服务来达到共赢的效果的活动，包括加入联盟营销计划、提供佣金和奖励等。

（七）口碑营销

口碑营销是通过鼓励客户和受众分享积极的产品体验来传播品牌声誉的活动，包括提供优质的产品和服务、激励客户分享和评价等。

(八)影响者营销

影响者营销是通过与行业内有影响力的人士合作,借助他们的影响力来推广产品和服务的活动,包括与博主、社交媒体达人和行业专家等合作进行的营销。

(九)移动营销

移动营销是通过移动设备和应用程序来推广产品和服务的活动,包括在移动设备上进行广告推送、开发移动应用程序和优化移动网站等。

(十)数据分析和优化

数据分析和优化是通过跟踪和分析网络营销活动的数据,找出改进的机会并优化营销策略的活动,包括使用分析工具、设置关键绩效指标、定期评估和调整营销策略等。

拓展阅读 6-1

市场拓展的五大典型战略

在确定目标市场以后,企业下一步的任务就是运用正确的营销策略占领它,并且实施正确的目标市场拓展战略。目标市场拓展战略的选择依赖于市场本身的特征、各个市场之间的联系、市场竞争状况及企业所具备的实力等条件,所以,企业在选择目标市场拓展战略时应该做深入、细致、全面的分析。一般来讲,可供选择的有以下五种典型战略。

1. "滚雪球"战略

"滚雪球"战略是中小企业最常用的一种战略,即企业在同一地理区域内,采取区域内拓展的方式,在彻底占领一个地区后再向另一个新的地区进军。具体来讲,这种战略以某一个地区的目标市场作为企业市场拓展的"根据地",进行精耕细作,把"根据地"市场做大、做强、做深、做透,使其成为企业将来进一步拓展的基础和后盾。在"根据地"市场中取得绝对优势之后,企业再以此为基地向周边邻近地区逐步推进、渗透,最后达到占领整个市场的目的。"滚雪球"战略具有以下优势。

(1) 有利于企业降低营销风险。"根据地"的营销实践能为周边地区的营销实践提供丰富的经验和良好的示范作用。企业在全力建设"根据地"市场的过程中,对产品的市场营销规律有了较深入的研究,也积累了成功的经验和失败的教训。在"根据地"的营销经验会成为企业日后向周边拓展时最宝贵的财富和资本,帮助减少营销的失误。随着市场的不断滚动拓展,企业的"根据地"市场地盘不断扩大,经验和教训愈加丰富,市场营销的风险会越来越低。

(2) 有利于保证资源的及时补充。市场滚动的开始是以兵强马壮的"根据地"市场为基础的。企业以做大做强的"根据地"市场的利润为新开拓市场提供充足的资金;"根据地"的营销实践成为企业营销人才培养的"学校",在市场拓展中能源源不断地向前方市场输送人才。

(3) 有利于市场的稳步巩固、拓展。企业是在现有市场被牢牢占领之后才向新的周边市场拓展的,秉持稳健踏实的理念,达到步步为营的目标。

温州有许多民营企业就采用了这种"滚雪球"的循序渐进式战略,如主要生产鞋机的温州大隆机器有限公司。国内的鞋机市场主要是"三州",即以生产男鞋为主的温州、以生产女鞋为主的泉州、以生产旅游鞋为主的广州。"大隆"近水楼台先得月,以温州鞋机市场作为将来进一步发展的"根据地"。当占领温州70%的鞋机市场,取得绝对稳固的垄断地位以后,再在温州发展潜力已经不大,"大隆"就开始向周边地区市场滚动。"大隆"第二步"滚"到了泉州市场,并把温州的服务经验"克隆"到新市场中,取得了很好的效果。随后,"大隆"又向广州进军。

2. "采蘑菇"战略

与"滚雪球"不同,"采蘑菇"战略是一种跳跃性的拓展战略。企业开拓目标地区市场时通常遵循先优后劣的顺序,而不管选择的市场是否邻近,即首先选择占领对企业最有吸引力的地区市场,采摘最大的"蘑菇",再选择占领对企业较有吸引力的地区市场,即采摘较大的"蘑菇",不管这个市场和原来的市场是否邻近。"采蘑菇"的市场拓展方式也有其独特的优点。

(1) 能取得最佳的经济效益。因为企业的每一步都选择了未占领市场中最佳的,所以,企业的资源总是得到最佳的配置和利用。

(2) 具有灵活性、及时性。在竞争对手较多时,如果仍遵循由近及远、循序渐进的原则,可能竞争对手早就把那些诱人的市场抢走了。

这种战略虽然存在缺乏地理区域上的连续性,却是企业普遍比较适应的战略,不但强势企业可以采用,弱势企业采用后也可以取得不错的效果。

3. "保龄球"战略

保龄球运动具有这样的特点:各球瓶之间存在一定的联系,只要击中关键的第一个球瓶,这个球瓶就会把其他球瓶撞倒一大片。企业在拓展市场时同样可以采用这样的方法。要占领整个目标区域市场,可以首先攻占整个目标市场中的某个关键市场,然后利用这个关键市场的巨大辐射力来影响周边广大的市场,以达到占领大片市场的目的。这种市场拓展战略被称为"保龄球"战略。

这一战略中的关键市场应该具有如下特点。

第一,关键市场中的消费者具有较强的求新意识和较强的购买力,因而对新事物接受较快。

第二,关键市场的消费需求具有极强的影响力、穿透力和辐射力。一般,关键市场的消费观念和潮流具有极强的超前性和引导性,即某种产品或生活方式一旦在这些市场中流行,会引发一大批周边中小地区市场争相模仿、追随。所以,只要企业占领这个"高能量"市场,就能取得以点带面、辐射一大片市场的效果。

这是一种先难后易的市场拓展战略。关键市场往往是商家必争之地,要攻占该市场,必须耗费大量的财力和人力,但一旦将之占领,其他市场就"横扫千军如卷席"了。显然,这是实力较强的大企业才能选择的战略。

海尔集团的国内市场拓展就采用了这一战略。在国内消费品市场中,有三个城市市场至关重要：广州毗邻香港，是我国的时尚中心和潮流发源地；能在上海立足的产品必定是经得起考验的精品；北京是我国的心脏，一举一动都对全国市场影响力巨大。所以，广州、上海、北京成为企业进军全国市场的战略"金三角"。占领了这三个市场，就等于攻克了大部分我国市场。海尔集团投入大量的精力先后进入和占领了北京、上海和广州市场，果然，其产品迅速向全国铺展开来。

4. "农村包围城市"战略

和先难后易的"保龄球"战略相反，"农村包围城市"战略是一种先易后难的市场拓展战略，即首先蚕食较易占领的周边市场，积蓄力量，并对中心市场形成包围之势，同时也对中心市场产生一种无形的影响力，等到时机成熟时，一举夺取中心市场。

对于中小企业来讲，若首先选择进攻最难占领的中心市场，成功的可能性很小。这时还不如首先选择较易攻占的周边市场，一方面积蓄自己的力量，另一方面对中心市场产生一种潜移默化的影响。

在实践中，"农村包围城市"战略的实施常常伴随着"时空间断法"的运用。企业在占领周边市场的同时，会对中心市场进行一定的广告宣传，却没有产品的跟进，有意造成市场空缺，让销售和宣传出现时空间断，令顾客由好奇到寻觅，由寻觅到渴望，形成消费势能的递增蓄积，犹如大坝之于江水，人为地制造水位落差，使之形成万马奔腾之势，为一举占领中心市场提供良好的基础。

5. "撒网开花"战略

"撒网开花"战略是企业在拓展其目标市场时，"到处撒网，遍地开花"，向各个市场同时发动进攻，将各个市场同时占领的方式。"撒网开花"战略具有极大的市场拓展威力，可以在非常短的时间内达到同时占领各个市场的目标。但是，这种战略成功的条件极为苛刻。

（1）需要有充足的营销资源。一方面，在许多市场中同时开展营销，就要在各个市场中都建立自己的销售渠道，并常常伴以广告的"地毯式轰炸"，需要的资金显然非一般企业所能承受；另一方面，对每个市场都必须派出精干的营销策划、销售管理人员和业务代表，因此，企业必须有一个庞大并且经验丰富的营销团队。

（2）需要有大量的开发资金。每个市场的需求各异，自然需要各种不同的产品。同时，拓展的市场越多，则需要的新产品品种越多。所以，企业新产品开发费用的大量支出不可避免。

（3）需要有强大的调控能力。企业同时向多个市场发动进攻，可能遇到许多意想不到的情况和难以控制的市场混乱，如果没有极强的调控能力，就难以应对同时发生的各种意外情况。

"撒网开花"战略就像"闪电战"，意在迅速占领，广种薄收。但是，这种战略成功的并不适合实力尚不雄厚、经验尚不丰富的企业。

项目七 构想商业模式

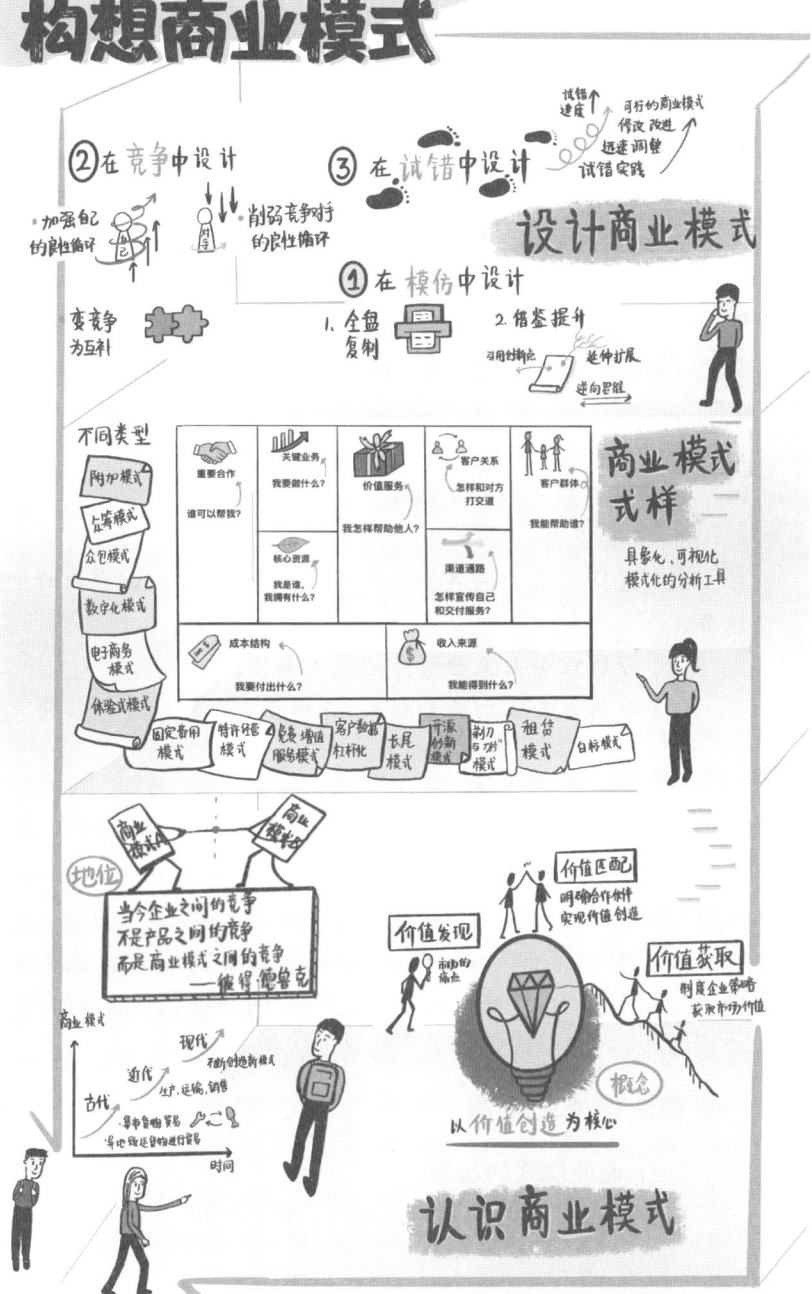

> **项目描述**

　　思路决定出路,布局决定格局,商业模式决定了企业的成败。企业要想基业长存,就要制定清晰而明确的战略,并将其付诸实践,形成可持续、可操作、可盈利的商业模式。本项目旨在让同学们理解商业模式的重要性,了解商业模式的基本概念和核心架构,学习常用的商业模式设计方法,能运用商业模式画布分析和评估商业模式,最终设计出适合自己项目的商业模式。

> **预期目标**

1. 了解商业模式的概念、商业模式的价值,掌握商业模式的核心架构。
2. 学会分析、评估和设计商业模式。
3. 深刻理解商业模式对新创企业的重要性。

> **项目准备**

分析企业的商业模式

1. 活动目标

了解商业模式的相关概念。

2. 活动步骤

(1) 选择一家你感兴趣的行业头部企业,梳理该企业的主要产品或者服务。

(2) 分析该企业主营业务的收入来源。

(3) 分析该企业的盈利模式,并根据盈利模式分析其商业模式。

任务一　认识商业模式

　　商业模式对于企业的存续、发展及最终的成就具有决定性影响。企业若想取得成功,就必须构建行之有效的商业模式。无论企业处于何种发展阶段,商业模式始终是其前进的关键动力。

一、商业模式的发展

(一) 商业模式的起源

　　由于社会分工的差异,人们参与各种各样的社会活动,从而产生了众多职业。实际上,每一种职业的产生都与其特定的社会历史背景密切相关。通常,我们把那些专门从事商品交易和流通活动的个体称为商人,而将此类活动称为商业活动。

在我国,商业据传源于商汤的先祖相土。在其统治部落期间,人民安居乐业,生产的物品有了剩余,便拿来跟别的部落进行交换。为了节省人力,相土的部落和邻近部落商定在固定的地点和时间开展物品交换,类似今天的集市或市场,从事物品交易的人开始有了"商人"的名称。到了商汤七世祖王亥时期,牛车的应用促使商业继续发展,物品交易更加发达,部落日益兴盛。相土和王亥所从事的商业活动可以用今天的商业模式来归纳,即"集市货物贸易"和"异地贩运货物贸易"。

在我国古代,众多经济发达的城市和村镇都依靠出售货物获利,大量商家组成了商业集市。这与当今的商品交易市场、超市和百货商店的商业模式类似。

异地贩运货物贸易也是农耕时代商人获利的主要方式之一。著名的丝绸之路就是古代东西方商业贸易的交通干道,这条道路不仅带来了异域风情的货物,而且增进了文化的交流。同时,航海技术也使得商品交易范围进一步拓展。在宋代,杭州、广州、福州、泉州都是有名的商埠,来往的货船在此停泊。到了元代,大量波斯人长期居住在泉州、广州等地,从事海上贸易。明代,我国造船技术进一步发展,郑和率领庞大的船队七下西洋,积极拓展海上贸易范围。再后来,大航海时代开启,各大洲之间互相连通,海上贸易渠道就此畅通。

在异地贩运货物贸易模式下,有几点比较关键。第一是要有货源,并且最好是两地之间有相互需要的产品。第二是要有强大的运输组织能力。异地运输距离与货物的利润有直接关联,距离越远,要求货物的利润越高。第三是要有捕捉商品信息的能力,要清楚哪些商品紧缺,哪些商品可以产生较高利润。

在生产方式、通信方式和交易模式几乎没有改变的时代,商业模式一直没有发生大的变化,直到近代工业革命开始。

(二)商业模式的形成

在工业革命发生之前,生产方式比较简单,除了农业生产,就是手工业生产。商业模式中有三个重要环节:生产环节、运输环节和销售环节。工业革命首先改变了生产环节。在工业革命之后,机器生产逐渐代替了手工生产,流水线作业出现,生产效率大大提高,基于生产环节的商业模式出现,如福特汽车采用的纵向一体化模式。正是由于机械化大生产发展,机器代替了人力,商人开始大规模生产产品,并通过价格组合进行售卖。

在运输环节,工业革命期间,出现了一种划时代的工具——电话。这种通信工具让人们突破了物理空间的限制,实现了远距离的交流。现代

任务一 认识商业模式

邮政的出现也使得物品的运输更加方便,时效、安全性更有保证。随着时代的发展,飞机、火车、汽车、蒸汽轮船出现,商业贸易的范围进一步扩大,国际贸易更加频繁和繁荣。得益于通信和运输的进步,19世纪60年代,连锁经营模式在美国纽约出现。

在销售环节,运输变得方便之后,销售商家发现进货越来越不成为问题。19世纪,百货公司出现,人们想买的东西在这里基本上都能找到。

同时,工业革命前后,现代金融业出现。在英国等国家,机械化的大规模生产需要庞大的资金,融资、股份制等新形式应运而生,为新商业模式的形成打下了基础。

(三)商业模式的发展

1969年10月29日,阿帕网在加利福尼亚大学洛杉矶分校的第一节点与斯坦福大学研究学院的第二节点之间实现了分组交换网络的远程通信,这标志着互联网的诞生。

互联网对于销售环节的改变是巨大的,通过互联网聚集海量的客户,销售模式从原来的"一对一"(一个商业网点服务一部分客户)变成了"一对无穷"。最简单的方式就是直接建立一个网站,只要看的人足够多、流量足够大,就可以通过广告等来赚钱,成本仅仅是计算机服务器和网络带宽的成本。

互联网时代的信息更加透明,商业数据更加丰富。以前要做商业决策时,可利用的信息有限,需要依靠企业家的经验和智慧才能做出合理的决策。在互联网时代,有更多的资讯和数据支撑商业决策,使得风险大幅降低。互联网上的海量数据转化成了各式各样的商业模式。在互联网时代,软件和硬件的结合也是一个亮点,即所谓"万物互联"。

从古至今,随着技术的不断进步,人们的生产和生活方式在不断变化。相应地,商业模式也在不断变化。有人说,工业革命开始至今的两百多年间,生产领域和社会关系的变革远超此前的两千多年间。近代以来,商业模式的变化越来越丰富,其对商业活动的影响力也越来越大。

二、商业模式的地位

现代管理学之父彼得·德鲁克指出:"当今企业之间的竞争,不是产品之间的竞争,而是商业模式之间的竞争。"确实,当今企业之间的竞争已经从产品、人才、营销、服务的竞争转向商业模式的竞争。

商业模式贯穿于企业运营的全过程中,涵盖生产、研发、营销等多个方面。商业模式将所涉及的各个要素整合为一个高效且协调的系统,从而向顾客清晰展示其可以提供的产品和服务,进而塑造企业在顾客心中的目标定位。同时,这也有助于员工全面理解企业的目标与价值,进而调整个人行为以与企业目标保持一致。此外,商业模式还能使股东更加明确地评估企业的价值及其在市场中的地位变化。

商业模式的构建描述了企业如何实现其创业愿景,它在创业过程中为创业者提供了一个框架,以周密思考所涉及的各个要素,确保这些要素能够相互支持并形成一个有机的整体。由于商业模式涉及对市场需求、生产流程、分销渠道以及成本结构等多方面因素的深入考量,构建商业模式可以从企业运行的各个层面着手。

商业模式的创新并不必然要求企业在技术上实现根本性的飞跃,它可以是对企业运行的某一环节进行革新,对既有模式进行重新构建,当然,也可以是对现有商业模式的颠覆性创新。

 典型案例 7-1

从免费到超时收费——丰巢快递柜的变化

2020年4月30日,丰巢快递柜开始对快件滞留的非会员用户收取滞留金,超时后的收费为0.5元/12小时,3元封顶,法定节假日不计费。消息一经发布便引起了社会的广泛关注和热烈讨论。

丰巢快递柜是如何从免费变成超时收费的?随着网购的兴起,快递行业的体量规模也逐步扩大。2023年,我国快递业务量突破1 300亿件,相当于每人每年平均产生了超过90件快递。快递的激增与派件时效的冲突让免费、便利、安全的丰巢快递柜得到大规模的推广、使用。当人们养成了免费的习惯,突然开始收费将是企业面临的重大关口。丰巢快递柜作为末端物流解决方案的提供者,通过向用户收取滞留金实现了一定的盈利。

公开资料显示,丰巢在2021年、2022年、2023年和2024年前五个月收取的滞留金分别为2.15亿元、2.30亿元、2.59亿元与1.04亿元,累计收入达到8.08亿元。这一收入主要来源于用户在快递柜中的包裹超时未取产生的费用。在过去几年中,丰巢曾连续出现亏损,直至2024年上半年才实现小幅盈利。这一转变的背后是丰巢在优化运营效率方面所做的努力。

三、商业模式的概念

在"互联网+"时代背景下,商业模式的创新对于产业格局的变革产生了前所未有的影响。在现实中,尽管众多创业企业拥有良好的市场机遇、创新的创业理念和才华横溢的团队,它们在成长过程中仍显得力不从心,或迅速陨落,其中一个关键因素就是未构建起能促进企业稳健发展的商业模式。因此,对于创业者而言,探索并确立与机遇相匹配的商业模式是主要任务之一。

微课:到底什么是商业模式

简言之,商业模式就是企业通过什么途径或方式来赚钱。商业模式以价值创造为核心,描述了企业创造价值、传递价值和获取价值的基本原理。商业模式是企业创造价值的核心逻辑,体现了企业对市场机遇的洞察力。商业模式的这一综合性主要体现在层次递进的三个方面——价值发现、价值匹配、价值获取上。

任务一 认识商业模式

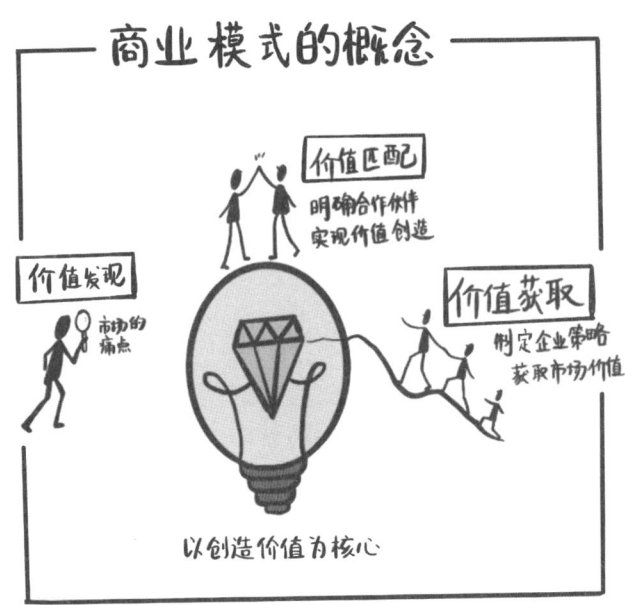

（一）价值发现

价值发现就是发现市场中的"痛点"，它是企业创造的价值的来源。这是企业对市场机会的识别，是商业模式开发的关键环节。企业通过市场分析发现顾客的需求，创新产品和技术，进一步明确价值所在。忽视了价值发现这一层面，创业者就容易陷入"只要我们生产出产品，顾客就会来买"的错误逻辑，这是许多创业实践失败的重要原因。

（二）价值匹配

价值匹配是指明确合作伙伴关系，以实现价值的创造。企业无法拥有满足顾客需求所需的所有资源和能力，即使有意自行构建需要的所有资源和能力，通常也会面临很大的成本和风险。因此，为了获取先发优势并尽可能地控制机会开发的风险，几乎所有新企业都要与其他企业形成合作关系，确保商业模式有效运作。

（三）价值获取

制定企业战略、挖掘市场价值是价值发现的目标，也是企业得以生存和获取竞争优势的关键所在，构成了商业模式核心逻辑的重要部分。许多新创企业是新技术或新产品的开发者，却不是创新利益的占有者，这一现象的根本原因在于这些企业未充分重视创新价值的获取。

价值获取的途径主要有两种：其一，在价值链中占据核心位置；其二，尽可能地对商业模式的细节进行保密。就前者而言，价值链中各项活动的增值潜力存在差异，企业若能占据增值潜力较大的活动，就能占据价值链中较大比例的价值，这直接关系到创新价值的获取。就后者而言，其他企业对本企业商业模式的模仿会在一定程度上侵蚀本企业现有的利润,因此,企业保护自身创意不被泄露的能力越强,就越能长期保持对创新价值的占有。

典型案例7-2

"便宜有好货"——低价优质模式

在日常生活中,如果我们听说哪里可以买到物美价廉的东西,第一反应可能就是要谨防被"忽悠",而第二反应就是"在哪里?我也要去买"。因此,如果产品或服务优质,而成本又能控制在较低水平,形成规模效应后,会具有强大的竞争力。

低价优质模式是一种常见的商业模式,被电子产品、服装、家具等行业广泛采用。其内在核心逻辑是,企业通过高效的管理和独有的技术,在极大降低成本的同时保障质量,最终以相对低的价格占有市场份额。

例如,拼多多集团发布的2024年第一季度业绩报告显示,拼多多集团2024年第一季度实现营收868亿元,同比增长131%。这组财务数据再次印证了拼多多的创收能力及其市场策略的有效性。拼多多不仅为顾客提供了经济实惠的商品,更展示了消费升级的新可能性——"高品质生活并不一定需要高昂的花费"。拼多多通过"多实惠"策略持续为顾客创造价值。

总体而言,对于顾客而言,享受高性价比的产品和服务能提升感知价值(满意度)。这里值得注意的是,低价往往需要依靠强大的生产能力、工艺的革新、高效率的管理等实现,这样才能形成价格壁垒,而不是单纯地降低价格。

价值发现、价值匹配和价值获取是设计有效商业模式的三个逻辑层面,在商业模式的设计中,每一个层面都不能忽略。企业只有真正理解了商业模式,才可以真正设计出为自身、顾客及合作伙伴创造经济价值的商业模式。

四、商业模式的相关概念

现实中,商业模式往往会与盈利模式、经营模式、管理模式等词语一起出现,容易被混为一谈。其实,这几个概念之间有一定的区别。

(一)盈利模式

盈利模式是指企业获取利润的途径和方式。在业务系统中,价值链的所有权及结构既定的情况下,盈利模式反映了企业利益相关者之间利益分配的格局,以及企业实现收益的具体方式。简而言之,盈利模式描述了企业通过何种模式和渠道实现盈利。它是企业在市场竞争中逐渐发展起来的独特的商业结构及相应的业务结构,用以支撑企业的盈利活动。

(二)经营模式

经营模式是指企业赚钱的方式,即企业如何将所拥有的人力、物力、财力等资源有效整合,以促进企业价值的持续增长,实现盈利目标。简而言之,经营模式就是企业持续获取利润的方法的总和。

任务一 认识商业模式

(三) 管理模式

管理模式是指管理实践中所采用的基本理念与方法,它构成了一套成熟的、可供人们直接借鉴和应用的完整管理体系。企业通过这套体系来识别和解决管理过程中的问题,规范管理手段,完善管理机制,以达成既定目标。

任务二 掌握商业模式的类型与要素

适宜的商业模式能够帮助企业走向巅峰,不当或落后的商业模式则可能导致企业遭受重大挫折。企业能否实现可持续发展,依赖于其运用恰当的创新型商业模式的能力。

一、商业模式的类型

常见的商业模式包括附加模式、众筹模式、众包模式、数字化模式、电子商务模式、体验式模式、固定费用模式、特许经营模式、免费增值服务模式、客户数据杠杆化模式、长尾模式、开源创新模式、"剃刀与刀片"模式、租赁模式、白标模式等。

(一) 附加模式

附加模式下,核心产品的价格非常具有竞争优势,但在核心产品之外,有许多额外因素会推动价格上涨。顾客最终所负担的价格可能比最初设想的要高。

(二) 众筹模式

众筹模式下,产品、项目或企业都是由投资者出资支持的,这些投资者希望支持潜在的创意,特别是通过互联网来支持。如果关键部分已经实现,创意就可以实现,投资者可能得到一定的收益,而且通常与他们所提供的资金成正比。

(三) 众包模式

众包模式下,一个问题通常由很多匿名的人共同解决,特别是在互联网上。参与者会受到一定的奖励,如果他们的解决方案被选中,他们可能获得更多的奖励。同时,这种互动能够增进参与者与企业之间的关系,为企业持续增加收入。

(四) 数字化模式

数字化模式下,企业将现有的产品或服务转化为数字版本,从而为有形产品提供优势。

(五) 电子商务模式

电子商务模式下,产品或服务只能通过在线渠道被交付,由此节约了运营实体商店所需的基础设施等方面的费用。顾客获得了更大的便利，同时，企业也能够把销售、配送与其他内部流程进行整合。

（六）体验式模式

体验式模式下，产品或服务的价值通过其本身所提供的用户体验得以增加，为满足更高水平的顾客需求提供了机会，相应地，其价格也会有所提升。

（七）固定费用模式

固定费用模式下，无论产品或服务的实际使用情况如何，企业都只收取固定费用。从简单的成本结构中受益，企业则从持续的收益流中获益。

（八）特许经营模式

特许经营模式下，特许权拥有者拥有品牌、产品和企业标识，并把它们授权给独立的加盟商使用，这些加盟商承担在当地经营的风险。特许经营者的收入被作为加盟商收入的一部分。对加盟商来说，它们将获得营销、专业技能等方面的帮助。

（九）免费增值服务模式

免费增值服务模式即免费提供一个产品的基础版本，最终让顾客购买其高级版本或通过广告等方式实现收益。免费版本是企业吸引顾客的重要途径，但是收入通常是付费用户带来的。

（十）客户数据杠杆化模式

客户数据杠杆化模式即收集顾客数据并以有益的方式处理，以供内部使用，或将其传递给感兴趣的第三方（经过顾客授权，并在法律允许范围内），通过销售数据给他人获利或利用数据为企业自身服务。

（十一）长尾模式

长尾模式是指主要的财务收入来自利基产品的"长尾效应"，而非广受欢迎的产品。利基产品不会产生大量需求，也没有高利润，但如果能足量提供多种类的利基产品，最终也能带来巨额利润。

（十二）开源创新模式

在开源软件工程中，一个软件产品的源代码不是专属于某个企业的，而是任何人都能自由使用的。这种形式可以被应用到任何产品的技术细节中。其他人可以对产品开发做出贡献，也可以作为用户使用它。

（十三）"剃刀与刀片"模式

"剃刀与刀片"模式下，基础产品价格较低，或者是免费的，但附属品通常比较昂贵。便宜的基础产品降低了顾客的购买门槛，同时附属产品的销售能够极大地弥补低价销售基础产品的损失。一般情况下，这两种产品通过技术处理被紧密绑定，强化了不可替代的效果。

（十四）租赁模式

在这一模式中，顾客选择租用一款产品而不是购买它。这种模式大大减少了顾客的初始投资，从而让某款产品的使用更加便利，企业按照租用时长收取费用,买卖双方都能获益于产品的高效使用。

(十五)白标模式

白标生产商同意其他企业使用它们的品牌分销自己的产品,同样的产品或服务被不同的商家以不同的品牌销售。

二、商业模式的要素

商业模式就像一幅拼图,只有每个部分都严丝合缝地拼合在一起,才能形成完整的图案。商业模式的各个组成要素按照一定的逻辑有机结合、有机关联,相辅相成、相应相和,形成良性循环。

《商业模式新生代》一书提出了商业模式画布的概念。商业模式画布可以为企业提供一个商业模式框架,是一种用来描述商业模式、评估商业模式及改变商业模式的工具。商业模式画布共包括九个核心要素,涵盖了商业的四个主要方面,即客户、提供物(产品/服务)、基础设施和财务生存能力。

商业模式画布的九个核心要素包括客户群体、价值主张、渠道通路、客户关系、收入来源、核心资源、关键业务、重要伙伴、成本结构(图7-1)。简单而言,商业模式能告诉我们自己的客户是谁、自己能提供什么价值、怎么把东西卖给客户、客户保持什么样的关系、钱从哪儿来、我们有什么资源、我们主要做什么业务、谁是我们的合作伙伴,还有我们的成本如何计算。

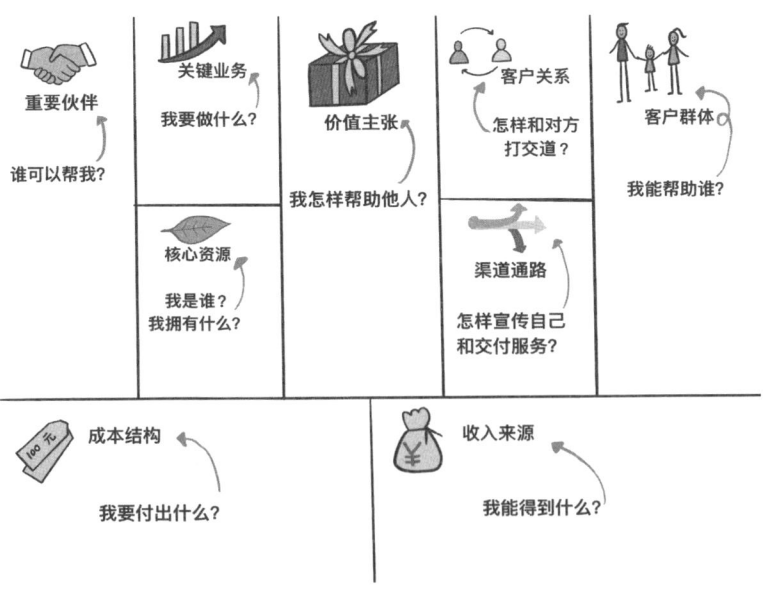

图7-1 商业模式画布

(一)客户群体

客户群体用来描述一个企业想要接触和服务的人群或组织,主要包括两方面：谁是企业最重要的客户，企业正在为谁创造价值。

一般来说，客户群体可以根据以下三种市场来划分。一是大众市场，涉及广泛客户群体，这些客户的需求和面临的问题具有较强的相似性。二是利基市场，指的是针对特定需求而形成的较为狭小的市场。三是区隔化市场，其客户需求略有不同，细分群体之间的市场区隔比较明显。

典型案例 7-3

大众点评网的客户细分

大众点评网在服务上的创新使其成为目前我国最具代表性的商户点评平台之一。大众点评网不仅为顾客提供商户信息、消费点评及消费优惠等信息服务，而且提供团购、电子会员卡及餐厅预订等服务。针对三种市场类型，大众点评进行了清晰的客户细分。

一是大众市场。大众点评网这一平台上聚集了众多餐饮、服装、景点等实体消费的相关信息，同时为顾客和商家服务。顾客可通过这个平台非常方便地了解商家信息、消费优惠，享受预约交易、消费点评等服务。

二是利基市场。通过与商家的合作，大众点评网以丰富的团购、电子优惠券吸引了大量追求高性价比消费的顾客，这也为众多商家进行营销聚集了精准的海量用户群体。

三是细分市场。大众点评网针对细分市场，如青年、学生、中端消费人群等进行精准的服务推送，能高效吸引顾客的关注。

（二）价值主张

价值主张用来描绘为特定客户群体创造价值的系列产品和服务，主要回答以下问题：企业向客户传递什么样的价值，企业正在帮助客户解决哪一类难题，企业正在满足哪些客户需求，企业正在向客户群体提供哪些产品和服务。

价值主张的要素主要包括以下几个方面。

(1) 新颖：产品或服务能提供客户从未感受和体验过的全新内容。

(2) 性能：改善产品和服务性能是传统意义上创造价值的普遍方法。

(3) 定制化：满足个别客户或客户细分群体的特定需求。

(4) 简单化：通过帮助客户把某些事情做好而简单地创造价值。

(5) 设计：产品因优秀的设计脱颖而出。

(6) 品牌：客户可以通过使用某一特定品牌的产品获得更多价值。

(7) 价格：以更低的价格提供同等的价值，满足对价格敏感的客户细分群体的需求。

(8) 可达性：把产品和服务提供给以前接触不到的客户。

(9) 便利性／可用性：使产品更方便或易于使用，可以创造可观的价值。

典型案例7-4

外卖平台的价值主张

在外卖产业发展之初,在线外卖行业就呈现出快速增长的态势。公开数据显示,2023年,我国在线餐饮外卖行业市场规模为15 254亿元,预计2027年将达到19 567亿元。随着一、二线城市外卖市场逐渐饱和,众多餐饮品牌开始将目光投向下沉市场,寻求新的增长点和发展机遇。

2023年,中国互联网平台企业在外卖服务领域显著增大了投入力度,不断深耕并扩大经营区域。截至2023年12月,国内网上外卖用户规模已激增至5.45亿人,较2022年12月增加了2 338万人,占比达到网民总数的49.9%,这反映出外卖服务在我国的普及度和市场潜力。

在线外卖平台实现了客户和企业的双重价值主张:一方面解决了很多学生、上班族的吃饭问题,另一方面帮助餐厅创造了比线下堂食更多的利润。同时,外卖平台通过收取外卖配送费和平台推广费用获得盈利,通过与餐厅和骑手的合作获得资源支持。

(三)渠道通路

渠道通路用来阐述企业与客户细分群体建立联系并传递其价值主张,主要回答以下问题:企业通过哪些渠道可以接触到客户群体,采取何种方式与客户细分群体互动,如何实现渠道的协同整合,哪些渠道效果最佳,以及哪些渠道在成本效益方面表现最佳。

企业可依据自身战略选择,通过建立自有渠道、利用合作伙伴渠道,或两者结合的方式与客户进行互动。自有渠道涉及自行构建的销售团队和网络销售平台,合作伙伴渠道则包括合作店铺和批发商等。

典型案例7-5

电商平台的渠道通路

当前,国内电子商务行业处于快速变革时期,行业内企业之间的竞争也愈发激烈,这种竞争是企业产品、服务之间的竞争,更是商业模式之间的竞争。渠道通路主要描绘企业向客户传递其价值主张的渠道和方式。目前,绝大多数电商平台向客户传递其价值主张的渠道是网站和移动客户端,其渠道通路包括B2B(business to business,企业到企业)、B2C(business to consumer,企业到个人)、C2C(customer to customer,个人到个人)等。B2B是指企业之间通过互联网进行数据信息的交换、传递,开展交易活动的商业模式;B2C是指企业直接面向个人销售产品和服务的商业零售模式;C2C是指个人之间的电子商务模式。

(四)客户关系

客户关系管理旨在阐释企业与特定客户群体间的关系性质,主要解答以下问题:客户群体期望与企业建立并维系何种类型的关系,企业已与之建立哪些关系,这些关系的成本状况如何,如何将其与企业商业模式的其他要素有效融合。

典型案例7-6

海底捞的客户关系

海底捞的服务宗旨是服务至上、顾客至上,贴心、周到、优质的个性化服务已成为海底捞的品牌象征。服务一直是海底捞的王牌竞争优势,也是顾客对海底捞最为称道的一个方面。海底捞采用的会员制度也具有一定的创新性,将会员分为红海会员、银海会员、金海会员和黑海会员,大学生还可享受6.9折优惠,这些都增强了客户黏性。

海底捞通过优质的服务所建立起的庞大的客户群体为海底捞带来了丰厚的资源,这种资源体现在品牌自带流量的议价能力上。尤其是在租金成本上,其自带的客户流量使其租金成本占比显著低于同行。

(五)收入来源

收入来源描述了企业从不同客户群体处获得的现金收入(扣除相应成本后),主要解答以下问题:何种价值能够促使客户付费,客户目前为之付费的是哪些产品或服务,客户采取何种支付方式,客户更倾向于采取何种支付方式,每种收入来源在总收入中所占的比例。

通常而言,收入来源可以划分为七种主要类型:资产销售、使用费、订阅费、租赁费、授权费、经济性收费、广告费。

典型案例7-7

山姆会员超市的异军突起

山姆会员超市是沃尔玛旗下的高端会员制商店,目前已经成为全球最大的会员制仓储超市。山姆超市的成功离不开沃尔玛强大的品牌支持和深厚的零售经验。2023年,山姆超市在我国实现销售额800亿元,同比增长21.21%,可谓业绩斐然。

会员费的收取不仅提高了顾客黏性,还帮助山姆有效筛选顾客,为其高品质的产品和服务带来稳定的消费,在创造稳定现金流的同时,也便于更好地进行库存管理。与传统商超不同,山姆采用"少而精"的选品策略,不仅上架顾客满意度高的产品,还打造了蛋糕、牛排等一系列"爆款"产品。这些产品不仅是引流利器,更是盈利的关键所在。依托打造爆品的能力和沃尔玛的全球供应链,山姆能够以更具竞争力的价格为顾客提供更优质的产品,并且结合前置仓的电商网络,形成线上、线下服务的闭环。

山姆的收入主要来自商品销售（超过90%），还有会员费和增值服务费。山姆的利润当中，商品销售利润占比为70%，利润率保持在15%左右的较高水平。

（六）核心资源

核心资源用来描述商业模式有效运转所必需的重要因素，主要回答以下问题：企业的价值主张需要什么样的核心资源，企业的渠道通路需要什么样的核心资源，企业的客户关系需要什么样的核心资源，企业的收入来源需要什么样的核心资源。

一般来说，核心资源可以分为四种类型。一是实体资产，包括生产设施、不动产、系统、销售网点和分销网络等。二是知识资产，包括品牌、专有知识、专利和版权、合作关系和客户数据库。三是人力资源，尤其是在知识密集型产业和创意产业中。四是金融资产，包括金融资源或财务担保，如现金、信贷额度和股票期权池。

典型案例 7-8

大疆无人机的核心资源

深圳市大疆创新科技有限公司成立于2006年，是全球领先的无人飞行器控制系统的研发和生产商，客户遍布全球一百多个国家和地区。通过持续创新，大疆致力于为无人机的工业、行业用户及专业航拍者提供性能最强、体验最佳的革命性智能飞控产品。

大疆的研发实验室里储备了众多最新科技成果，研发人员持续发挥创造力和想象力，使得这些超前的科技成果可以被应用到解决各种工业和商业实际问题的产品中去。大疆始终坚持创新和原创的理念，对产品的研发规划十分超前，坚持做到让推出的每一款新产品都具有比市场上的同类型产品更强大、更稳定的性能。大疆在实现技术和产品质量领先的同时，在产品推广和企业文化输出方面也秉持创新、超前的理念，是带领产业进行革命的先锋。大疆一直相信，只有不断地输出优质产品和技术，才能更好地服务市场和客户。

大疆无人机的崛起得益于核心资源的积累。大疆以其强大的硬件设备研发能力，加上行业内领先的技术、相对于同类产品的高性价比，为无人机用户提供了革命性的智能飞控产品。

（七）关键业务

关键业务用来描绘为了确保其商业模式可行，企业必须做的最重要的事情，主要回答以下问题：企业的价值主张需要哪些关键业务，企业的渠道通路需要哪些关键业务，企业的客户关系需要哪些关键业务，企业的收入来源需要哪些关键业务。

一般来说，关键业务可以分为三种类型：一是制造产品，与设计、制造及配送产品有关，是企业商业模式的核心；二是平台/网络，网络服务、交易平台、软件甚至品牌都可以被看成平台，与平台管理、服务提供和平台推广相关；三是问题解决，为客户提供新的解决方案需要知识管理和持续培训等业务。

典型案例 7-9

京东的关键业务

京东是电子商务行业内的领军企业。对于京东而言，其商业模式的有效运行需要以下三项关键业务。

第一，IT（信息技术）系统的开发与维护。京东的商业模式决定了其需要持续地开发和维护 IT 系统，以适应技术的持续更新和客户量、订单量的不断增加。

第二，订单处理，包括订单生成、商品挑选、包裹配送等环节。京东的主营业务是向客户销售商品，客户订单处理的及时性和准确性直接影响着客户体验。同时，订单处理这项业务的高效运行需要 IT 系统和仓储物流系统的共同支撑。

第三，营销推广。客户是商业模式的核心，如何更好地吸引和维系客户是企业要解决的首要问题。通过掌握大量的客户资源，提高商品的销售量，京东可以增强对供应商的话语权，同时吸引更多的商家加入平台。

（八）重要伙伴

重要伙伴用来描绘商业模式有效运作所需要的供应商与合作伙伴的网络，主要回答以下问题：谁是企业的重要供应商，谁是企业的重要合作伙伴，企业正在从合作伙伴那里获取哪些核心资源，合作伙伴都指向哪些关键业务。

一般来说，与重要伙伴的关系可以分为四种类型：非竞争者之间的战略联盟关系、竞争者之间的战略合作关系、为开发新业务而构建的合资关系、为确保可靠供应而构建的购买方和供应商关系。

典型案例 7-10

免费大米网的重要伙伴

通过"背单词，捐大米"，免费大米网（FreeRice.com）编织了一张连接全世界人民、赞助商（广告客户）、公益机构及需要救助的人群的共赢网络。

免费大米网是联合国世界粮食计划署（WFP）旗下的一个公益性质的网站。免费大米网的网站消息栏中写着："无论你是大公司的首席执行官还是贫穷国家街头流浪的孩子，增加英语词汇量都会改善你的生活。此时此刻，世界某个角落里的饥民可能正在享用你赞助的大米。"

在盈利模式方面，网站并不以盈利为目的，运营主要依靠赞助商、个人捐助及广告收入。据统计，免费大米网每天的广告收入超过 1 000 美元。网站最主要的捐助品——大米大部分由百胜集团、联合利华等公司赞助，剩余部分由网站用自身的广告收入来购买。免费大米网平时的现金流入项目主要是广告收入，现金流出项目包括购买大米、网站维护和支持等。总之,免费大米网的现金流结构比较简单,现金流量较小。实际上,对于网站来说,更重要的是大米的流量。

免费大米网作为一个非营利性的慈善组织,最关键的资源是赞助商捐助的大米,以及网站的用户量。通过慈善和学习相结合的方式,网站可以吸引用户,而通过用户,网站吸引了赞助商和广告商。免费大米网从合作伙伴处获得了资源,同时让合作伙伴获得利益,最终实现双赢。

(九)成本结构

成本结构用来描绘运营一个商业模式所产生的所有成本,主要回答以下问题:什么是商业模式中最重要的固有成本,哪些核心资源花费最多,哪些关键业务花费最多。

一般来说,成本结构可以分为两种类型:一是成本驱动结构,创造和维持最经济的成本结构,采用低价的价值主张,实现最大限度的自动化和广泛外包;二是价值驱动结构,专注于创造价值,采用增值型的价值主张,高度个性化的服务通常为这一类型。

以上九个核心要素构成了商业模式画布。可视化的商业模式画布可以将计划、想法更为简洁地展现出来,团队也可以更好地理解商业模式,整合群体的智慧,共同设计企业的商业模式。任何一种商业模式都少不了上述九个要素,任何新型的商业模式都不过是这九个要素不同逻辑的排列组合。每个企业的定位、兴趣点和视角都不一样,向各个要素中添加的内容也就不一样,便形成了不同的商业模式。

需要注意的是,商业模式并不是企业的全部。商业模式描述的是企业的各个部分怎样组合在一起构成一个系统,但是,商业模式没有把影响业绩的重要因素——竞争纳入其中。每家企业都会遇到竞争对手,这只是早晚的问题,而应对竞争需要战略,要比竞争对手做得更好。因此,创业者不能认为有了商业模式就万事大吉了。

任务三 设计商业模式

每位创业者都想为自己的企业设计一个独特的商业模式。虽然实现彻底的商业模式创新是一件困难的事情,但在设计商业模式时,我们往往只需要根据企业情况进行适当的小幅度创新。很多企业都在模仿、改进现有商业模式,或在与现有商业模式竞争的基础上收获了巨大成功。

一、在模仿中设计商业模式

一般来说,模仿其他企业商业模式的方法可以归纳为全盘复制和借鉴提升两类。

(一)全盘复制

全盘复制商业模式的方法比较简单,即直接模仿优势企业的商业模式,并根据自身企业状况对其进行相应的调整和完善。全盘复制的方法主要适用于同一行业内的企业,特别是同属一个细分市场或拥有相同产品的企业,也可以是对直接竞争对手商业模式的全盘复制。

全盘复制优势时有两个注意要点:一是需要快速捕捉商业模式的信息,谁先复制,谁就可能具备先发优势;二是要对细节进行调整,复制不等于生搬硬套,需要针对细分市场或企业的情况进行适应性调整。

(二) 借鉴提升

1. 借鉴创新要素

可以研究优秀的商业模式,对其创新要素进行适当的提炼。通过对这些创新要素的学习,对照企业自身的实际情况,识别并弥补本企业商业模式的不足之处,结合实际需要,对这些创新要素加以运用,使其发挥价值。借鉴创新要素的方法具有广泛的适用性,适用于不同行业及处于不同竞争地位的企业。

2. 延伸扩展

进行延伸扩展,要通过对商业模式的深度分析掌握使用这种商业模式企业的所在行业及细分市场,找到同一行业内尚未被开发的其他细分市场,使商业模式的应用范围扩展到其他细分市场。当然,商业模式在实际运用中需要根据细分市场进行优化和调整。

该方法的优势在于,通过深入研究商业模式,能够发现尚未被充分开发的其他有效细分市场,并据此构建先发优势,扩大商业模式的应用范围,使其适用于行业内更多企业。对于行业外的企业而言,若希望实现多元化发展并寻求新的业务机会,亦可借鉴此商业模式拓展方法,以顺利进入目标行业。

3. 逆向设计

逆向设计即对行业领先者或主流商业模式进行深入研究,并有意识地进行逆向思考,设计出与其相反的商业模式。通过这种方式,企业能够占据那些领先者和主流模式尚未获取的市场份额,并构建与之相适应的商业模式。

在运用逆向思维设计商业模式时,需要关注三个关键要素:首先,要识别行业领先者或主流商业模式的核心要素,并据此构建逆向商业模式;其次,逆向设计不应仅限于简单地反向操作,而应确保能够为顾客带来更大的价值,并能够创新商业模式;最后,必须警惕行业领先者可能的反制行为,评估其潜在的反击策略,并制定相应的防御措施。

典型案例 7-11

腾讯边模仿边成长的创新之路

腾讯认为模仿是创新的前奏,也是最稳妥的创新方式。腾讯走的是"微创新"之路,是基于原有的商业模式、产品模式和技术进一步革新的小步骤创新。在新产品层出不穷的互联网行业,腾讯常常后来居上。一些业内人士认为,腾讯的策略在于,一旦发现有新产品被市场验证有效,便迅速跟进,开发出类似产品,再利用其庞大的平台后发制人。腾讯早在2006年就率先创立了"腾讯创新中心",建立了一整套能够自我更新、自我发展的创新机制。

二、在竞争中设计商业模式

当企业采用不同的商业模式进行经营时,结果往往很难预料。如果在孤立的情况下分析,某个商业模式或许会显得优于其他商业模式,但是当把互动和协同影响考虑在内,它创造的价值可能又不如其他商业模式。企业在竞争环境中对商业模式的优化有三种方式。

(1) 强化自身的良性循环。企业对已经存在的商业模式进行调整,形成新的关键要素之间的良性循环,从而让自己更有资本与对手展开竞争。新的受益点常常有助于发掘新的商机。

(2) 削弱竞争对手的良性循环。一种新技术或新产品能否颠覆行业规则不仅仅取决于它的内在优势,还取决于企业与竞争对手之间的互动。如何削弱竞争对手已有的模式因而显得至关重要。

(3) 变竞争为互补。拥有不同商业模式的竞争对手也可以成为价值创造时的合作伙伴。每家企业都各有特色,在竞争中形成良性互补也是企业可以考虑的商业模式创新方法。

三、在试错中调整商业模式

商业模式的成功往往有赖于创业者有能力在实施过程中对其进行调整,甚至在有必要时全面改革。如果创业者有意识地遵循能使整个企业系统顺利运作的模式工作,那么每一项决策、每一个举措及每一次测评都会提供有价值的反馈。利润的重要性不仅在于其本身,还在于其能证明商业模式是否行得通。如果没有达到预期目标,就应该重新审视商业模式。

从某种意义上说,商业模式的构建过程实际上是科学方法在管理中的应用过程——从一个假设开始,在其实施过程中进行检验,并在必要时加以修正和完善。若商业模式行不通,可能是因为没有通过数据的测算(如损益与预期不符),或者是因为没有通过检验(如没有意义、不符合经济逻辑、业务本身不能为顾客创造价值)。

为了确保商业模式的设计与运作有效,必须考虑人物、场景、动机、地点和情节等要素。为了让商业模式的情节具有说服力,必须精确地安排人物角色,清晰地界定其动机,最关键的是,情节必须充分展现新产品或服务是如何为顾客带来价值和利益,以及如何为企业创造利润的。

在创业企业的发展初期,一项至关重要的任务是对商业模式进行试验与修正。即便设想再周密的商业模式,在实际应用过程中亦有可能遭遇重重困难,甚至完全无法实施,这对于创业企业来说可能是灾难性的。缺乏行之有效的商业模式,创业企业就如同在浩瀚的海洋中迷失方向的小舟,稍有不慎,便有可能触礁沉没。创业企业能否持续发展,在很大程度上取决于其对商业模式的试验与修正速度。那些幸运的创业者能够在资源耗尽之前,依据试验与修正的实践经验,迅速改进出一个可行的商业模式,从而找到盈利的途径。只有这样,创业企业才能保证生存,并为后续的发展奠定基础。

典型案例 7-12

在免费中找到突破——奇虎360

奇虎360商业模式的建立是从杀毒软件开始的。20世纪90年代,国内的金山毒霸、瑞星杀毒、江民杀毒及国外的诺顿、卡巴斯基等杀毒软件都有一大批用户。最早,杀毒软件的销售也是"一手交钱,一手交货",很多杀毒软件公司采用收取年费的模式。2006年,奇虎公司推出杀毒软件360安全卫士并让用户免费使用。2008年,360安全卫士的市场占有率达到了第一。

这个免费的软件是如何赚钱的?奇虎公司并未在杀毒软件上直接打广告,而是通过杀毒软件这个入口开发了360安全浏览器、360导航页、360软件管家等,依靠这些软件内的广告、增值服务实现盈利。

拓展阅读 7-1

创新商业模式的建议

1. 获得高层管理者的支持

要提高高层管理者对商业模式创新的认识水平,使其熟悉行业内外成功的商业模式创新案例,以此开阔视野,认识到新的商业模式能为企业带来益处。这种行为需要持之以恒,因为对商业模式创新重要性的理解不可能一蹴而就。

2. 建立多元化的团队

商业模式创新需要跨职能的协作,要尽最大努力整合具有不同背景和来自不同部门的员工,确保所有人对商业模式的意义理解一致,并利用其不同背景积极整合外部资源。

3. 保持学习心态

要经常思考企业目前获得成功的主要原因是什么,并持续研究和分析企业生态的变化,实时更新现有的商业模式。

4. 营造开放的企业文化

在进行商业模式创新的早期构思阶段,尽量避免对任何想法和观点进行负面评价,避免将创意扼杀在摇篮中。要意识到在创新过程中肯定会遇到失败和风险,并做好心理准备。

5. 持续验证构思

万事开头难,不要期待一开始就能产生最完美的创意。创新需要艰苦的努力、多次反复和漫长的过程才能实现,要持续对构思进行验证,尝试将构思变成原型,通过试点项目获得反馈,并再次调整商业模式。尽可能在早期经历快速失败,以便进一步完善商业模式构思。

6. 不要对商业模式构思期待过高

一般来说,大多数商业模式构思在实施初期都会出错,不要对其期待过高。可以预先设想不同的场景并进行充分思考,以便应对即将出现的各种变化。

7. 为新的商业模式提供必要的环境

商业模式创新是一个持续不断的过程,商业模式不是一成不变的,它需要不断地被质疑和挑战。确保为商业模式提供使其受到保护的环境,追求长期效应,而不是短期结果。

8. 积极灵活地管理变化的过程

确保变化的过程公平而透明,在此基础上,对商业模式创新抱有积极的心态,随机应变,灵活地调整商业模式。

拓展阅读 7-2

加速验证商业模式——NABC方法

风险投资人的NABC方法(需求need、方法approach、收益benefits、竞争competition)对商业模式创意的评估和选择而言非常有价值。这一方法适用于由一般概念衍生出众多创意并在其中进行选择的过程。目前,风险投资人常常用"电梯游说"(汇报者需要在乘电梯的时间内用令人信服的方式来推销自己的想法)的方式高效地选出新的商业创意。

讨论小组可以根据NABC方法的四个方面准备一个简短的电梯演讲,时长为1~3分钟,通过这一方法对创意进行分析,淘汰不切实际、不够有趣的创意。

(1) 需求:我们的机会是什么?(客户视角)

(2) 方法:我们的价值主张是什么样的?(内部视角)

(3) 收益:客户的利益是什么?我们的利益在哪里?(价值视角)

(4) 竞争:我们的竞争对手是谁?我们的产品有没有替代品?(外部视角)

商业模式创新和风险投资的主要区别在于,对于商业模式创新来说,创意不应很快被清除。风险投资人通常会在瞬间做出决策,但是商业模式创新是基于创意进行的,在创意从提出到最终落地的过程中,可以持续通过NABC方法进行验证。

项目八 呈现创业计划

项目描述

仅仅有创意是不够的,必须把创意落实为行动。一份缜密、可行的创业计划书可以将不错的创意转变成成功的企业。本项目旨在让同学们通过学习创业计划书的编制、推介等相关内容,了解创业计划书的重要性,以及创业计划书的基本框架与内容,能通过参加创业竞赛、项目路演等方式有效推介创业项目,为创业做好必要的准备。

预期目标

1. 了解创业计划书的概念、类型,了解创业计划书的内容结构。
2. 能有效表达项目逻辑,能独立编制创业计划书,能有效推介创业项目。
3. 认识到创业计划书的重要性。

项目准备

创业,你做好准备了吗?

1. 活动目标

通过测评评估自己对创业项目的准备情况。

2. 活动步骤

(1) 填写创业者测评表(表8-1)。

表8-1 创业者测评表

问　　题	你的评价	
	是	否
1. 你决定出售什么产品或提供什么服务了吗?		
2. 你知道你的顾客是谁吗?		
3. 你了解潜在顾客怎样看待你的产品或服务吗?		
4. 你知道你的竞争对手的产品或服务的价格吗?		
5. 你知道你的竞争对手的长处和短处吗?		
6. 你预测过企业的销售情况吗?		
7. 你制定好产品或服务的销售价格了吗?		
8. 你选择好企业地点了吗?		
9. 你决定采用哪种销售方式了吗?		

续 表

问　　题	你的评价	
	是	否
10. 你决定采用哪种促销方式了吗？		
11. 你知道自己的促销方式需要多少钱吗？		
12. 你已经选定某种企业法律形态了吗？		
13. 你决定需要什么样的员工了吗？		
14. 你知道雇用员工的法律责任吗？		
15. 你知道对你的企业的所有法律要求吗？		
16. 你知道你的企业需要什么样的营业执照和哪些许可证吗？		
17. 你知道办这些执照和许可证需要多少钱吗？		
18. 你决定为你的企业办理哪些保险了吗？		
19. 你知道办理保险需要多少钱吗？		
20. 你预测第一年的销售量了吗？		
21. 你预测第一年的销售收入了吗？		
22. 你制订第一年的销售和成本计划了吗？		
23. 你的销售和成本计划表明第一年有利润吗？		
24. 你制订现金流量计划了吗？		
25. 你的现金流量计划表明前6个月你的企业的现金不会耗尽吗？		
26. 你计算过开办企业所需要的启动资金数额吗？		
27. 你为企业筹集到所有的启动资金了吗？		
28. 如果你计划申请贷款，你预测过可用于担保的资产值吗？		
29. 你是否对创办自己的企业有足够的信心？		

（2）测评结果分析：在"你的评价"中，有多少个"否"？

0个：你准备得很好，可以开办自己的企业了。下一步，你要做好开办企业的工作计划。

1~10个：你应该回到开办企业之前的步骤，并在需要改进的地方下功夫。

11个及以上：在当前阶段开办企业的风险太大，如果你仍然很想开办企业，你应该回过头去从创业的最初阶段开始重新考虑。

任务一　认识创业计划书

创业计划书又称商业计划书,是指按通用的标准文本格式写成的项目建设书,是全面介绍企业和项目运作情况,阐述产品市场及竞争、风险、发展前景和融资要求的书面材料。

创业计划书最初出现在美国,当时被当作从投资者那里获取资金的一种工具。如今,在寻求业务合作伙伴(包括客户、供应商及分销商)时,提供创业计划书已成为必不可少的程序,更不用说面对投资者和银行时了。当然,不仅新创企业需要使用创业计划书,成熟企业也需要依靠特定项目的创业计划书来帮助做出内部投资决策。

一、创业计划书的重要性

创业计划书的重要性不言而喻。创业者可以用它来证明他们有能力处理好新创企业所面临的种种问题。如果构思和执行都准确无误的话,创业计划书就会成为评估和管理业务的核心文件。

(一) 创业计划书是企业通向成功的路线图

每项重大业务或项目都需要有一份创业计划书,它不但可以帮助企业把握住那些意料之中和意料之外的机遇,而且可以帮助企业成功克服将来可能遇到的障碍。只有这样,企业才能在充满激烈竞争的商业环境中成功地生存下来。

准备创业计划书是创业过程的一部分。创业计划书绝不是快速写出来,给大家传阅一遍,然后被束之高阁的文件;它也不是从某本书或者某个网站上摘录标准模板后,再对其稍加修改而生成的一个修正版本。准备创业计划书是一个需要精力高度集中的过程。在这一过程中,创业者需要客观思考自己的商业理念、商业机会、竞争格局、成功的关键,以及这一过程所涉及的所有人员。经过分析,创业者会发现,在这一过程中可能出现的问题远远多于其准备好回答的问题。

制定创业计划书这个过程能让我们的商业愿景逐渐变得清晰,帮助我们梳理出企业在未来发展中可能遇到的重大问题,并试着做出回答。它能帮助我们鉴别决定企业生死的那些关键假设,对它们加以确认,看清楚它们是否我们一厢情愿的妄断。我们的认知越充分,企业成功的概率越大。

(二) 创业计划书是创业者管理项目的工具

制定创业计划书能使管理团队对自己的创业项目有全面的了解,更清楚创业目标、主要工作任务和实现目标的方式、手段,坚定创业的信心,向着创业目标奋斗,也能为管理团队提供必要的经营指导与评价标准,帮助管理团队跟踪、监督和判断企业业务进展情况。优秀的创业计划书是一份有生命的文档,随着管理团队知识与经验的不断增加,它会不断完善。

(三)创业计划书为创业者获取资金提供试金石

投资者通常是在阅读完创业计划书后,觉得有必要进一步了解创业项目时才会与创业者见面的。一份高质量的创业计划书是宣传推广新企业和新项目的资料,是与各方沟通的工具,它能更好地向投资者、银行、政府部门等介绍新企业及其发展规划,使投资者更快、更有效地了解投资项目,对创业企业充满信心,并对创业项目进行投资。

二、创业计划书的类型

(一)常规型创业计划书

常规型创业计划书一般为 25～40 页。常规型创业计划书适用于多种场合,如说服投资者或贷款放款人、吸引新员工、向新供货商或新客户等利益相关方展现企业的价值。这些利益相关方,尤其是投资者和贷款放款人不可能从头到尾地详细读完创业计划书,因此,常规型创业计划书一般要写得易于他人方便快速地查阅。

(二)操作型创业计划书

操作型创业计划书主要针对创业者和整个团队,用于引导项目的筹备、启动和初期成长。这类创业计划书通常都超过 80 页。操作型创业计划书是团队成员就某个商业机会所形成的智慧的结晶。它在细节上达到了精细的程度,不仅详尽探讨商业机会,而且细述企业启动的具体步骤。它对外部利益相关方而言常常过于烦琐,但对于创业者及其团队而言具有重要价值。只有通过详尽的筹划,创业者才能真正深入理解问题的方方面面,而这种深入的理解对打造、经营企业是非常重要的。

(三)脱水型创业计划书

脱水型创业计划书比前两种内容要少,一般不超过 10 页。这种创业计划书的目的是提供创业的初步概念,是对人员、机会及财务要求等方面情况的简明描述。

这种创业计划书能检测人们对创业灵感的初始反应,创业者可以通过对它的分享获取一些反馈信息,从而决定是否要花更多的时间与精力来准备比较详细的创业计划书。

脱水型创业计划书对初步定义企业的性质而言是很适合的。脱水型创业计划书就像一张路线图,能确保每个人都有相同的愿景。可以将计划书的不同部分分配给其他团队成员撰写,比如,让一个人写营销计划,另一个人写发展计划。每个团队成员手中都有脱水型创业计划书做指引,在整合时需要调整的东西就不多了。

脱水型创业计划书也适用于在与相关利益方正式会晤前寄给对方。以投资者为例，除非他们对这个创业项目很感兴趣，否则他们不可能把完整的创业计划书看完。因此在写完完整的创业计划书后，不妨回头再写一份对外使用、言简意赅的脱水型创业计划书。脱水型创业计划书能激发投资者、客户和供货商的兴趣。

（四）一页纸创业计划书

一页纸创业计划书即用OGSM方法打造的极简创业计划书。OGSM表示长期目标（objective）、短期目标（goal）、策略（strategies）和方法（measures）四个词。OGSM方法能将长期目标、短期目标、策略和方法整合在一张纸上，用四步打造出一份可靠的创业计划书，确保其清晰、明确、易于实施和分享。

三、创业计划书的评价

表8-2所示的为创业计划书的评价标准。

表8-2 创业计划书的评价标准

序号	内容	评价标准
1	执行摘要	简明扼要，具有鲜明特色，内容包括企业及产品（服务）概况、市场概况、营销策略、生产和销售计划、财务预测和投资回报、对企业发展目标的展望、创业团队的特殊性和优势
2	企业基本情况	清楚、翔实，内容包括企业名称、成立时间、注册地区、注册资本、主要股东、股份比例、管理团队、主营业务、地点、电话、传真及联系人等
3	产品（服务）描述	准确描述产品特征或服务形式，内容包括产品（服务）的特点和创新点、如何满足关键用户需要，要保证材料真实、有效，指出产品（服务）目前的水平是否处于领先地位，能否适应市场的需求，能否实现产业化
4	行业及市场分析	使用正确的方法从正确的途径获得行业及市场信息，同时从多种角度进行竞争分析，要求真实、可行，具体内容包括行业历史与前景、市场容量与趋势、市场竞争状况、市场变化趋势及潜力、细分目标市场及客户描述、市场份额和销售额预测
5	营销计划	清晰阐述如何提高市场占有率，把握企业发展的总体进度，对收入、盈亏平衡点、现金流量、市场份额、产品开发、主要合作伙伴和融资情况等有所安排，构建畅通、合理的营销渠道，并设计与之相适应的新颖而富有吸引力的促销方式
6	团队与组织机构	组织机构合理，团队分工明确，经济关系清楚
7	投资与财务分析	数据完整、准确，表格中各项数据的逻辑关系清晰、准确
8	风险分析与对策	客观、全面、科学，对企业运营过程中可能遇到的财务、市场、技术、政策及管理体制等方面的风险进行识别，并简要阐述相应的规避和防范措施

续 表

序号	内 容	评 价 标 准
9	企业愿景	简明扼要,并具有激励、导向和凝聚作用,情景式描述企业及全体员工共同追求的企业发展愿景和长远目标
10	总体评估	条理清晰,表述应避免冗长,力求简洁、清晰、重点突出和条理分明,专业语言的运用要准确和适度,相关数据科学、翔实

典型案例 8-1

"一线牵"宠物情缘有限责任公司创业计划书

"一线牵"宠物情缘有限责任公司是一家以宠物婚介为主营业务,以宠物美容、宠物销售、宠物医疗、宠物摄影为副营业务的公司。公司的最终目标在于打造一个全方位的宠物服务品牌,填补国内宠物服务品牌的空缺。

一、行业背景

随着经济的高速发展,人们生活水平不断提高,宠物在人们的生活中正扮演着越来越重要的角色,宠物行业也正与我们的生活产生越来越紧密的联系。

宠物行业在我国兴起只有短短数十年时间,存在行业经营不规范、宠物用品没有统一标准等问题。以金华市为例,金华市拥有宠物行业经营店12家,但没有一家公司是专门从事宠物婚介工作的,而且存在没有专业美容师、没有专业兽医、服务单一等问题,无法满足客户的需求。我国宠物市场正在逐步发展,宠物服务消费需求在不断增长,我们将以更专业化、规范化、人性化的态度竭诚为广大客户服务。

二、经营目标

公司成立初期将立足金华市区,利用两年的时间做大和推广自己的品牌"一线牵",采用网站和门店经营相结合的方式营业,达到金华市区市场占有率30%的目标。第三到第四年放眼义乌市,在该市开连锁店。第五年开始进军衢州市,转变公司的主营业务,以宠物销售和宠物婚介为主导。第十年开始进军上海、北京等发达城市,业务面向全国市场。

三、组织情况

公司创立之初设立行政人事部、技术部、财务部、营销部。主创人员有5人。章旭良为总经理,全面协调和管理企业各部门工作,并主管行政人事部。万潇超、龚夷(畜牧兽医专业)负责技术部,万潇超任兽医,龚夷负责宠物配种。张钰仙婷(会计专业)负责财务部。李翔(经济信息管理专业)负责营销部。

四、利润规划

金华市区的宠物数量在1 200只左右,按照每月平均消费250元/只计算,一个月全市宠物消费总额在30万元左右,可见宠物市场的前景非常好。公司前期投入(包括店面租赁、店面装饰、办公用品、日常开销等）约6万元，采用向银行贷款和主创人员合力出资的方式。公司运营前两年，主创人员不分红，每月发最低生活保障费600元/人，第三年起按净利润的10%分红，之后按经营情况再在原来10%的基础上酌量增加，其余资金用于公司发展。宠物行业是一个很特殊的行业，母畜发情具有季节性，每年春秋两季才可交配，所以平时需要靠其他收入来维持公司运营。宠物美容、宠物医疗、宠物用品及宠物摄影一年四季均可营业，每天的业务量也较大，所以本公司的其他业务收入和主营业务收入相差不多，甚至有时候会比主营业务高。公司运营第一年，假定平均每个月有6对婚配成功，按每对平均收费5 000元计算（包括婚庆所需费用和配种中介费），第一年的主营业务收入是36万元。其他业务收入按照平均600元/天计算，一年也可收入21.9万元。由此可以得出第一年的营业总额为57.9万元。扣除营业产生的人员工资、折旧费、福利费、税费等22.8万元，第一年公司净收入为35.1万元。照这样计算，第二年随着品牌的建立、服务的规范化、市场的不断开发，业务量不断增加，营业收入也会相应提高，净利润增加至52.98万元。第三年，随着市场的扩大、连锁店的开张，营业收入增加到180万元，但营业中的成本及其他费用变化较小，所以第三年净利润可达99.78万元。第四、第五年业务量在此基础上不断上升，加上第五年主营业务结构产生的变化及市场的进一步扩大，净利润共可达414.42万元。总的来说，本公司的营业成本较低，其他相关费用变动不大，营业收入却在大幅度增长。

五、营销策略及风险控制

公司的经营将采用门店经营和网站推广经营相结合的模式，采用品牌经营策略，并根据客户不同的特点采取不同的客户策略。在技术方面，公司可以聘请高校的专业老师作为技术顾问，也可以作为高校相关专业学生的实习基地。在市场方面，公司拥有自己的营销团队，先学习国内及国外现有的宠物模范店经验，做好制度引入，努力创新，并随时注意市场动态，做到在面对市场冲击时有应对方案，并做好市场分析、推广和销售工作。在财务上，在投资前做好投入资金、设备的预算，尽可能地节省资源、节约成本，也可以通过寻找合作伙伴来减少投资，比如，可以将宠物摄影业务承包给摄影店，以减少这一部分的设备、人员投入。

六、投资者的退出方式

关于投资者的退出方式有以下规定：股东之间可以相互转让全部或部分股权；向股东以外的人转让股权，应经过其他股东中的过半数同意；原则上在公司成立前五年，投资者不允许退出，若执意退出公司，其30%的股份归公司所有；若股东有违反公司相关规定，或损害公司利益的行为，将通过股东大会责令其退出；当公司经营发生严重困难，难以持续经营时，可经股东大会同意解散公司。

目前，我国宠物行业已经进入高速发展时期。产业格局正在形成，谁先抢得这块宝地，谁就将在我国宠物行业发展的舞台上留下辉煌足迹。

> **小组活动 8-1**
>
> **案例分析练习**
>
> 请利用所学知识分析典型案例 8-1 中这份创业计划书的优缺点和项目的可行性。填写表 8-3 所示的创业计划书分析表。
>
> 表 8-3 创业计划书分析表
>
> | 内容 | 该计划书的优点 | 该计划书的缺点 |
> | --- | --- | --- |
> | 概　　要 | | |
> | 项目构想 | | |
> | 市场评估 | | |
> | 组织架构 | | |
> | 财务状况 | | |
> | 其　　他 | | |
> | 可行性分析 | | |

任务二　编写创业计划书

一、创业计划书的内容结构

创业项目不同,创业计划书的用途不同,其内容也不尽一致,但其基本结构都是大致相同的。大多数创业计划书都包括以下几个组成部分:执行摘要、业务描述、行业分析、市场分析、竞争对手、营销计划、运营计划、管理团队、财务计划、附录。

最普通的创业计划书的结构是从简短的执行摘要入手,逐渐过渡到更加详细的解释。因此创业计划书的开头部分,即执行摘要和业务描述部分,是对业务的概述;主体部分则应更加深入地分析影响业务发展的基本要素及存在的顾虑,即业务涉及哪些人、涉及哪些产品或服务、如何发展等;位于末尾的附录应该提供最为详细的信息,如财务数据、管理团队的履历等。

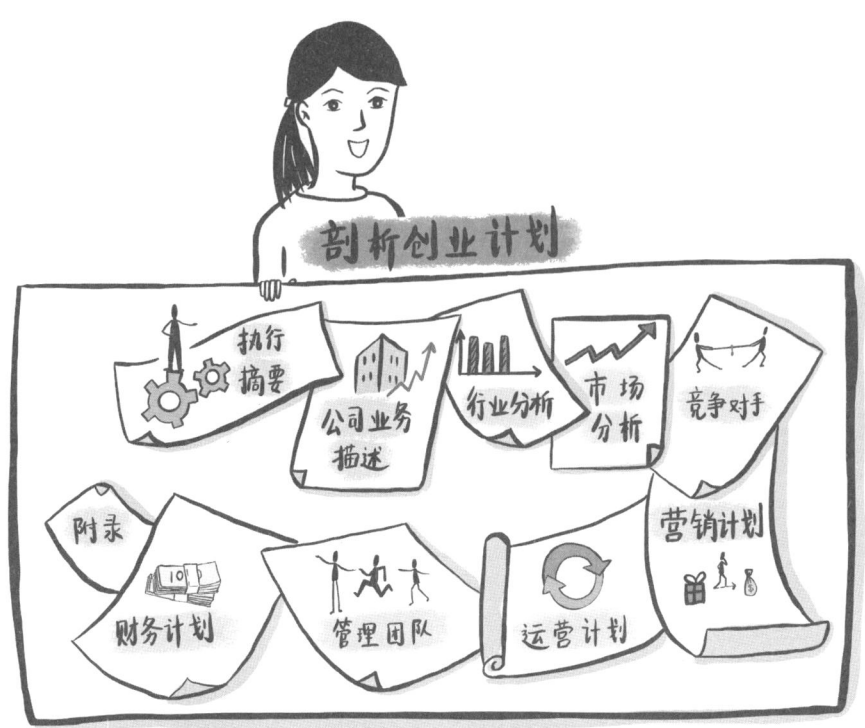

（一）执行摘要

执行摘要是读者对创业计划书做出快速决策的凭据，它是创业计划书精华的浓缩。执行摘要应该以最为直接的方式规范地呈现出关于企业的客观事实，满足读者的期望。

执行摘要应该包括以下信息：

（1）存在无限商机的行业和市场环境；

（2）独特的创业机会，即产品或服务解决的顾客的问题；

（3）取得成功的关键战略，即产品或服务具有的独特卖点，企业将如何把产品或服务推向市场，或者相对竞争对手来说，企业有哪些更加高效的销售策略；

（4）财务潜力，即预测的投资风险、投资回报；

（5）管理团队，即参与达成目标的那些成员有什么特殊的能力或资源；

（6）所需的资金或资源，即创业者希望从读者那里得到什么，是资金还是其他资源。

建议：

（1）执行摘要不是创业计划书的引言或前言，而是对整个创业计划书的概括。

（2）把执行摘要看作一个任务宣言，它可以让读者快速了解创业计划书,迅速引发读者的兴趣。所以,执行摘要要做到内容精益求精,表达清晰流畅、富有感染力。

(3) 执行摘要是创业计划书中最重要的部分。创业者可以先完成创业计划书的其他部分,再回过头写执行摘要。执行摘要可以是1~3页,一般2页比较合适。

(二) 业务描述

业务描述对企业的发展历史、基本性质、业务目标等方面做出简单、告知性的介绍,让读者明白企业业务发展的目标是什么,为什么可以取得成功。在这一部分,要满腔热忱地告诉读者自己会如何努力,以及自己具备哪些方面的能力。

业务描述应该包括以下信息:

(1) 想法或业务所处的阶段,是处于设计阶段、初创阶段,还是扩张阶段;

(2) 业务将服务于哪些市场;

(3) 业务属于哪个行业;

(4) 业务关于什么样的产品或服务;

(5) 该产品或服务会解决什么样的问题;

(6) 目前财务状况如何;

(7) 项目负责人是谁(必须保证管理核心团队成员具备所需的经验和技能);

(8) 企业的地址在哪里。

建议:

(1) 先写下业务描述,再撰写创业计划书的其他部分,在完成创业计划书之后再重新修改业务描述。处于动态发展过程中的一些领域难免会发生变化,这样做可以帮助我们明确具体是哪些领域发生了变化。

(2) 如果产品或服务非常特别、专业,可以用一定的篇幅解释它是什么、它会如何发挥作用,让读者重点关注业务的独特之处。

(三) 行业分析

在这一部分中,应该让读者了解该行业的规模、发展趋势及关键特征。行业分析是对一个有前景的商业机会进行价值评估时的基本方面。完备的行业分析也表明了企业可能达到什么目标,不可能达到什么目标。

行业分析应该包括以下信息:

(1) 该行业目前提供哪种类型的产品或服务;

(2) 预期的行业增长速度是多少;

(3) 出现了哪些新型的发展模式;

(4) 哪些方面的因素有利于企业未来的发展;

(5) 是否有几个主要竞争对手控制了整个行业的发展；

(6) 进入该行业需要具备哪些资源、知识和技能；

(7) 企业在提供产品或服务方面是否受到法律法规的限制,是否受到巨额资金或复杂的技术的限制。

建议：

(1) 在确定主要发展趋势时,要把信息来源全部记录下来。无论是从短期来看还是从长期来看,在调研阶段所做的记录都对创业者大有裨益。

(2) 行业分析如同一个参照点,它展示了行业中一般企业的运行情况和行业的总体发展趋势。在撰写创业计划书的过程中,要不断进行与行业分析结果的对照。

(四) 市场分析

这部分重点说明目标市场,即选择购买企业的产品或服务的顾客的情况。相对于竞争对手,本企业的产品或服务应能更好地解决他们的问题或更好地满足他们的需求。在这里要回答两个问题：第一,企业在这个市场里有没有机会;第二,企业将如何充分利用机会。

市场分析应该包括以下信息：

(1) 市场中有没有企业的一席之地；

(2) 目标市场规模有多大；

(3) 市场对企业的产品或服务的需求是否呈上升趋势；

(4) 企业的目标顾客是谁,他们来自哪儿,他们有什么特征；

(5) 顾客为什么要购买企业的产品或服务；

(6) 对于顾客的问题,企业能提出什么样的解决方案；

(7) 企业的产品或服务能解决顾客的哪些问题。

建议：

(1) 把收集到的全部信息记录下来。企业对市场增长率或竞争对手反应的预测离不开现实的信息的支持。

(2) 如何预测目标市场规模是一个棘手的问题。不要进行随便的预测,要能解释清楚自己是怎么得出结论的。

(五) 竞争对手

竞争对手是指同一行业内与本企业生产相似产品或提供相似服务的企业,也可以是生产的产品或提供的服务可以被划分到另外一个行业里,但与本企业面临着相似的客户问题的企业。一定要告诉读者谁会是你们潜在的直接竞争对手,因为它们会对本企业的成功构成威胁。知道谁是本企业的竞争对手,可以降低创业失败的风险。

竞争对手应该包括以下信息：

(1) 企业的竞争对手是谁；

(2) 竞争对手的产品和服务,以及它们的优势和劣势;
(3) 竞争对手占有多大的市场份额;
(4) 它们的市场营销策略是什么;
(5) 它们的关键成功要素是什么;
(6) 企业的产品或服务与竞争对手的产品或服务有什么不同;
(7) 竞争对手会给企业的风险投资带来多大的威胁。

建议:
(1) 因为市场始终处于变化之中,所以对竞争对手的调查也应该是一个动态的持续过程。
(2) 企业的竞争对手包括企业直接、间接、当前、未来的竞争对手。

(六)营销计划

营销计划就像企业通向成功的路线图,它要详细描述创业者打算如何推销自己的产品或服务,如何说服客户购买企业的产品或接受企业的服务。考虑周详的市场营销计划可以帮助创业团队预先测试创意,探索不同的选择,为企业的成功确定有效的发展战略,使创业计划书的读者相信企业的能力。营销计划应该既能体现出创业团队的任务,又能体现出企业基本的经营理念和市场调研结果。

营销计划应该包括以下信息:
(1) 分析客户的需求、痛点;
(2) 预测销售额达到多少时,企业会达到盈亏平衡点;
(3) 预计什么时候能达到盈亏平衡点,如何达到;
(4) 分析客户的购买行为(客户什么时候、在哪儿购买,如何购买,哪些关键因素让他们决定购买);
(5) 确定每一个客户对企业的价值;
(6) 企业的市场营销组合(4P)。

建议:
(1) 一定要根据企业现有的资源和企业的目标客户选择适合的产品或服务,设计适合目标市场的营销组合。在制定具体的营销战略时,应该从客户的角度出发去洞察商机。
(2) 营销计划是一个动态发展的计划,创业者要利用它来监管企业业务的开展情况,并根据环境的变化对市场营销计划做出必要的修改。
(3) 企业的营销计划不但要与创业计划书中的其他部分一致,而且要体现出企业将如何达到具体的营销目标。

(七)运营计划

运营计划应简要介绍日常任务,以及保证这些任务得以有序完成的企业发展战略。所谓运营是指业务的开展过程,是把想法或原材料变成可以卖给客户的产品或服务的过程。运营计划也必须是动态发展的。在

落实过程中,应该根据实际情况的需要对它进行经常性的修改。

运营计划应该包括以下信息:

(1) 盈亏平衡点;

(2) 企业怎样为此项业务的利益相关者创造价值;

(3) 决定能否取得成功的其他关键要素;

(4) 材料采购方面的优势;

(5) 生产或销售过程中的技术革新;

(6) 得天独厚的地理位置;

(7) 如何找到熟练的工人或廉价劳动力;

(8) 高效的定价策略。

建议:

可以采用明细流程图、生产过程描述等形式,使自己的计划显得更加简单、明了。视觉辅助工具,比如图表、图解可以使原本很复杂的信息以更加清晰的方式呈现在读者面前。

(八)管理团队

管理团队是创业计划书中的核心部分,也是投资者重点关注的部分。团队成员就像胶水一样把各个不同的部分有机地黏合在一起,形成一个完整的动态单位,推动着业务整体向前发展。没有合适的人的要素,就无法把理念落到实处。因此,管理团队是创业计划书中的一个重要组成部分。

管理团队应该包括以下信息:

(1) 描述团队成员的优势;

(2) 他们曾做过哪些工作,取得过哪些成绩;

(3) 团队成员在这家企业、这个行业或与该行业相关的领域有多少经验,以及有哪些人际交往的圈子;

(4) 他们会给该项业务带来哪些方面的知识、技能和特殊能力;

(5) 他们对这项事业的忠诚度如何;

(6) 他们希望从这项事业中得到什么;

(7) 团队的缺点。

建议:

可以在这一部分展现团队的管理哲学,并把它作为成员行为和决策的指南,这同时也侧面表达了企业的价值观,体现了团队的凝聚力。

(九)财务计划

财务计划是创业计划书的一个重要组成部分,展现企业财务的现状和对未来的预测。这里所描绘的财务状况体现了创业者对相关风险和投资回报的估算,是创业能否成功的有形证据。在创业计划书的这一部分,要让投资者知道此项业务会给他们的投资带来哪些回报。要清晰地描述企业的融资能力、财务偿还能力。对于创业者来说,最重要的是知道自己能否实现财务目标,即制订的所有计划及所付出的所有努力最后能否得到回报。

财务计划应该包括以下信息:

(1) 企业的业务资本需求量;
(2) 企业希望投资者提供多少资金;
(3) 企业打算如何利用这笔资金;
(4) 财务预测;
(5) 利润表、资产负债表、现金流量表;
(6) 对销售额进行盈亏平衡分析;
(7) 商业投资用多长时间能达到盈亏平衡点;
(8) 对风险和回报进行评价。

建议:

(1) 不要让企业承担过重的债务。如果债务过重,就会使企业举步维艰,进而严重影响企业发展。
(2) 创业者要亲自做这些运算工作。即便创业者有专家给出意见,但还是要亲自参与利润表和资产负债表的编制。
(3) 要密切关注现金流量的问题。虽然大多数人都把利润放在第一位,但对于新创企业来说,制作现金流量表是更为重要的工作。

(十) 附录

附录放在创业计划书的后面,其主要作用是在不影响主体部分的情况下,向读者提供一些补充信息。创业计划书的附录中应该包括完整的财务信息,包括利润表、现金流量表、资产负债表,以及资金来源与用途概况表。

二、创业计划书的编写原则

一份好的创业计划书必须是符合市场需求、能呈现竞争优势和体现投资者利益的,同时要具体可行、便于实施,并展示符合实际的客观数据。

创业计划书的编写原则如下。

微课:商业计划书撰写技巧

(一) 市场需求导向

要充分认识到企业的利润来自市场需求,若不依据市场需求分析,创业计划书将是空泛的。因此,创业计划书必须紧密结合市场需求来撰写,切忌纸上谈兵。

(二) 数据客观实际

数据要尽量客观实际,切勿主观估计。通常,创业者容易高估市场潜力和报酬,而低估经营成本。在创业计划书中,创业者应尽量呈现出客观、可供参考的数据与文献资料。因此,在写创业计划书前就应做好相关信息收集,准备好市场调查报告、财务数据分析、具体运营案例等资料。

（三）突出竞争优势与投资回报

创业计划书要突出体现企业具体的竞争优势，明确提出投资者的投资回报率。要显示创业者获取利润的强烈意图。

（四）展现团队成员的能力

要尽量展现创业团队成员的经营管理能力与丰富的经验，并显示出对于企业、市场、产品、技术及未来的经营运作策略已有良好的预先计划和准备。

（五）表述通俗易懂

有的项目涉及高新技术，对项目的分析需要用到一些专业术语，但在内容的表述上也要做到通俗易懂。只有少量技术专家会在意复杂的技术原理，绝大多数读者完全不懂技术，他们喜欢简单通俗的解说，排斥术语和行话。创业计划书还可以适当配以图表，以图文并茂的形式将内容形象化、直观化。

（六）注重一致性

创业计划书中的基本假设或预测、估算要前后呼应，也就是逻辑要合理。受创业者精力、计划书篇幅、完成时间等因素的影响，一份创业计划书通常由多人合作完成，难免存在体例不一、风格迥异、结构松散等问题，应进行统一处理。

（七）体现完整性

创业计划书应完整地体现企业经营中的各项职能、要点，尽量提供投资者评估所需的各种资料、信息，并附上其他用于参考、佐证的资料。另外，虽然创业计划书的内容要体现完整性，但必须以简单明了为原则，切忌烦琐。

总而言之，创业计划书的写作有一定的原则可依，有一定的技巧可讲，但这并不意味着所有的创业计划书千篇一律。项目不同、用途不同，创业计划书的内容和结构也可以有所不同，创业计划书同样是个性的体现。尽管如此，成功的创业计划书还是有一些共同特征的，即客观真实、有效可行、讲求逻辑。

小组活动 8-2

课 堂 测 试

请根据所学知识完成小测试，它将有助于你进一步掌握编制创业计划书所应具备的基本知识。

1. 在编制创业计划书时，应该先写其他部分，然后再写执行摘要这一部分。（　　）
   A. 正确　　　　　　　　　　　B. 错误

2. 你起草了创业计划书，并确定了你的同事和竞争对手，等于提供了以下哪方面的信息？（　　）
   A. 市场　　　　　B. 市场营销组合　　　　　C. 行业

3. 行业分析和市场分析的交集是什么？（　　）
   A. 商业机会　　　B. 销售渠道　　　　　　　C. 促销策略

4. 创业计划书中有一部分要详细说明日常任务和与业务相关的具体工作,比如如何把原材料变成可以出售的产品,这一部分叫作什么?(   )

A. 管理团队　　　　　　　　B. 营销计划

C. 公司业务描述　　　　　　D. 运营计划

5. 一家企业所有项目的预计最低回报率由哪一项体现?(   )

A. 最低预期回报率　　B. 毛利　　　　　C. 投资回报率

6. 下列哪一项可以显示出你们的业务或风险投资不赔钱?(   )

A. 资产负债表　　　B. 盈亏平衡分析　　C. 现金流量分析

7. 财务计划中显示你们的业务能够实现的预期边际利润的是哪一项?(   )

A. 预计利润表　　　　　　　B. 资产负债表

8. 在撰写创业计划书中业务描述这一部分内容时,表述要实事求是且有条理,不要掺杂个人情感。(   )

A. 正确　　　　　　　　　　B. 错误

9. 创业计划书一次就可以定稿,一旦定稿就能够确保筹措到发展业务所需的资金,而不需要被检验或更新,因为它并不能用来指导运营。(   )

A. 正确　　　　　　　　　　B. 错误

10. 如果客户选择了你而不是你竞争对手的产品或服务,他们能享受到的一系列独特的好处体现在哪里?(   )

A. 目标市场　　　　B. 价值主张　　　　C. 竞争力

任务三　推介创业计划书

一、项目路演的概念与内容

项目路演是指企业或创业团队代表在讲台上向投资者讲解项目属性、发展计划和融资计划的活动。路演可以让投资人在安静的环境里,在创业者声情并茂的展示下真正了解企业项目,从而做出更准确的判断。特别是对一些技术性强的项目而言,路演能消除投资人看不懂和不理解项目的弊端。创业者可以通过自己的精辟讲解和与投资人之间的交流减少融资的障碍。

项目路演一般可分为线上路演和线下路演两种,其主要内容包括以下几方面:

(1) 投资概要(市场前景、项目情况);

(2) 企业概况(简介、股权结构、管理团队、投资亮点);

(3) 行业分析(行业发展现状、问题、趋势,国家对相关行业的政策);

(4) 竞争分析(竞争状况,资源、合作模式、渠道、环境等优势分析,SWOT分析);

(5) 商业模式(怎么赚钱,怎么传递价值,怎么体现核心竞争力);
(6) 发展战略(战略目标、市场开拓目标和规划);
(7) 资金需求及使用计划(投入总资金和使用计划、财务收益预测);
(8) 投资退出机制(股票上市,股权转让、回购、股利等方面事宜);
(9) 风险分析及应对措施(竞争风险、管理风险、政策风险)。

二、路演前的准备

(一) 确定听众

路演前准备的第一步是尽可能多地收集听众信息。风险投资公司都有自己的网站,上面会列出公司曾经投资过的企业和合作伙伴;通过网络搜索和仔细调查,也很容易找到投资者的背景信息。在路演前了解听众的基本信息及背景资料可能会对创业者的路演有所帮助。

我们必须把重点放在听众认为最重要的部分上。风险投资者可能比较关注企业的发展速度及预期收益率;银行家往往关注企业的现金流能否预测及怎样将风险降至最低;天使投资人可能关注项目的成长性和发展空间;大赛评委可能关注项目的创新点及可行性论证。

(二) 演讲内容的准备

如果创业者演讲的内容欠妥或是遗漏了一些关键因素,路演也很难取得成功。我们不可能在10~20分钟的时间内传递创业计划书内的所有信息,因此,在准备路演PPT时,最好遵循"10—20—30法则":PPT不超过10张,演讲时间不超过20分钟,字号不小于30磅。

表8-4所示的是一个路演PPT的通用范例,我们可以根据创业计划书的内容和要达到的目标对其进行调整。

表8-4 创业计划PPT通用范例

页 码	主 要 内 容
第0张 背景页	公司名称／标志; 创始人姓名; 联系方式; 对演讲的听众致谢; 日期
第1张 概述	产品或服务的简介; 演讲要点; 项目的重要性和意义
第2张 问题	亟待解决的问题; 通过调查研究证实问题,顾客的想法,专家的观点; 问题的严重性

续表

页码		主要内容
第3张	解决方案	解决方案的独特性； 解决方案能在多大程度上使客户的生活变得更好； 如何防止他人在短期内复制公司的方案
第4张	目标市场	目标市场的具体定位； 目标市场规模、预期销售额和预期市场份额,将怎样实现销售额
第5张	竞争分析	公司直接、间接及现在、未来的竞争者； 竞争方略； 竞争优势
第6张	市场营销	总体市场营销策略； 定价策略； 销售渠道
第7张	管理团队	现有的团队核心成员(个人背景、专长、分工)； 团队的优劣势,将如何弥补劣势
第8张	财务规划	未来3至5年总体的收入规划和现金流规划； 按照行业规范给出计划销售利润率
第9张	融资诉求	公司目前为止所取得的主要进展； 公司股权结构； 发起人、管理团队、前期投资者已经投入多少资金,说明资金的使用情况； 融资诉求、准备融资的数额及资金使用方式
第10张	总结	公司的最大优势； 创业团队的最大优势； 公司的退出战略

(三)演讲的准备

路演要求创业者快速切入主题,恰当地解释创业项目,仔细斟酌语言,同时不乏风趣、灵活,在结构上需要体现较强的系统性与逻辑性。在表达过程中,创业者可以自由添加或改变某些内容,一份背下来的介绍是无法激发听众的激情与兴趣的。

首先,要决定由谁来完成演讲。如果是单独创业,很显然演讲由创业者单独完成;如果是一个团队,就必须决定到底由哪几位成员参加演讲,最好能让团队核心成员都参与演讲,但不要超过4位,这也体现了团队成员间的分工协作。这样既可以吸引听众的兴趣与注意力,使得演讲节奏有所变化,又可以使听众对参与演讲的人有所了解。

其次,要训练自己言简意赅的表达能力。可利用定时器,训练自己在一分钟内阐述企业的性质与目前的状况,请听众听完后,写一句表现企业性质与职能的话,再把他们

微课：商业计划书陈述实用技巧

任务三　推介创业计划书

的答案与自己所说的内容进行比较,通过对比修正自己表达的方式与内容。

最后,需要反复大声进行路演练习,以期准确控制演讲的时间和获得有用的反馈。如果有可能,最好能把自己的演讲过程录下来,这样就可以作为旁观者来检查自己的言谈举止和演讲内容了。若能面对镜头谈笑自如,你就可以随时上台了。观摩别人的演讲也是很好的学习方式。可以观摩一些现场或网络上的相关商业演说,从中总结成功的经验和失败的教训。

三、路演技巧

(一)说服听众的方法

1. 利用黄金圈法则

美国作家西蒙·斯涅克提出了黄金圈法则,其核心思想是按照特定的结构"为什么—如何做—是什么"进行表达。如果将黄金圈画出,其从内圈到外圈依次为"为什么"(初心使命)、"如何做"(执行思路)、"是什么"(成果展现)。

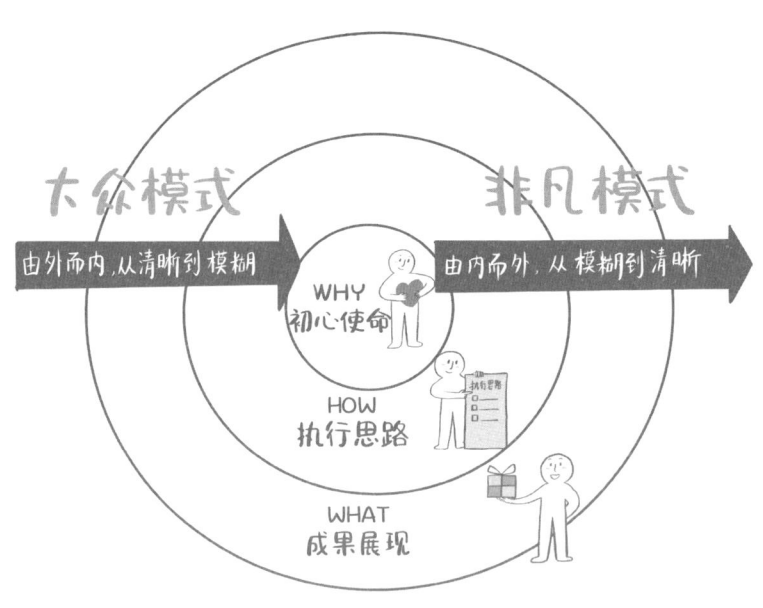

黄金圈法则

(1)"为什么":初心使命。表达应首先从"为什么"开始,主要围绕初衷和信念展开。任何项目在启动时都有其出发点,很多创业者的出发点就是发现了一个问题或没有被解决的"痛点",并找到了解决方案,由此为社会提供价值。介绍初心使命的时候,最好能结合一个生动的故事展开。初心是人们行为的原动力所在,最容易感染人,这就是"为什么"的魅力。

(2)"如何做":执行思路。"如何做"强调的是过程,主要介绍为了达到目的的切入点和执行思路。这个阶段需要尽情展示我们的才华和创意,介绍差异化的定位、独特的切入点等。在这个环节,最重要的是思路。关于"如何做"是没有唯一的正确答案的,所以"如何做"的内容也是可以灵活设计的。

(3)"是什么":成果展现。"是什么"展现的是过程完成后的产物,可以是产品,也可以是服务。在这个阶段可以进行详细描述,对产品来说就是介绍各种特性或者参数,对服务来说就是介绍体验流程和服务步骤。这些介绍会和之前讲到的"为什么""如何做"形成很好的呼应。产品或服务既能体现初心,又是执行思路的结果展示,通过前面的铺垫,可以引发听者的共鸣。而如果一上来就介绍产品或服务,是很难产生良好效果的。

人们一般表达的方式和黄金圈法则相反,开头就讲"是什么",即产品或服务是什么样子,之后才讲"如何做",基本不会讲到"为什么"。黄金圈法则提倡采用从内到外的思考方式,去吸引和自己有相同动机的人。掌握黄金圈法则可以让我们的沟通、表达、演讲能力上一个台阶,在路演中的表达将更有说服力。

2. 利用金字塔原理

金字塔原理由麦肯锡公司的咨询师芭芭拉·明托提出,是一个辅助进行逻辑分类的思考及表达工具。简单来说就是,对任何事情都可以归纳出一个中心论点,而此中心论点可由3~7个一级论据支持;每个一级论据本身也可以是一个论点,被二级的3~7个论据支持;如此延伸,状如金字塔。

在运用金字塔原理回答问题的时候,应遵循四个基本原则:第一,结论先行,即每个问题的回答都只有一个中心思想,并将其放在最前面;第二,以上统下,即上一层次的思想必须是对下一层次的思想的总结、概括;第三,归类分组,即每一组中的思想都必须属于同一逻辑范畴;第四,逻辑递进,即每一组中的思想都必须按照逻辑顺序排列(图8-1)。

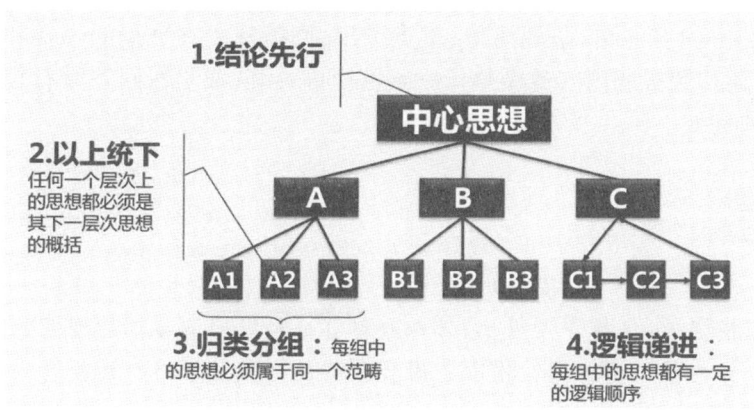

图8-1 运用金字塔原理回答问题的基本原则

另外,在表述时,我们要做到先重要后次要,先总结后具体,先框架后细节,先结论后原因,先结果后过程,先论点后论据,如此才能做到观点鲜明、重点突出、思路清晰、层次分明、简单易懂。

(二)路演中的注意事项

(1)演讲时最好自己使用翻页器翻页,请其他团队成员翻页,不如自己掌控演讲进度精准有效。

(2)演讲不是单纯的朗读文稿。演讲是一次有力的信息传递,是与听众的互动,我们需要调动听众的情绪。不过,我们也需要准备一份详细的文稿,因为在听演讲前后,人们可以通过阅读它来了解创业企业和项目。

(3)不要只盯着屏幕看。在路演中,我们需要和听众建立情感联系。屏幕应该在我们的身后对路演内容起到补充作用,而不是代替我们。

(4)在介绍关键点时,可以邀请听众参与互动。

微课:创新样品的制作

(5)最好能展示产品相关佐证材料,包括相关样品、模型、实验室原理样机、政策支持文件、荣誉证书与专利证书、测试报告、已发表论文、市场调查及分析、新闻报告、工作图片、意向合作协议、意向投资协议等。

(6)要事先反思团队有没有明显的短板。团队是投资人最关心的方面,例如,对技术创新型企业而言,投资人会关注其在运营和市场营销方面是否有相关的合伙人,以补齐短板。

(三)现场答辩

在进行路演前,我们就要预判投资者可能会提出哪些问题,并做好准备。一般来说,投资者可能提出的问题集中在以下几方面:你是谁;你要做什么,你的产品或服务有什么价值;你为什么要做这件事情;这件事情为什么重要;你准备怎么做,是不是有执行能力和成功的把握;为什么你能做这件事情(技术、团队、销售、竞争);企业的股权架构是什么样的。

投资者可能会用挑剔的眼光看创业项目,但他们提出的问题可能会对我们的项目成长有很大帮助,会给我们很大启发。合理地回答他们的问题也是非常重要的。投资者往往会借此考察创业者是否触及了问题的本质,以及对新创企业了解多少。

在现场回答问题时要做到:对问题的要点有准确理解,回答有针对性,而不是泛泛而谈;能迅速做出回答,回答内容连贯、条理清楚、重点突出;回答建立在准确的事实和可信的逻辑推理基础上;陈述和回答的内容遵循整体一致性原则;团队成员在回答时有较好的配合,能协同合作,做到互补。

小组活动 8-3

模拟演讲

假设你要去面见投资人,但投资人很忙,只能给你3分钟时间陈述你的创业计划,你会怎么设计这3分钟的第一次沟通?你准备用什么样的方式和策略打动投资人,获得融资机会?

请准备一份演讲稿,寻找指导老师和创业项目相关的权威人士扮演投资人,利用3分钟时间,向他们充分展示你的项目。在展示结束后,请"投资人"提出指导意见,总结反馈信息,改进自己的演讲。

拓展阅读 8-1

好的创业计划书有哪些特点

如何制定创业计划书取决于对风险的预期和要达到的目标,比如,一家新创企业的创业计划书在结构上就会与成熟企业在拓展新业务时所需的创业计划书有所不同。创业计划书是对一项业务的机遇和风险进行明确综合评估的文件,其编制需要重视设计标准和内容两个方面。可以说,好的创业计划书通常都具有以下特点。

1. 具有清晰的结构

投资者应当能够在创业计划书中找到他们所关注的问题的答案,以及他们特别感兴趣的内容。这就要求创业计划书有清晰的结构,使投资者能够灵活地选择他们想要阅读的部分。清晰的结构也能体现创业者对项目的了解程度。

2. 客观性强,可以说服投资者

有些创业者在讲述他们所认定的好的创意时会得意忘形。的确,有些内容需要以充满激情的方式讲述,但我们应该尽量使自己的表达做到客观,使投资者有机会仔细地权衡我们的论据是否有说服力。如果创业计划书写得像是煽情的广告语,它很可能会导致投资者对其可靠性产生怀疑。因为以前曾有过的错误判断或失败就对自己的项目吹毛求疵也是危险的,这将使投资者对你的能力产生怀疑。我们应当尽可能提供准确的数据。

3. 让技术上的外行也能读懂

一些创业者相信他们可以用丰富的技术细节、精心制作的蓝图及详细的分析给投资者留下深刻的印象,但事实上,只有在极少数情况下会有技术专家仔细地评估这些数据。在大多数情况下,简单的说明、草图和照片就足够了。如果方案中必须包括产品的技术细节和生产流程,应当把它们放在附录里。

4. 写作风格前后一致

一般情况下,创业计划书会由几个团队成员合作完成。最后,必须对其进行整合,以避免整个计划书风格不统一。最好由一名成员负责最后编辑、统筹和定稿的工作。

5. 有整洁美观的形式

创业计划书应当采用统一的版面格式,字体应当适合文章结构和内容,图表应力求简洁,也可以考虑使用印有企业徽标的文头纸。

拓展阅读 8-2

"挑战杯"竞赛对创业计划书的要求

"挑战杯"全国大学生系列科技学术竞赛由共青团中央、中国科协、教育部和全国学联等共同主办,分课外学术科技作品竞赛和创业计划竞赛两类,每两年一届间隔举办,被公认为我国大学生的"科技奥林匹克圣会"。

"挑战杯"创业计划竞赛对大学生创业计划书的编排顺序要求是,先是封面页、空白页、作品申报表、标志设计方案诠释、保密须知,然后依次排列以下内容。

(1) 目录。

(2) 执行概要,包括企业、产品、市场、投资与财务、组织与人力资源概要。

(3) 产品与技术介绍,包括产品介绍,产品背景,产品用途,产品的优势与不足分析(运用图表对比的方式)、专利权、著作权、政府批文、鉴定材料等证明材料,技术介绍(特别是核心技术介绍)。

(4) 企业介绍,包括性质、宗旨、注册资本、组织构架、部门职责、管理团队(包括每个成员的经验、能力与专长)、专家顾问团。

(5) 市场分析,包括行业背景与现状、市场规模与发展前景(变化趋势与发展潜力)、现有和潜在竞争对手分析、竞争优势与战胜竞争对手的方法、目标市场与市场定位(描述细分的目标市场与客户)、预计市场份额。

(6) 运营分析,包括企业的建立步骤与情况、生产管理(厂址选择、生产线安置、生产设备及原料、工艺流程、人员安排)、质量管理(质量战略、质量管理的主体过程、全面质量管理的具体过程)、研究与开发、人力资源管理、薪酬机制管理、创新机制管理。

(7) 营销分析,包括市场特征(购买决策过程、销售渠道分析)、市场细分、目标市场、产品定位、产品策略(包装、服务、品牌、新产品研发)、价格策略(针对细分市场说明)、销售渠道、销售促进策略(广告、公关、人员推销)、市场开发与进入、保持与提高市场占有率的办法。

(8) 财务分析,包括预计销售趋势分析、预计销售额分析、财务报表、主要财务假设。

(9) 投资分析,包括股本结构与规模、资金来源与运用、投资假设、经营收入与成本预测、投资收益分析、项目敏感性分析、盈亏平衡分析、投资回报、投资回收政策。

(10) 风险与对策分析,包括技术风险、财务风险、成本控制风险、偿债风险、存货管理风险、应收账款管理风险、应付账款管理风险、价格控制风险、市场风险、原材料风险、用户议价风险、经营风险。

(11) 风险资本的退出,包括退出方式、退出时间。

(12) 政策支持与法律保护。

（13）附录，包括发明专利申请公开书、专利申请受理通知书、产品质量检验中心所检验报告或产品测评报告、科技查新报告、应用证明、科技成果鉴定证书、技术授权书、技术入股协议书、投资意向书、专家评审意见表、企业章程、财务报表、市场调研报告、国家政策支持的相关文件。

项目实训

项目实训一 校友创业案例分析

1. 实训目标

通过采访和实地调研,深入了解一个校友创业案例,根据在项目一中学到的内容进行分析。

2. 实训要求

(1) 以小组为单位,每5~7人为一组。

(2) 填写校友创业案例分析表,并与其他小组交流。

3. 实训步骤

(1) 访谈专业主任或任课教师,锁定采访目标。

(2) 电话或现场采访校友创业者。

(3) 填写校友创业案例分析表(实训表1-1)。

(4) 各小组交流校友创业案例分析结果。

实训表1-1 校友创业案例分析表

创业校友简介:

企业基本信息:

创业项目核心内容:

成功因素分析:

发展前景分析:

项目实训二　最有魅力的团队创意

1. 实训目标

（1）在相对有压力的情况下体验创意产生的过程,思考哪些因素影响了创意的产生。

（2）通过六顶思考帽法,体验六种不同的思考方式,学会从多角度思考问题。

（3）利用奔驰法,实现创新性解决问题。

（4）结合亲和图法和NAF评级法,体验整理、筛选想法的过程,学会用科学的工具遴选出最符合标准的想法。

2. 实训要求

（1）全班同学分成若干个团队,每个团队建议控制在4~5人。如果需要临时分组,可采取抽取扑克牌的方式。例如,40人的班级要分为8组,可将字样为A~8的扑克牌各准备5份,抽到同一字样的扑克牌的同学为一组,以此类推。

（2）教师准备5~10份不同的项目简案,供团队抽取。

（3）教师为准备不同颜色的六顶帽子,按照一定的帽子出场次序,要求团队成员同时戴上相同颜色的帽子。

（4）教师给各团队分发六顶思考帽法思考记录表;给各团队分发海报纸、便利贴,团队可利用这两样材料辅助进行想法的筛选和评估;给每位同学发一张五角星贴纸,在各个团队介绍完成之后,请同学们将贴纸送给最喜欢的项目。

3. 实训步骤

（1）抽取项目。

请各团队队长随机抽取一个项目,也可以让2~3个团队抽取同一个项目,互相对比学习。项目建议以大学生创业项目为主,可参考以下几个项目。

大学创业园花店

某高职院校农林专业学生小李和同学准备在学校创业园中开一家花店。他们认为鲜花的消费者多是年轻人,过节送礼时,年轻人多选择鲜花,而且目前大学生的消费能力越来越强,购买鲜花已逐渐成为常态。但是目前网络花店众多,花店行业竞争激烈。一家开在大学里的小花店可以有什么样的创新之处呢?

校园咖啡店

某高职院校市场营销专业学生小王在大学周边开了一家咖啡店。他认为越来越多的年轻人喜欢喝咖啡,咖啡店也是一个休闲放松的社交场所。但是经营了一个学期后,他发现生意并没有想象中好。请你为困惑的小王提点创新建议。

影像工作室

某高职院校传媒专业学生小张在影视方面有较专业的知识,对创业也充满热情,因此他计划入驻学校创业孵化园,申请某影像工作室项目,但他不知道如何给自己的工作室定位。请你给他提一些可供选择的创新建议。

(2) 分析项目。

通过采用六项思考帽法,体验六种不同的思考方式,从多角度思考、分析项目。

① 教师为各团队准备六项不同颜色的帽子(白色、黄色、黑色、绿色、红色、蓝色)。

② 教师与各团队商定六项帽子的出场顺序,并为每组准备一张做记录的表格(实训表 2-1)。

实训表 2-1 六项思考帽法思考记录表

帽子种类	记 录 内 容
白色(事实/信息/数据)	
黄色(正面/优势/亮点)	
黑色(负面/劣势/批判)	
绿色(阳光/改进/创意)	
红色(情感/直觉/预感)	
蓝色(控制/指挥/总结)	

③ 各个团队在规定的时间内,围绕讨论的主题,轮流使用六项思考帽进行思考,并把想法记录下来。

④ 各个团队展示使用六项思考帽法产生的讨论结果。

(3) 提出创意。

围绕抽取项目的主题,利用奔驰法(SCAMPER)的 7 个商业逻辑,每个团队至少提出 20 个创意想法,也就是在每个创新方向上提出 2 至 3 个想法。

为了快速理解每个创新方向的内容,我们以花店项目为例,体验奔驰法是如何指导创新的。请各团队学习案例后,结合自己的项目,提出对应的想法,填写在下面的横线上。

● 替代(substitute)。

举例:针对花店这一项目,我们可以尝试替换销售过程中的人员吗?比如,可以开办

咨询案例:
我想开一
家不一样
的花店

无人花店,由顾客自助选花、自助打包、自助付款,体验自由的全自助购花过程。

你们团队对项目的想法是什么?

① _____。
② _____。
③ _____。

- 组合(combine)。

举例:针对花店这一项目,我们可以尝试将花店和水果店进行组合,在情人节卖漂亮、实用、新颖的草莓花,可能会受欢迎。

你们团队对项目的想法是什么?

① _____。
② _____。
③ _____。

- 改造(adapt)。

举例:可以将3D打印技术应用到鲜花行业,让客户打印出任意颜色、任意形状的花朵。这些花朵不仅美丽、新奇,还能让客户感受创造的乐趣。

你们团队对项目的想法是什么?

① _____。
② _____。
③ _____。

- 修改(modify)。

例如,可推出订花包月服务,每周送一次鲜花到家里或到办公室,品种随机且不重复,每周都有新花样。这样,花店可以从按次收费改为按月收费,还提升了客户订购的频率。

你们团队对项目的想法是什么?

① _____。
② _____。
③ _____。

- 其他用途(put to other uses)。

举例:非常出名的野兽派就是从花店成长为艺术生活品牌的。在这里,除了订花,顾客还能买到全球精选的家居产品、美妆、香氛、配饰和美食,让所有和精致生活相关的事物聚集在一起。

你们团队对项目的想法是什么?

① _____。
② _____。
③ _____。

- 去除(eliminate)。

举例:Roseonly花店把花的品种减少到一种,只卖玫瑰花,以"一生只爱一人"的理念和绑定指定收花人且终生不能更改的方式来打动顾客,并获得了市场。

你们团队对项目的想法是什么?

① _____。

② _____。

③ _____。

- 逆反(reverse)。

举例:比如,从卖花发展到做花艺培训,逻辑从原本的"我养花,你买花"转变成了"你养花,我收钱"。

你们团队对项目的想法是什么?

① _____。

② _____。

③ _____。

(4) 筛选想法。

结合亲和图法和NAF评级法,体验整理、筛选想法的过程,学会用科学的工具遴选出最符合标准的想法。

① 整理归纳。利用亲和图法(图实训2-1),将已获取的想法分别抄写到便利贴上,然后根据想法之间的亲和性进行整理和归纳,最终将其展示在海报纸上。

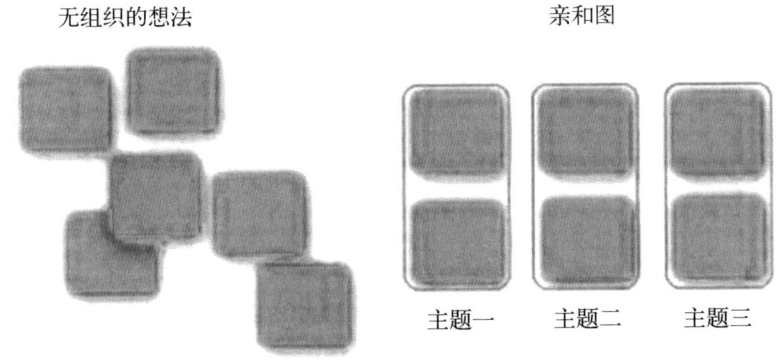

图实训2-1 亲和图法

② 评估遴选。利用NAF评级法对想法进行评估,并遴选出最符合标准的想法,步骤如下。

首先,根据团队的项目特点,设置NAF三个影响因素的权重。

其次,在便利贴上为想法在NAF三个影响因素上分别打分,0分为差,1分为一般,2分为好,3分为非常好。

再次,把每个想法各项因素的得分和相对重要性的权重相乘,再把乘过权重的分数相加,得分最高的就是所有想法中最符合设定标准的。

最后,为得分最高的想法标上五角星。

(5) 介绍创意和投票评比。

① 各个团队在规定的时间(建议15分钟)内确定介绍的主题、介绍的方式,准备介绍

所需的文稿和道具。

  ② 各个团队轮流介绍,时间控制在 2 分钟内。

  ③ 每位同学为自己喜欢的创意贴上五角星贴纸。

  ④ 按照所得票数评选出最具创意的团队。

项目实训三　选择我的创业项目

1. 实训目标

(1) 学会寻找,善于发现身边的创业机会。

(2) 通过分析、判断、筛选,发现可以利用的创业机会。

(3) 能够运用评价准则和科学的评价体系评估创业机会。

(4) 能够构思创业项目,并利用验证方法验证其可行性。

2. 实训要求

(1) 每5～7人为一组,以小组为单位开展活动。

(2) 小组成员每人独立思考,画出自己的创意或者方案草图。

(3) 小组讨论,选定一个有商业价值的创业机会。

(4) 依据确定的创业机会构思与验证创业项目。

3. 实训步骤

(1) 发散思维,每人提出9个创业想法,用九宫格将其罗列出来。

(2) 选择一个自己最喜欢的,独立思考,画出自己的创意或者方案草图,在小组内做60秒演讲。

(3) 小组投票选出最优方案,利用实训表3-1,初步评估这一创业机会是不是一个好的商业机会。

实训表3-1　创业机会初步评估

结论类型	市场规模	竞争对手	门槛限制	产品缺陷	风险控制	成本结构	资金需求	产品利润	盈利时间
评估结论									
你的结论									

（4）根据创业机会评估结果，缜密思考和规划创业项目，并参照实训图 3-1，通过 SWOT 分析验证创业项目构思的可行性。

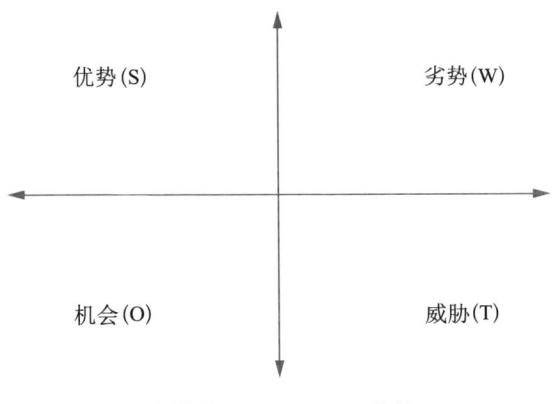

实训图 3-1　SWOT 分析

项目实训四　获取创业资源"三部曲"

1. 实训目标

学会如何在创业实践中获取创业资源。

2. 实训要求

(1) 了解大学生在创业实践中获取创业资源应遵循的三个步骤。

(2) 掌握分析创业资源、整合创业资源和补齐资源短板的具体方法。

3. 实训步骤

(1) 在初步选定创业项目后,应该进一步梳理项目所具有的有利资源(必备资源、支撑资源和外围资源)和不利资源(负资源),明确有利创业资源中的期望资源和核心资源,以及不利资源的处理方法。分析你的创业资源,并将结果填入实训表4-1。

实训表 4-1　创业资源分析

资源分类	现有资源	期望资源	核心资源	备　注
必备资源	资　金			
	场　地			
	人　才			
	产　品			
支撑资源	营销资源			
	关系网络			
外围资源	创业环境			
	创业政策			

续 表

资源分类	现有资源	期望资源	核心资源	备 注
外围资源	创业文化			
	市场信息			

资源分类	现有资源	处理方法
负资源		

（2）想一想，你的创业资源在哪些方面可以与其他资源进行整合？如何整合？

（3）在你的创业项目资源中，哪些是短期短板？哪些是长期短板？哪些曾经的短板被补齐了？请一一列举出来。

项目实训五 组建创业团队

1. 实训目标

(1) 了解创业团队组建的过程。

(2) 掌握创业团队画布的画法。

2. 实训要求

(1) 有独立的空间(教室或办公室均可)。

(2) 团队组建后可固定下来,继续完成后续的实训活动。

3. 实训步骤

(1) 团队成员在创业想法构思完成的基础上确定创业项目,并根据团队的情况,选择有利于实现创业计划的合作方式。

(2) 团队成员围绕创业想法,盘点自身所具备的资源,并罗列出团队拥有的能促进项目成长的所有资源。

(3) 团队成员基于团队的资源现状和项目愿景,确定团队的目标。

(4) 基于团队成员的个人特征和技能进行团队分工,制定职责和权限明细。

(5) 团队成员制定合作规则,就创业计划、股权分配等具体合作事宜进行深层次、多方位的全面沟通,达成一致意见后,形成正式合作条款。

(6) 在课堂上分享团队完成的画布(实训图 5-1)。

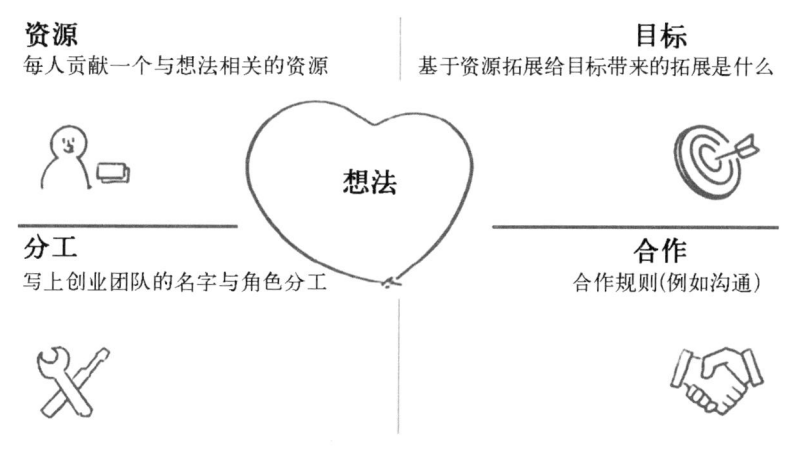

实训图 5-1 创业团队画布

项目实训六　掌握创业项目的市场定位和营销策略

1. 实训目标

了解创业项目的市场定位和营销策略。

2. 实训要求

(1) 对宝洁的产品市场进行分析。

(2) 通过市场调查、资料分析等制定自己项目的营销策略。

3. 实训步骤

(1) 宝洁是全球最大的日用消费品企业之一,其产品包括洗发用品、护发用品、护肤品、化妆品、婴儿护理用品、妇女卫生用品、医药、食品、饮料、织物、家居护理用品、个人清洁用品及电池等。请各团队通过市场调查,列出宝洁最畅销的10种产品,分析它们的目标市场、市场定位和主要营销策略,填入实训表6-1。

实训表 6-1　宝洁产品分析

序号	产品名称	目标市场	市场定位	营销策略
1				
2				
3				
4				
5				
6				
7				
8				
9				
10				

（2）针对自己的创业想法/项目开展市场调研，确定目标市场，并制定营销策略，填写实训表 6-2。

实训表 6-2　项目调研表

项目名称	内　　容	
目标客户画像	是否有房、有车；用户购买力；用户关系网络；用户地理位置；品牌忠诚度；用户品类分群；性别、职业；是否有孩子；喜欢的颜色、喜欢的品牌；促销敏感度；商品评价敏感度；送货时长忍耐度	
竞争对手及其主要营销方式	竞争对手	主要营销方式
市场定位		
营销策略	推广方式	主要内容
	产品定位	
	价格定位	
	分销渠道	
	促销推广	

项目实训七　构想你的商业模式

1. 实训目标

（1）利用商业模式画布分析适合自己的创业项目的商业模式。

（2）明确创业项目的盈利模式。

2. 实训要求

以创业项目小组为单位完成商业模式画布的制作，包括对九个关键要素的讨论和填写。

3. 实训步骤

（1）基于小组选择的创业项目设计一个符合逻辑的商业模式。

（2）对商业模式画布中的九个关键要素分别进行讨论。

（3）对讨论结果进行提炼与总结，并填写在实训图7-1中。

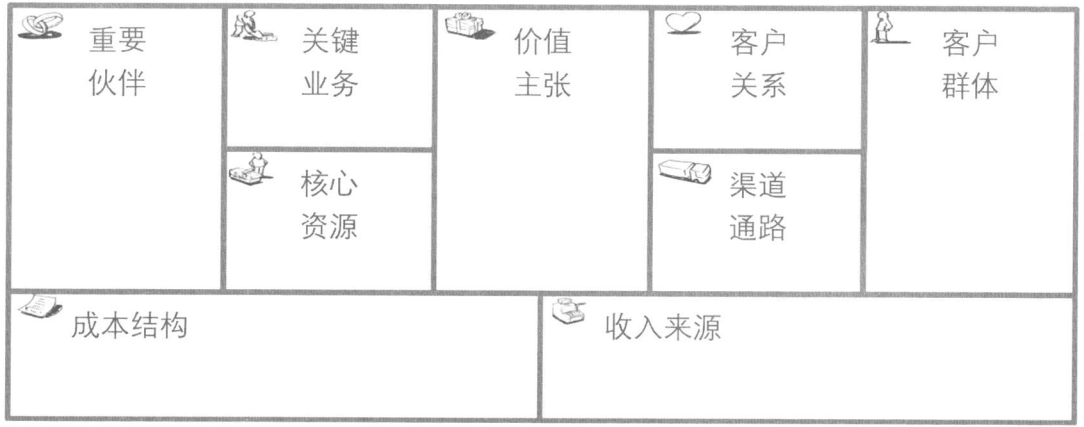

实训图7-1　本小组的商业模式画布

项目实训八　撰写创业计划书

1. 实训目的

通过创业计划书的撰写,加强对项目的梳理,提升对创业商业逻辑的理解。

2. 实训要求

以小组为单位进行合作撰写。

3. 实训步骤

对照模板,进行讨论与创业计划书撰写。

创 业 计 划 书

项目名称：_____

团队成员：_____

指导教师：_____

联系电话：_____

目　录

一、执行摘要 ……………………………………………………………………… 220
 （一）企业业务概述 ………………………………………………………… 220
 （二）产品/服务概况 ………………………………………………………… 220
 （三）盈利模式 ……………………………………………………………… 220
 （四）市场战略 ……………………………………………………………… 221
 （五）投资与财务 …………………………………………………………… 221

二、市场分析 ……………………………………………………………………… 221
 （一）市场定位与目标客户分析 …………………………………………… 221
 （二）市场预测 ……………………………………………………………… 222
 （三）竞争分析 ……………………………………………………………… 222
 （四）项目 SWOT 分析 ……………………………………………………… 223

三、营销计划 ……………………………………………………………………… 223
 （一）产品定价与销售收入预测 …………………………………………… 223
 （二）推广营销 ……………………………………………………………… 224

四、团队与组织结构 ……………………………………………………………… 224
 （一）组织结构图 …………………………………………………………… 224
 （二）团队成员 ……………………………………………………………… 224
 （三）职责分工 ……………………………………………………………… 225

五、财务计划 ……………………………………………………………………… 225
 （一）固定资产 ……………………………………………………………… 225
 （二）采购计划 ……………………………………………………………… 225
 （三）成本预测 ……………………………………………………………… 226
 （四）资金需求 ……………………………………………………………… 226
 （五）盈亏平衡点 …………………………………………………………… 226

六、风险评估 ……………………………………………………………………… 227
七、企业愿景 ……………………………………………………………………… 227
八、附录 …………………………………………………………………………… 227

一、执行摘要

　　(一) 企业业务概述

企业名称	
企业类型	□有限责任公司　　□个体工商户　　□个人独资企业 □合伙企业　　　　□其他＿＿＿＿＿＿＿
注册地址和资金	
经营范围	

　　(二) 产品/服务概况

　　(三) 盈利模式

（四）市场战略

（五）投资与财务　　　　　　　　　　　　　　　　　　　　单位：元

投　资　额		投资收益率（第1年）	％
预期净利润（税后利润）	第1年	第2年	第3年
		年增长率　％	年增长率　％
备　　注			

二、市场分析

（一）市场定位与目标客户分析

目标市场和目标客户	
市场定位	

（二）市场预测

（三）竞争分析

（四）项目 SWOT 分析

优　势 (strength)	
劣　势 (weakness)	
机　遇 (opportunity)	
威　胁 (threat)	

三、营销计划

（一）产品定价与销售收入预测

产品或服务	单位	成本单价(元)	最低批发单价(元)	零售单价(元)	平均销售单价(元)	同类产品市场零售单价(元)	月均销售数量	月均销售收入(元)

（二）推广营销

推广方式	主要内容	金额(元/年)
广告宣传		
活动推广		
公关活动		
网络推广		
优惠活动		
人员推销		
微信营销		
推广营销费用占营业收入的比例	％	费用合计

四、团队与组织结构

（一）组织结构图

（二）团队成员

姓名	年龄	职务	最高学历及专业	主要工作经历	优势与专长

(三)职责分工

姓　名	职　　责

五、财务计划

(一)固定资产

项　目	原值(元)	折旧(元)	说明(主要设备)	备　注
设　备				
交通工具				
办公家具和设备				
店铺／厂房				
合　计				

(二)采购计划

产品或服务	单位	数量	原材料单价(元)	金额(元)	说明(主要原材料)
合计(元)					

(三) 成本预测

项	目	成本(元/月)	备 注
可变成本	原材料采购/进货		
	销售提成		
	流转税		
	可变成本合计(元)		
固定成本	场地租金		
	促销/宣传推广		
	人员工资		
	办公用品		
	水、电、交通费		
	折旧		
	其他费用		
	固定成本合计(元)		

(四) 资金需求

筹资渠道	资金提供方	金额(元)	占投资总额比例
自有资金			%
私人借款			%
银行贷款			%
其他融资			%
总计(元)			100%

(五) 盈亏平衡点

项 目	金额(元)	备 注
销售收入		
流转税		
销售净收入		
变动成本		
毛利		
毛利率		
固定成本		
盈亏平衡点		

六、风险评估

风险类别	风险内容	应对措施
财务风险		
市场风险		
管理风险		
政策风险		

七、企业愿景

八、附录

主要参考文献

[1] 董晓彤.大学生创新创业理论及实践指南[M].北京：文化发展出版社,2024.
[2] 卢亮.大学生怎样创业[M].北京：中国发展出版社,2024.
[3] 张玉利,薛红志,陈寒松,等.创业管理[M].北京：机械工业出版社,2023.
[4] 刘露.从创意到创业：大学生创新创业实践指导[M].合肥：合肥工业大学出版社,2023.
[5] 崔西.市场营销[M].赵倩,译.北京：中国科学技术出版社,2021.
[6] 兰岚,卜卓,张连馥.现代电子商务与市场营销研究[M].长春：吉林人民出版社,2021.
[7] 刘万韬,王倩,徐海铭.大学生创新与创业教程：理论·案例·实训：微课版[M].北京：教育科学出版社,2021.
[8] 王琼芝,吕蓉.初创企业营销攻略[M].北京：机械工业出版社,2021.
[9] 张玉利,张敬伟.理解创业情境、思维与行动[M].北京：机械工业出版社,2021.
[10] 林必越.创业管理[M].北京：中国财政经济出版社,2021.
[11] 韩树杰.创业地图：商业计划书与创业行动指南[M].北京：机械工业出版社,2020.
[12] 威特,贝尔德.新生代消费者要什么[M].彭琪美,译.杭州：浙江大学出版社,2020.
[13] 宋海峰.创业实训[M].合肥：合肥工业大学出版社,2019.
[14] 吕森林,申山宏.创业从一份商业计划书开始[M].北京：电子工业出版社,2019.
[15] 霍根,布罗德本特.终极创业指南：来自领先风投的营销策略、实战案例与有效建议[M].北京：中信出版社,2018.
[16] 梁凯文,陈玫佑,梁俐菁.创业融资：风投不会告诉你的那些事[M].北京：中国人民大学出版社,2017.

郑重声明

高等教育出版社依法对本书享有专有出版权。任何未经许可的复制、销售行为均违反《中华人民共和国著作权法》，其行为人将承担相应的民事责任和行政责任；构成犯罪的，将被依法追究刑事责任。为了维护市场秩序，保护读者的合法权益，避免读者误用盗版书造成不良后果，我社将配合行政执法部门和司法机关对违法犯罪的单位和个人进行严厉打击。社会各界人士如发现上述侵权行为，希望及时举报，我社将奖励举报有功人员。

反盗版举报电话　（010）58581999　58582371
反盗版举报邮箱　dd@hep.com.cn
通信地址　北京市西城区德外大街 4 号　高等教育出版社知识产权与法律事务部
邮政编码　100120

教学资源服务指南

仅限教师索取

感谢您使用本书。为方便教学,我社为教师提供资源下载、样书申请等服务,如贵校已选用本书,您只要关注微信公众号"高职素质教育教学研究",或加入下列教师交流QQ群即可免费获得相关服务。

"高职素质教育教学研究"公众号

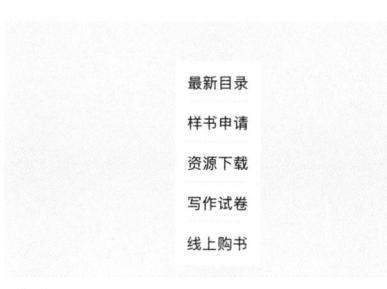

资源下载:点击"**教学服务**"—"**资源下载**",或直接在浏览器中输入网址(http://101.35.126.6/),注册登录后可搜索下载相关资源。(建议用电脑浏览器操作)

样书申请:点击"**教学服务**"—"**样书申请**",填写相关信息即可申请样书。

样章下载:点击"**教材样章**",可下载在供教材的前言、目录和样章。

师资培训:点击"**师资培训**",获取最新直播信息、直播回放和往期师资培训视频。

联系方式

职业素养和创新创业教师交流QQ群:310075759

联系电话:(021)56961310   电子邮箱:3076198581@qq.com